U0031419

心流

高手都在研究的
最優體驗心理學

The Psychology of Optimal Experience

FLOW

MIHALY
CSIKSZENTMIHALYI

米哈里・契克森米哈伊——著　張瓊懿——譯

獻給伊莎貝拉（Isabella）、馬克（Mark）
與克里斯多福（Christopher）。

目次

內涵，塑造出截然不同的現實狀態。而經常用來描述個人性格的形容，像是內向、積極、偏執等，其實講的就是一個人建構注意力的模式，我們也要認識注意力如何篩選進入意識的資訊，理解這個改善經驗品質最重要的工具。

第三章 樂趣與生活品質……77

享樂與樂趣．樂趣的元素．自成目標的經驗

改善生活品質有兩個策略，一是改變外在環境，另一個是改變我們體驗外在環境的方式。享樂或許是讓生活美好的最簡單手段，然而與真正的滿足和價值有著不小的差距，想要掌控經驗品質，得要學習如何在日復一日的生活中製造樂趣。本章深入探討每一個樂趣的元素，好明白這些活動何以讓人如此嚮往，有了這樣的理解，可以更懂得控制自己的意識，進而讓日常生活中即使再枯燥不過的時刻，都可成為自我成長的契機。而在討論明確的目標與回饋的同時，也將一一耙梳心流中暫時消失的存在感、時間感等等特別現象。

第四章 心流的條件……117

心流活動．心流與文化．自得其樂的性格．擅長感受心流的人

心流是怎麼發生的呢？有時是運氣好，內在與外在條件剛好配合上了，然而研究也發現，利用具有結構的活動或是倚賴個人的能力也能誘導心流發生。如果我們的目的是了解心流體驗如何形成，進而改善生活品質，那麼就來探討哪些活動特別可以帶來最優體驗，以及什麼樣的人格特質會讓心流更容易發生。首先由提供樂趣的活動（即廣義的「遊戲」）開始解析，經由分類來理解心流活動的性質；接著也由文化、環境差異的角度來探討心流活動，全面性論述觸發心流的條件。

更高、更快、更強．動感的樂趣．性愛中的心流．掌控的最高境界：瑜伽與武術．經由感官獲得心流：視覺樂趣．音樂中的心流．美味中的心流

現代人知道身體健康與體適能的重要性，卻少有人去開發身體提供樂趣的潛力；但是從來不探索身體提供心流經驗的能力，等於白白浪費了這個完美的生理設備。如果能好好發揮身體的功能，學會強化身體感官的秩序，就可以不受精神熵影響，恣意於意識的和諧感受裡；然而光是身體動作並無法帶來心流，心思也得跟著投入才行。本章將探討怎麼善用身體來提高體驗品質，包括運動、舞蹈、性愛技巧的培養等生理活動，以及東方文化中藉由訓練身體來控制心靈的各種方式，還會談到具有鑑別力的視覺、聽覺與味覺。改善生活品質最簡單的方式，就從學習控制身體與感官做起。

科學之母．心靈遊戲的規則．文字遊戲．親近歷史．科學中的喜悅．愛上智慧．業餘與專業．終生學習的挑戰

生命的美好並不全由感官而來，有時候挑戰的是思考能力，帶出由內而發的美好體驗。就像生理機能各有潛能一樣，不同心理運作提供樂趣的方式也各不相同。硬要將心流活動劃分成生理的與心理的顯得牽強，任何生理活動要有樂趣，多少得有心理元素參與其中；反之亦然，大部分的心理活動也有賴生理層面的協助，從心理活動獲得樂趣的條件與生理活動是一樣的。要討論有助於建立心理秩序的條件，先得探討記憶的角色，接著看看語言文字如何製造心流體驗，最後再對歷史、科學與哲學這三個符號象徵體系進一步的挖

掘，一旦了解它們的運作規則就可以掌握樂趣。只要願意，任何人都可以加入這些心理「遊戲」。

自得其樂的工作者．自成目標的工作．工作與心流的悖論．虛度的空閒時間

我們生命中有大半時間花在求生存上，對近代人而言就是「工作」了；一個人得花多少時間在工作上沒有什麼標準可言，然而如果在工作上、與他人的關係上都能擁有心流，那麼生命品質絕對能獲得提升。本章將探討工作如何引發心流，就從幾個研究案例開始解析。想要透過工作來提升生活品質，有兩個互補的策略，一方面要調整工作，讓它盡可能貼近心流活動的樣式；另一方面要調整個人，培養自得其樂的個性，學習尋找行動機會、重視自己的技能、設定可行的目標；這兩個策略單獨存在無法讓工作變得更有樂趣，一旦互相結合就可以締造意想不到的最優體驗。此外，還要探討究竟人們在工作過程還是在休閒時間比較容易體會心流？

獨處和與他人相處間的衝突．獨處的痛苦．馴服孤獨．心流與家庭．來自友誼的樂趣．更大的群體

生活的品質取決於兩個因素：工作體驗，以及我們與他人的關係。自我就是由與我們互動的人，以及我們成就工作的方式這兩種情境所定義的。接續前章的工作討論，就來探討與家人朋友的關係，檢視他們是否也是樂趣的來源吧！「陪伴」對體驗品質有很大的影響，與他人的互動則是決定幸福與否的關鍵因素。另一方面，一個人也必須學習獨處，否則難以完成需要注意力集

中的事，我們必須學會不藉助任何外物，就可以控制意識的能力。

第九章 翻轉渾沌 …… 281

改造悲劇．適應壓力．耗散結構的力量．自得其樂的自我：總結

若是說知道如何控制意識的人，不管發生什麼都能保持愉快，也太過天真爛漫了；但是懂得尋找心流的人，即使在絕望中也能夠感受到樂趣。主觀體驗不是生活的一部分而已，它是生活的全部；物質條件是次要的，因為它們是透過體驗帶來間接影響的。健康、財富等物質上的優勢不一定會提升生命，但心流卻可以直接影響生活品質。然而，一個人除非學會掌控精神能量，否則這些優勢就無法發揮作用。許多吃盡苦頭的人不僅撐過來了，甚至還能徹底享受生命；是什麼原因讓他們在難以想像的惡劣環境中，不但內心和諧，甚至在複雜性上有所成長呢？本章要討論的就是這個非常直接的問題。另外也將探究遭逢逆境時如何度過難關，以及能夠自得其樂的人怎麼樣在一片混沌中製造秩序。

第十章 創造意義 …… 309

定義意義．尋找終極目標．尋求解決之道．重獲內在和諧．意義一致的人生主題

如果可以在工作與情感上都找到樂趣，也懂得把每個挑戰都視為培養新技能的契機，生活上獲得的獎賞就足已超過一般人的標準了；然而即使如此，還是無法確保可以擁有最優體驗。如果這些樂趣都是片段的，缺少一個有意義的管道將它們串連起來，在面對變幻莫測的混沌時，我們依舊是脆弱的。要是我們能做好意識控制的最後一個步驟，要達到最優體驗並非不可能，最後

的這個步驟，就是將人生整合成一場心流體驗。我們將會提到如何結合所有經驗，打造一個有意義的模式，讓你以駕馭生命，並因而感受到它的意義。

本書考量閱讀流暢度，將註解隨本文進行安排在左頁側欄。多數學者在華文世界已具普遍認識，但仍在後方以括弧標示原文姓名與該參考文獻之年分，方便有進一步需求的讀者比對書末的「參考文獻」。單一章節多次出現的學者，則酌情省略原文姓名。另，部分文獻由作者契克森米哈伊與妻子伊莎貝拉·契克森米哈伊共同完成，故有併同列示的情形，特此說明。

自序
Preface

本書為一般讀者總結了過去數十年來，有關人類體驗積極面向的研究。我稱這種充滿樂趣與創意、完全投入於生活的體驗為「心流」。在寫這本書時，我捨棄了典型學術文章的格式，這麼做有點冒險，深怕它的內容顯得不夠嚴謹，或是過於熱情。我要寫的，不是一本提供祕訣、教讀者如何變得快樂的暢銷書籍，更何況這樣的東西根本不存在，因為生活樂趣因人而異，不是可以按公式複製的。這本書的目的在提供大家一些通用原則，以及如何將這些原則付諸實踐，讓無趣而缺乏意義的生活充滿樂趣。書裡沒有承諾任何捷徑，但是當中的資訊足以讓讀者知道怎麼將理論化為實際行動。

為了讓這本書盡可能直接而友善，我捨去了註解、參考資料等一般學者在學術文章中會使用的工具。也試著將心理學上的研究結果，以及這類研究衍生出來的想法，用受過教育的人就能懂的方式呈現出來，讓出身不同環境與經歷的讀者們都可以自行評估，將它應用在生活上。

至於對我採用的學術資料想要進一步了解的人，可以參考書中的加註。例如我在開頭提到的「幸福」，對我使用的參考資料有興趣的讀者，可以找到我引用了亞里斯多德對幸福的看法，以及當代相關的研究，並附上出處。讀者可以把這些註解當成原著更技術性的濃縮版來閱讀。

在一本書的開頭，理應向那些對它的成形有貢獻的人致上謝意，但是這本書沒辦法這樣做，因為如果把所有人的名字都列出來，恐怕會跟這本書一樣厚。不過還是有些人我要特別提出來。首先，我要謝謝伊莎貝拉（Isabella），她做為我的妻子與朋友，豐富了我過去二十五年以來的生命，她在編輯上的判斷也協助促成了這本書。我們的兒子馬克（Mark）與克里斯多福（Christopher），我從他們身上學習到的事物不少於他們從我身上學到的。我過去與未來的導師雅各・蓋哲爾（Jacob Getzels）。在朋友與同事當中，我特別要感謝唐納・坎貝爾（Donald Campbell）、霍華德・嘉納（Howard Gardner）、珍・漢彌爾頓（Jean Hamilton）、菲利浦・海夫納（Philip Hefner）、今村浩明（Hiroaki Imamura）、大衛・奇普（David Kipper）、道格・克萊伯（Doug Kleiber）、喬治・克萊因（George Klein）、法斯托・馬西米尼（Fausto Massimini）、伊莉莎白・諾爾－紐曼（Elisabeth Noelle-Neumann）、傑羅姆・辛格（Jerone Singer）、詹姆士・史帝格勒（James Stigler），以及布萊恩・薩頓－史密斯（Brian Sutton-Smith），他們每一位都不吝提供我協助、靈感與鼓勵。

我過去的學生與合作對象羅納德・葛雷夫（Ronald Graef）、羅伯特・庫貝（Robert Kubey）、瑞德・拉森（Reed Larson）、珍妮・中村（Jean Nakamura）、凱文・拉森得（Kevin Rathunde）、理克・羅賓森（Rick Robinson）、佐藤郁哉（Ikuya Sato）、山姆・惠倫（Sam Whalen），以及瑪莉亞・王（Maria Wong）對書中提到的觀點背後的研究都貢獻極大。約翰・柏克曼（John Brockman）與理查・P・葛（Richard P. Kot）從這本書的開始到結束一路相伴，提供了專業的協助。最後，也是不可或缺的，是史賓塞基金會（Spencer Foundation）慷慨提供的研究經費，讓我得以收集與分析研究數據。我特別要感謝它的前董事長亨利・湯瑪斯・詹姆士（H. Thomas James）、現任董事長勞倫斯・A・克萊曼（Lawrence A. Cremin），以及副董事長瑪莉詠・法爾德（Marion Faldet）。當然，本書內容如有不足之處，應由我個人概括承受，上述提到的所有人士無須為此負責。

芝加哥，一九九〇年三月

CHAPTER 1

重新詮釋幸福[1]
Happiness Revisited

略爾說之

兩千三百年前，亞里斯多德曾下了這樣的結論：「不論男女，對幸福的渴望都勝過一切。」除了對幸福本身的嚮往之外，人們對其他目標，包括健康、美貌、財富與權勢等的追求，也多半因為我們期待幸福而隨之現前。亞里斯多德的年代和今日的世界天差地遠，我們對星系、對原子的認識都超出了自身的想像。曾經叱吒風雲的希臘眾神與現今人類的能力相比，也判若雲泥。然而，人類從古至今始終追求幸福。只是，我們對幸福的了解並不比亞里斯多德高明到哪裡去，對於要如何達到幸福的境界，也沒有多大進展。[1]

雖然我們的壽命更長、身體也更健壯了，生活中充斥著幾十年前的人意想不到的奢侈品[2]（太陽王路易十四的宮裡沒有像樣的浴室，中古世紀最富有的人家裡找不到椅子，即使貴為羅馬皇帝，也沒有隨手一開就可以解悶的電視機），然而，縱使龐大的科學知識唾手可得，人們仍舊感嘆生命空虛，我們的年日非但沒有因此快樂似神仙，反倒是在焦慮與無趣中打轉。

這是因為貪婪的人類始終欲求不滿嗎？抑或是，我們其實一直在錯誤的地方找答案，以致於總是和最美好的那一刻擦肩而過，才落得抑鬱寡歡呢？這本書的目的，是希望用現代心理學的工具來探討這個亙古的問題：人在什麼時候最感快樂呢？如果能找到這個問題的答案，或許我們就可以調整生活，讓快樂隨時充滿在其中。

二十五年前，我有了一個發現，接著傾盡了所有時間鑽研它，最後寫了這本書。說那是「發現」或許不完全正確，畢竟人類自古以來就知道它的存在。但是要說它是發現也可以，因為就算大家都知道它存在，卻始終沒有人以現代科學的相關學科，也就是心理學的角度來描述或闡述它。於是，我花了二十五年探究這個難以捉摸的現象。

我「發現」幸福不是突然發生的，它不是運氣好或隨機出現的，也不能用金錢購買或以權力換取。幸福無關乎外在條件，而是取決於我們如何詮釋它。事實上，幸福是需要憑個人的力量去醞釀、培養與捍衛的。能掌控內在經歷的人，就能決定自己的生活品質，一個人是不是感到幸福，大概就是這麼一回事了。

1 **幸福**。亞里斯多德的幸福觀主要描述於《尼各馬可倫理學》（*Nicomachean Ethics*）的第一冊、第九冊、第九章和第十章。現代心理學與社會科學對幸福的研究起步較晚。最早、但至今仍深具影響力的一本著作，是諾曼・布拉德（Norman Bradburn）的《心理幸福感之結構》（*The Structure of Psychological Well-Being*，1969），內容指出快樂和不快樂是各自獨立的，也就是說，感到快樂的人，同時也可以感到不快樂。荷蘭鹿特丹伊拉斯莫斯大學（Erasmus）的閏荷芬博士（Ruut Veenhoven）發表了《幸福白皮書》（*Databook of Happiness*，1984）這本著作，內容取自一九一一到一九七五年間，在三十二個國家進行的二四五份調查；第二冊書也已經開始動工。加拿大的多倫多阿基米德基金會（Archimedes Foundation of Toronto）匯集了與人類快樂及幸福相關的研究，並在一九八八年發表了第一本指南。牛津大學的心理學家阿蓋爾（Michael Argyle）在一九八七年發表了《幸福心理學》（*The Psychology of Happiness*）。施卓克（Fritz Strack）、阿蓋爾、舒瓦茲（Norbert Schwarz）也在《主觀幸福感》（*Subjective well-being*，1990）中大量收錄這個領域的相關研究。

2 **意想不到的奢侈品**。關於過去幾個世紀的日常生活情形，可以參考由阿里葉（Philippe Aries）和杜比（Georges Duby）編著的《私人生活史》（*A History of Private Life*），或是由韋納（Paul Veyne）編著，並在一九八七年發表的《從羅馬到拜占庭》（*From Pagan Rome to Byzantium*）中的第一冊。另一套權威著作是布勞岱爾（Fernand Braudel）的《十五－十八世紀的物質文明、經濟和資本主義〈卷一〉：日常生活的結構》（*The Structures of Everyday Life*），第一卷發表於一九八一年。關於家具的演變還可以參考勒・華・拉杜里（Le Roy Ladurie）（1979）以及契克森米哈伊與洛克伯格－哈頓（Rochberg-Halton）（1981）的著作。

不過，幸福並不是我們可以憑意識去尋找的。「問問自己幸福嗎？」英國哲學家暨經濟學家約翰・史都華・彌爾（John Stuart Mill）說道，「一旦你花心思去想這件事，幸福就成過眼雲煙了。」唯有不管在順境或逆境，都全心投入生活的每一個細節中，我們才能感到幸福，打著燈直接尋找幸福，反而會遍尋不著。奧地利心理學家維克特・法蘭克爾（Viktor Frankl）在他的著作《活出意義來》（Man's Search for Meaning）的前言中，用優美的文字寫下了他的總結：「別以成功為目標——當你愈是針對它、以它為標的，就愈容易錯過它。成功，就像幸福一樣，不是追求而來的；它是一個人全心全意投入一件事，而忘卻自我的副產物。」

那麼，要怎麼在不刻意尋求它的狀況下，達成這個捉摸不定的目標呢？過去二十五年來的研究讓我深信這是可行的。這條路蜿蜒曲折，而學會操控我們的意識內容是它的起點。

我們認識的生命，是塑造經驗的各種力量匯集後的結果，每一股力量不管是好是壞，都有它的影響力。這些力量大多不是我們可以掌控的，我們很難在自己的外表、脾氣、體質上施力，沒辦法決定自己要長多高或多聰明。我們也無法選擇自己的父母，或是誕生的時間點，更無力控制戰爭是否會爆發、經濟什麼時候會不景氣。基因的組成、重力的拉扯、散布在空氣中的花粉、出生的年代環境等無數的狀況，都影響著我們的所見所聞，決定我們的行為。沒有人會否認，主宰我們命運的幾乎都是外來的力量。

然而，我們一定也有過這樣的經驗，雖然置身各種不知名的力量，但是我們仍感受到事情都在掌控中，自己就是生命的主宰。在那種偶發的情況下，我們會感到一陣心曠神怡，那種深沉的喜悅，讓人久久不能忘懷，並在記憶中留下重要指標，認為人生理當如此。

這就是最優體驗（optimal experience）。就像一位揚帆前進的水手任憑海風吹拂他的頭髮，駕著神駒般的船隻隨波浪奔騰——船帆、船身、海風與大海的輕聲哼唱聲合為一體，有如血液般在他的體內竄流。又像一位恣意在畫布上揮灑顏色的畫家，看著色彩間的交互作用，一幅帶著生命的作品就這麼在眼前誕生，讓創作者本身也驚艷不已。又好比初次和孩子相視而笑的新手父親。這樣的經驗不只發生在外在條件一切順利時，歷經納粹集中營的生還者和從險境中逃生的人都表示，即使處境百般艱難，他們也都經歷過幸福湧流的一刻，或許是聽見枝頭的小鳥唱歌、完成了一項艱鉅的任務，或甚至只是和一位同伴分享一塊又乾又硬的麵包。

一般人總以為，生命最美好的時刻是發生在無牽無慮、隨心所欲、輕鬆自在的時候，如果我們願意付出努力追求，在這些時刻找到快樂的機會確實比較高。但是最美好的時刻，其實是發生在一個人有意地將身體或心智能力發揮到極限，去完成某件有難度或有價值的事時。最優體驗是需要靠我們去締造的。對孩子來說，可能是用顫抖的手把最後一塊積木擺上，完成一座他疊過最高的高塔；對游泳選手來說，可能是盡全力創下紀錄那一刻；對於小提琴手，可能是練成了一段極困難的樂章時。每個人都有無數的機會可以挑戰並提升自己。

事發當下的感受不見得全然愉快。那場畢生難忘的比賽中，游泳選手的肌肉痠痛無比、肺臟彷彿要撕裂了、身體疲憊到頭眼昏花，然而，這很可能就是他生命中最美好的一刻。掌控生命從來就不是件容易的事，有時候痛苦更是無法避免。但是長遠來看，這些經驗的累積可以產生一種駕馭感，或說是一種得以參與決定生命內容的感受，這大概就是我們可以想像最貼近幸福的感受了。

研究過程中，我嘗試去了解人們什麼時候最感幸福，並探索背後的原因。一開始，我找了數百位各行各業的專家，其中包括藝術家、運動員、音樂家、西洋棋手和外科醫生等，也就是那些大半時間都在從事他們熱愛的事的人。明白他們做這些事的感受後，我發展出一套以心流[3]概念為基礎的最優體驗理論。心流，就是一個人全神貫注於某件事而渾然忘我的境界，這經驗是那麼的美好，以致於有人會為了擁有它不惜付出代價。

藉助這個理論模式，我和芝加哥大學的研究團隊以及世界各地的同儕，訪問了數千個形形色色的人。我們的結果指出，不論男女老少、不管來自什麼樣的文化，大家對最優體驗的描述都是一樣的。心流體驗不是上流社會或菁英人士的特權，韓國老嫗、泰國和印度的成年人、東京少年、美國納瓦荷族（Navajo）原住民的牧羊人、義大利阿爾卑斯山上的農夫、芝加哥裝配線上的工人談起最優經驗時，用的都是相同的語言。

最初的研究資料是面試和問卷而來的。為了提高精確性，我們發展出一種測量個人經驗品質的方法，叫做「經驗取樣法」（Experience Sampling Method）[4]。在為期一週的測試時間中，受測者會配戴一個電子呼叫器，並在呼叫器發出訊號時，寫下當時的心情和心裡想的事。我們利用無線訊號，每天不定時啟動這個呼叫器八次。一個星期結束後，受測者必須提供一份摘錄表，以事件來記錄描述他這段時間的生活。截至目前為止，我們已經在世界各地收集了超過十萬份這樣的經驗紀錄，本書的結論就是以這些資料為依據完成的。

目前，這個從芝加哥大學開始的研究已經遍及全世界。在加拿大、德國、義大利、日本及澳洲都有研究人員投入心流研究。芝加哥以外，最龐大的資料收集是在義大利米蘭大學的心理研究中心。不論是研究幸福、生活滿意度、內在動機的心理學家，或是冀望改善社會秩序混亂、疏遠現象的社會學家，以及對集體亢奮與儀式有興趣的人類學家等，都認為心流概念為對他們的研究有幫助。有人甚至試著要用心流去了解人類的演化或解釋宗教經驗。

心流不單只是個學術主題而已。首度發表的幾年後，這個理論就開始被應用在各種實際問題上[5]。只要是與促進生活品質相關的議題，心流理論都派得上用場。它啟發了實驗性的學校課程、商業主管的訓練，以及休閒產品與服務的設計，也在臨床心理學、青少年犯罪的感化教育、養老院的活動規劃、博物館的展覽設計，以及殘障人士的職能治療上，提供了新的想法與措施。這些

3 **心流**。我在寫博士論文時開始最優體驗的研究，當時的研究內容是了解年輕藝術家如何創作一幅畫。部分研究結果發表於《視覺創意》（*The Creative Vision*，蓋哲爾與契克森米哈伊，1976）。在那之後，有數十篇學術文章開始討論這個議題。第一本與心流體驗直接相關的作品是《厭倦與焦慮之外》（*Beyond Boredom and Anxiety*，契克森米哈伊，1975）。最近一份收錄心流體驗研究的著作是《最優體驗》（*Optimal Experience: Psychological Studies of Flow in Consciousness*，契克森米哈伊與契克森米哈伊，1988）。

4 **經驗取樣法**。一九七六年，我在一項關於成年工人的研究中，首次採用這個方法；第一次發表則是用在一份青少年的研究（契克森米哈伊、拉森〔Larson〕與蘇珊・普雷史考特〔Prescott〕，1977），關於這個方法的詳細介紹，請參考契克森米哈伊與拉森（1984, 1987）。

5 **心流概念的應用**。見《最優體驗》（契克森米哈伊與契克森米哈伊，1988）第一章。

都是繼心流理論首次在學術期刊發表後的十多年來發生的事，種種跡象都顯示，它在未來幾年會有更大的影響力。

概觀

大部分關於心流的文章與書籍都是寫給專家看的，這是第一本以一般大眾為對象介紹最優體驗，以及它對個人生活影響的著作。但是它不是一本講「如何做」的書，這類書籍在書店裡放眼皆是，有教人如何致富、如何增加權勢、如何變得受歡迎、如何減重的，就像食譜一樣，這些書的目的在告訴你如何達成一個特定、狹窄，而且只有極少數人可以完成的目標。而且，就算這些書提供的方式真的奏效了，大家真的都變成身材好、受歡迎、有權有勢的百萬富翁後呢？結果往往是他們又回到了原點，有各種新的渴望，跟起初一樣缺乏滿足。真正能夠滿足人心的，不是變瘦或變富有，而是對自己的生命真實感到滿意。在追求幸福的路上，只有部分解決問題是不夠的。

不管書本的初衷有多好，都沒辦法給人一套如何得到快樂的標準配方。最優體驗需要個人的努力與創造力，以及隨時隨地掌控意識的能力。但是一本書能做的，也是我希望這本書能做到的，是按著理論架構編排，提供讀者反省並做出自己結論的機會，來幫助他們擁有更快樂的人生。

這本書不會列出清單來告訴你該做哪些事，或不該做哪些事，而是希望藉由科學工具的協助，帶領讀者走一趟心靈之旅。就像所有值得冒險的旅程一樣，這段路不容易走。如果沒有理智上的付出，也不願意反省或思考自己的經驗，那麼就算讀了這本書，也不會有太多收穫。

這本書將檢視一個人如何透過掌控內在生活，得到幸福的過程。一開始，我們會先認識意識是怎麼運作的，以及如何操控意識（第二章），只有了解主觀狀態是怎麼形成的，我們才有機會駕馭它們。所有我們經驗的事——不論開心或痛苦，有趣或無聊——都以資訊的方式呈現在我們的大腦。如果我們可以控制這些資訊，就可以決定人生的模樣。

內在經驗的最佳狀態，發生在意識擁有秩序的時候。想要達到這種境界，一個人必須將全部的精神能量——或注意力——投注在一個符合現實的目標[6]，而且自身技能與行動機會可以互相配合。這種目標追求的方式，可以讓一個人將注意力完全放在手上的事，暫時忘卻其他事情，藉以建立意識秩序。努力克服挑戰的階段，往往是人生中最充滿樂趣的時候（第三章）。一個人如果可以駕馭精神能量，將它用在經由意識選擇的目標上，自然會發展成為更深刻的人。若能在技能方面繼續精進，往更高的挑戰前進，那麼這個人肯定能成就不凡。

6 目標。從亞里斯多德開始，最早期對人類行為的認識，是行動要以目標為動機。然而現代心理學卻認為事情沒有這麼複雜，並指出人類行為的背後大多是更簡單，甚至往往不自覺的原因，因而推翻了目標引導行為的重要性。不過仍有些例外，例如阿德勒（Alfred Adler，1956）相信每個人都有一套目標等級，用以做為人生抉擇時的依據；美國心理學家阿爾波特（Gordon Allport，1955）和馬斯洛（Abraham Maslow，1968）則認為，在滿足了基本需求後，我們的行為就會改由目標來引導。目標也在認知心理學上重新獲得重視，喬治・米勒（Miller）、尤金・加蘭特（Galanter）與卡爾・普里布蘭（Pribram，1960）、喬治・曼德勒（Mandler，1975）、奈瑟（Neisser，1976）以及羅伯・安迪（Emde，1980）都以它來解釋抉擇的過程和平時的行為規範。我不認為大部分的人在大部分時間的行為都是朝著目標前進的，但是這麼做的時候，會有一種握有掌控權的感受，那是沒有以目標為動機的行為感受不到的。

想了解為什麼有些事做起來就是比較有樂趣，就得先了解心流體驗的條件（第四章）。「心流」是一種意識上和諧有秩序的心理狀態，當事人在做一件事時，只能單純地為了想做這件事而做，不能有其他企圖。研究了一些可以一再帶來心流的活動，像是運動、比賽、藝術或嗜好後，很容易便可以了解什麼可以帶來快樂。

但是一個人不能一直依賴比賽和藝術來提升生活品質。只要懂得控制心靈，一個人找到樂趣的途徑是沒有限量的，可以透過體能和感官技能，像是從事運動、做音樂、練習瑜伽（第五章），也可以透過發展符號技能，像是詩詞、哲學或數學（第六章）。

我們的生活有一大半時間花在工作或與他人相處，特別是家人。因此，學習將工作轉換成製造心流的機會（第七章），想辦法讓與父母、配偶、孩子和朋友間的相處有更多樂趣（第八章）也是不可或缺的。

生命因為突如其來的意外遭受打擊這種事時有所聞，即使最幸運的人也必須面對各種壓力，然而，這樣的不幸不見得會削弱幸福感。一個人面對壓力的反應，可以決定他會從中獲利或是從此一蹶不振。第九章中會提到為什麼有些人雖然身處逆境，卻依舊可以享受生命。

最後，我們會提到如何結合所有經驗，打造一個有意義的模式（第十章），讓一個人可以駕馭生命，並因為感受到它的意義，別無所求。身材好不好、有錢沒錢、有沒有勢力都不再是問題。欲望止住了，不再受那些得不到滿足的需求綑綁，即使是最平淡的生活經驗，也讓人樂在其中。

這本書要講的就是如何達到這樣的目標。我們怎麼去控制自己的意識呢？如何建立秩序讓每一次經驗都是享受？怎麼樣達到深刻呢？最後，怎麼創造意義呢？達到這些目標的方法聽起來很簡單，但是做起來卻不容易。它的規則本身很清楚，每個人都做得到，但是路上的阻礙重重，這些阻礙可能來自個人，也可能來自環境。就好比減肥一樣，大家都知道該怎麼做，也都想執行，但是許多人就是辦不到。況且，我們現在要談的不是減幾公斤體重而已，而是更重要的事，是活著的意義。

在談論怎麼擁有心流體驗之前，我們必須很快地看一下，哪些障礙會阻止人類實現目標。在古老的傳說中，想要永遠過著幸福快樂的日子之前，故事裡的英雄得先打敗可怕的噴火龍或邪惡的巫師才行。同樣的事也發生在心靈探索的路上。我認為幸福之所以難求，最主要的障礙是宇宙與人類打造的神話是背道而馳的，這世界並不是為了迎合我們的需求存在的。這讓我們的生活充滿挫折。以致於需求暫時滿足了，我們就忍不住想要更多。這樣長期的不滿是我們的生活無法稱心如意的第二個障礙。

要解決這些障礙，各個文化都發展出了保護措施——宗教、哲學、藝術與慰藉——來幫助我們的生活不陷入混亂。它們幫助我們相信事情在自己的掌控中，也提供我們滿足於現狀的理由。但是這些保護措施的效果不是永久的，每隔幾個世紀，甚至只消幾十年，一個宗教或信念就會磨損耗盡，無法繼續提供我們精神上的寄託了。

如果撇開信念支持，改用自己的力量去追求幸福時，一般人通常會從人性喜愛的享樂，或是社會公認有吸引力的事物著手，這時，我們的頭號目標不外乎財富、權勢、性愛。但是這麼做不會改善我們的生活品質。唯有直接掌控經驗，我們才能克服人生獲得幸福的障礙，在任何事上都享有樂趣。

不滿的根源

幸福之所以遙不可及，是因為宇宙並不是以人類想望的舒適為前提設計的。浩瀚無窮宇宙裡，絕大多數的地方都是寒冷空洞的，就像專門給暴力發揮的舞台，只要一顆星球爆炸，就可以讓方圓數十億英里內塵埃遍布。偶爾出現個重力不致於大到讓我們粉身碎骨的星球，卻是瀰漫著死亡的氣體。即使是我們詩畫般美麗的地球上，也無法視生存活著為理所當然。幾百萬年來，我們得與冰寒、烈火、洪水、猛獸，以及肉眼看不見的微生物對抗，才不致於遭到淘汰。

剛解決了眼前的危機，就發現下一個危機已經浮現，而且比上一回更加棘手。好不容易發明了一個新產品，沒多久就發現它會危害到我們的環境。自古以來，用來保護自己的武器，到頭來總是反咬自己一口。就在某些疾病逐漸受到控制的同時，更惡毒的疾病就出現了。死亡率降低後，人口過剩便成了我們下一個憂心的問題了。《聖經》的〈啟示錄〉中代表瘟疫、戰爭、饑荒與死亡的四騎士似乎總在不遠之處追趕著。地球一方面是我們唯一的家，卻又是個危機四伏、隨時可能引爆的地方。

倒不是說宇宙的運行是完全隨機、沒有規則可循的。星球的運轉以及當中的能量轉換都是可以推測並適當解釋的。只是這些自然秩序不會把人類的欲望放入考量，對於我們的需求，它們是無動於衷的。與我們追求目標時所需要的秩序相較起來，它們算是隨機的。我們可以運用各種定律來推算一顆隕石撞上紐約市的路徑，但是它終究會帶來災難。病毒攻擊莫札特的身體時，不過是在發揮它的天性而已，但對人類卻是無比的損失。美國社會活動分子約翰・海內斯・霍姆斯（John Haynes Holmes）這麼說道，「宇宙並不是存心要跟我們作對，也不是不友善，它只是全然漠不關心而已。」

混沌[7]是神話與宗教裡最古老的論點之一，但是對物理學和生物學來說卻是陌生的。在物理與生物的定律中，即使混沌也是有得解釋的。科學中的「混沌理論」就是在解釋，這乍看之下一團混亂的現象其實還是有規律可循的。但是混沌在心理學和其他人文科學中的意義不同，如果以人類的目標與欲望為出發點，那麼宇宙就是極度混亂的。

我們沒有能耐去改變宇宙運行的方式，對於那些支配我們的力量，我們能給的影響微乎其微。我們想要盡可能避免核戰發生、消弭社會的不公不義，並根除飢餓與疾病，但是別期待我們對外在環境的努力，會立即反應在生活品質上。就像約翰・史都華・彌爾所寫的，「除非在思考

7 混沌。一本討論最優體驗的書看似與宇宙的混沌不相干，但是如果不知道生命背景的問題和危險，就沒辦法了解生命的價值。打從三十五個世紀前，人類已知最早的文學創作吉爾伽美什史詩（Gilgamesh，赫伯特・梅森〔Mason〕，1971）開始，文人便喜歡先談人類的墮落，再進而討論如何改善所處窘境的寫作手法。但丁的《神曲》是當中的代表，作者先帶領讀者走過地獄之門，接著才開始思索解決生命困境的方法。這本書也採用了同樣的手法，但不是為了配合習俗，而是這麼做有它心理學上的意義。

模式的根基上做重大的改變，否則人類想要有明顯進步是不可能的。」

我們的自我感覺、生活是否喜樂，最終都取決於大腦如何篩選並看待每一天的生活經歷。決定我們是否感到幸福的，是內在的和諧，而不是我們是否能控制宇宙巨大的力量。當然，我們應該繼續研究如何掌控外在環境，因為這攸關我們的存亡，但是擁有這種能力絲毫不會改變我們的個人感受，或是降低世界帶給我們的混沌感。想要達成內在和諧，學會掌控意識才是當務之急。

大家心中都有這麼一個畫面，不見得清晰可見，但每個人都有自己希望在有生之年能完成的夢想。與這個夢想的距離就是我們的幸福指標。如果這個夢想一直遙不可及，我們的心中會充滿怨恨與無奈。相反的，只要在追求這個目標上有點成就，我們便能感受幸福與滿足。

對絕大多數的人來說，生命的目標顯而易見——希望得以生存、希望繼起的下一代也得以生存，可以的話，還想要過得舒適、活得有尊嚴。在南美洲城市的貧民窟裡、在旱災橫掃的非洲地區、在數百萬名受饑荒之苦的亞洲人中，大家所求的，僅僅是圖生存而已。

但是一旦跨越了生死存亡的基本問題後，人類就不再滿足於圖個溫飽了。新的需求[8]、新的欲望不斷崛起。隨著生活變得富足，我們的要求也更高了，過得愈是舒適，就愈是把幸福的標準往高處推。波斯帝國的居魯士大帝擁有一萬名御廚打理他的食物，但他的百姓卻過著三餐不繼的生活。現在，文明國家的人民家中不乏山珍海味，桌上的佳餚與過去的皇帝相比有過之而無不及。但是我們有因此就滿足了嗎？

在這種因著期待不斷提升[9]而產生的矛盾中，我們發現品質改善就像個無底洞似的。事實上，追求更高更遠的目標，同時也樂在追求當中並不是問題。問題出在大家往往把目光定睛在未竟的目標上，而不是享受當下應有的歡喜。一旦出現這種情形，幸福感也將不翼而飛。

證據顯示，大多數的人都會因為無法追上愈來愈高的目標而深陷沮喪，但還是有不少人可以從這樣的惡性循環中脫身。這些人不論處於什麼樣的物質光景，都能擁有良好的生活品質，除了自身的生活稱心如意，還會讓身邊的人連帶變得快樂。

這些人總是充滿活力，願意嘗試各種新體驗，到老仍具有求知慾，與他人有緊密的關係，並且對他人或所處的環境擁有使命感。不管做什麼事，即使繁瑣、艱難，他們還是可以樂在其中；

8 不同等級的需求。關於生存、安全之類的「低階需求」與自我實現這類「高階需求」之間的關係，請參考馬斯洛（Abraham Maslow，1968, 1971）的著作。

9 不斷提升的期待。許多作者指出，長期對現狀不滿是現代人的特徵。歌德筆下的浮士德就是個典型的例子，為了換取權力，願意以自身的滿足為條件，跟魔鬼進行交易。近一點的例子則出現在伯曼（Berman，1982）的作品。欲求不滿是人類普遍的特徵，有可能與意識發展有關。

生活是否幸福滿足，取決於期望擁有與實際擁有之間的差距。一九八七年進行並發布在《芝加哥論壇》（Sept. 24, sect.1, p. 3）的一項調查指出，年收入超過十萬美元的人（約占總人口的百分之二）認為過舒適的生活每年得花八萬八千美元；但是收入低於十萬美元的人則認為三萬美元便足夠。這群較富裕的人也表示，實現他們的夢想，大概要花二十五萬美元，但是一般美國人的夢想則是五萬美元就可以達成。

研究生活品質的學者，例如安格斯．坎貝爾（Campbell）、飛利浦．康佛斯（Converse）與威拉德．羅傑斯（Rodgers，1976），戴維斯（Davis，1959），勒溫（Lewin et al.，1944〔1962〕），馬丁（Martin，1981），米丘洛斯（Michalos，1985）和威廉斯（Williams，1975）的發現也大致相同。但是他們的作法多把焦點放在外在條件式的幸福，像是健康、財富等。而這本書要討論的是源自自身行為的幸福。

他們很少感到無聊，不管遇到什麼樣的困難都能昂首面對，而他們最大的優勢在於可以掌控自己的生命[10]。稍後會討論他們是如何達到這種境界的，但在那之前，我們必須先檢視一下，人類為了保護自己免於受到混沌的威脅，做過哪些努力，還有這些防禦方式的效果為什麼不如預期。

文化的神話盾牌

人類在演化過程中，意識到自己在宇宙中有多麼孤立，生存的機會有多麼渺茫，於是發展出各種神話與信仰，將宇宙中混亂而具有破壞力的力量轉換成可以控制，或是至少可以了解的模式。每一種文化都視保護它的成員免於混沌的傷害為主要功能[11]，並且確保他們知道自己的重要性，同時灌輸他們人定勝天的信念。不管是愛斯基摩人、亞馬遜盆地的獵人、中國人、印第安人、澳洲原住民或紐約市民，都認為自己是宇宙的中心[12]，彷彿他們擁有一種天命，未來掌握在他們的手中。要不是有這樣的信念，大家恐怕早已喪失面對困境的能力。

這聽起來頗有道理，但是有些時候，誤以為自己可以安然躺臥在看似友善的宇宙懷抱中，才是危險的。躲在文化編織的神話盾牌後方，以為一切都在自己的掌控，一旦幻想破滅了，只會摔得更重而已。過去有幾個幸運的文化，包括統御地中海區域長達數個世紀的羅馬人、被蒙古人征服之前的中國人、在西班牙人抵達前的阿茲特克人等，都曾因為無往不利，誤以為自己是天之驕子，擁有掌控自然的力量，可以無所忌憚，但最後摔了這一跤。

這種文化上的狂妄或是過度自負、自以為是而無視人類需求的態度，終將招來麻煩，不掛保證的安全感遲早會讓他們猛然覺醒。當人類開始視進步為理所當然，生活就是這麼輕鬆愉快時，很容易便會失去面對困境該有的勇氣與決心。一旦發現他們過去相信的不完全可靠，往往會把過去從各種事物學到的信念一併揚棄。失去了文化價值慣有的支持後，他們能做的，就只有在焦慮和冷漠中掙扎。

這種幻想破滅的例子在我們周遭隨處可見，真正快樂的人可說少之又少。你認識的人當中，有多少人真的樂在工作？有多少人滿足於現狀？又有多少人對過去毫無遺憾，對未來充滿信心呢？二十三個世紀前，希臘哲學家迪奧奇尼斯（Diogenes）說他打著燈籠在街上尋找誠實的人，卻遍尋不到，如果換成是今天想找個快樂的人，恐怕更不容易了。

這個普遍的病症並不完全是外在因素造成的。跟世上的許多國家相比，我們既不能怪罪環境

10 **掌控生命**。做到自我控制是人類心理學最早期的目標。克勞斯納（Klausner，1965）綜合了數百篇來自不同知識領域，以提升自制力為目標（包括練瑜伽、各種哲學、心理分析、人格心理學和自我成長等）的文章，做了清楚的總結。他認為自制力可以依控制對象分為四類：1.行為表現的控制；2.背後生理驅動的控制；3.智力功能的控制，如思考；4.情緒的控制，如感覺。

11 **以文化抵禦混沌**。關於這一點，請見尼爾森（Nelson，1965）的結論。關於文化的積極整合效應請參考露絲・潘乃德（Ruth Benedict）的「協同」（synergy）觀點（馬斯洛與哈妮曼〔Honigmann〕，1970）及拉胥羅（Laszlo，1970）的一般系統觀點，或雷德菲爾德（Redfield，1942）、貝塔郎菲（von Bertalanffy，1960, 1968），以及博蘭尼（Polanyi，1968, 1969）。關於個體如何在文化中創造意義，請參考契克森米哈伊與洛克伯格－哈頓（1981）。

12 認為自己是宇宙的中心。民族優越感幾乎是所有文化的基本教義，見勒范恩（LeVine）與坎伯（Campbell，1972）、契克森米哈伊（1973）。

貧窮苛刻，也不能歸咎有鄰國軍隊欺壓。這些不滿的根源是由內而生的，只能靠自身的力量與之抗衡。隨著愈來愈多人感到混沌的襲擊，過去適用的屏障，如宗教、愛國主義、道德傳統和社會階層提供的秩序，已經不足以應付了。

有人把這種缺乏內在秩序而感到焦慮的主觀狀態稱為本體焦慮（ontological anxiety）[13]，或是存在焦慮（existential dread）。基本上，這是一種對存在的恐懼，擔心自己的生命沒有意義，擔心自己的存在沒有價值。過去幾個世代來，對核戰的恐懼為我們的未來平添了前所未有的威脅，彷彿任何奮鬥都失去了意義[14]。我們像是被遺忘的塵埃，在虛無之中飄蕩。隨著一年又一年過去，宇宙的混沌程度也在人們的心中不斷倍增。

「人生就如此而已？」經歷生命的過程中，我們逐漸從輕狂的少年時期來到了冷靜的成人時期，這個問題也愈常浮現：童年時期的痛苦沒有關係，青少年時期的困惑是應該的，大部分人在成長過程中都抱著一種期待，期待長大後一切會漸入佳境。在成人階段的初期，未來依舊充滿希望，抱持的目標都有達成的機會。但是這一天終究到了，鏡子裡的人發了白髮，多長出來的那幾磅肉沒有打算離開的意思，漸漸的，眼力也不好了，身體無處不是無法解釋的病痛。那感覺就像在餐廳裡用餐，晚餐還沒吃完，服務生就把隔天早餐端上來了一樣，這些訊息都在告訴我們：你的時間到了，該往前進了。發生這樣的事時，很少人是做好準備的。「等一下，還沒輪到我吧？我還沒開始過我想過的生活呢！我該賺到的錢在哪裡？我該享受的那些美好時光在哪裡？」

這時候，心中肯定會出現被玩弄或受欺騙的感覺。從小，社會就灌輸我們事情終究會如我們所願。畢竟，我們生活在極度富裕的國家，科學上的發展更是前所未見，我們掌握最有效率的科技，還受明智的憲法保護，所以，我們的人生當然要比前人更充實、更有意義。如果我們的祖父母在那麼刻苦的生活條件下，都能覺得幸福了，那我們這一代擁有的幸福絕對會超乎想像！科學家這麼告訴我們，教會的領導人這麼教導我們，電視廣告中的美好未來也頻頻向我們招手。但是總有一天，我們會醒過來，發現這些承諾都是空談，原來，這個生活富足、科學發達、極端複雜的世界，並沒有辦法為我們帶來幸福。

有了這樣的領悟後，大家的反應不盡相同。有些人會無視於它的存在，把力氣花在追求其他他認為可以讓生命更美好的事物上，像是更名貴的車子、更寬敞的房子、更高的職位、更光鮮亮麗的生活型態。他們重整努力方向，誓言非捕捉到那不願就範的滿足不可。有時候似乎有些成效，但那不過是他們太投入於這樣的努力中，沒發現他們與目標的距離一點兒也沒有改變。只要一個人願意花點時間去反省，那幻滅感就會再度浮現：每一次的成功，都只是在證明金錢、權力、地位與財富，絲毫無法提高生活品質。

13 **本體焦慮**。過去幾個世紀來，本體焦慮（或存在焦慮）的專家包括詩人、畫家、劇作家等各領域的藝術家。哲學家中有齊克果（Kierkegaard，1944, 1954）、海德格（Heidegger，1962）、沙特（Sartre，1956）、以及雅士培（Jaspers，1923, 1955）；精神科專家則有蘇利文（Sullivan，1953）和連恩（Laing，1960, 1961）。

14 **意義**。經驗要有意義，就必須和一個人的目標有正向連結。當我們有值得努力的目標，而且體驗過程井然有序時，人生就有了意義。體驗過程要有秩序，會需要一點超自然的力量，或一點好運氣，少了秩序，生命就失去意義了。見契克森米哈伊與洛克伯格–哈頓（1981）。本書第十章對「意義」有更深入的探討。

也有人會選擇直接攻擊這些症狀。如果身體狀態是第一個警訊，就開始節食、加入健身俱樂部、跳有氧舞蹈、買健身器材，甚至乾脆去整形。如果覺得自己沒有得到重視，就去讀教人如何擁有權勢、交到朋友的書籍，或參加訓練課程來讓自己更有自信、爭取社交機會等。然而，一段時間後，就會發現這樣拼拼湊湊的方法也不見效了。不管我們再怎樣細心照料身體，它終究會老去；擁有了自信，卻因為這樣跟朋友產生了摩擦；花時間在朋友身上，卻忽略了另一半和家人。感覺到處都是即將潰堤的水壩，讓我們應接不暇。

試著滿足各種需求未果後，有些人乾脆放棄對世界的努力，將這些事全都遺忘，追隨憨第德（Candide）[15]的腳步，以優雅的姿態退場。或許是經營起自己的小花園，或培養收集抽象畫、陶瓷人偶之類的優雅嗜好，也有人選擇用酒精或藥物來麻醉自己。這樣昂貴的興趣或另類消遣或許可以暫時轉移注意力，但是關於「人生就如此而已？」這個問題大家還是沒有找到答案。

透過宗教一直是最能直接面對存在問題的管道，愈來愈多幻想破滅的人也選擇這麼做，也許是典型的西方宗教，也可能是深奧的東方宗教。但是關於空虛的人生，宗教也僅能提供暫時的協助，而不是永恆的解答。歷史上的某些時期，宗教確實為人類生存的問題提供了令人信服的解釋，以及可以接受的答案。從第四世紀到第八世紀，基督教在歐洲大陸廣傳，伊斯蘭教在中東地區興起，佛教則占據了亞洲。幾百年來，藉著這些宗教，人們找到了令人滿意的人生目標，然而，現代人已經無法再將宗教的世界觀奉為圭臬了[16]，因為這種以神話、啟示和箴言闡述真理的方式，與今天的科學理性有了矛盾。或許哪天會有一個全新宗教誕生，但是在這之前，上教堂尋求慰藉的人也只能避談現代世界的新知，以求心理的平安。

這些方法無法解決問題已經是無可否認的事實。在物質生活的鼎盛時期，我們卻得面對各種奇怪的病症。販毒分子靠著販賣毒品的獲利滋養謀殺犯和恐怖分子。這些藥頭如果持續這樣迅速擴展財富和權勢，說不定哪天會爬到我們這些奉公守法的人頭上，成為世界的統治者。在性生活上，因為急欲擺脫「虛偽」的道德束縛，導致致命的病毒四處散播。

這樣的趨勢[17]讓我們充滿不安，每次聽到最新統計數字時，巴不得能眼不見為淨。只是鴕鳥心態於事無補，與其逃避，不如面對事實，免得自己也成為統計資料中的一員。過去三十年來，我們每個人的平均能源使用量增加了一倍，其中光是電力用量就增加了五倍。一九八四年，美國有三千四百萬人處於貧窮狀態（以一家四口為例，年收入在一〇六〇九美元以下），這個數字在過去幾個世代的變化不大。[17]

在美國，暴力犯罪，包括謀殺、強暴、搶劫、強姦的發生頻率，在一九六〇年到一九八六年間增加了三倍以上。一九七八年的犯罪案例共有一百零八萬五千五百件，但是到了一九八六年，

15〔譯註〕伏爾泰的同名小說《憨第德》中的主人翁。

16 **宗教的衰微**。許多研究都認為宗教可以抵禦混沌，有宗教信仰的人對生活的滿意度也比較高（比〔Bee〕，1987, p. 373）。但是最近也有研究指出，文化價值在維繫社會的效力上已經不如從前；例如貝爾（Daniel Bell，1976）提到資本主義價值的衰微，而貝拉（Robert Bellah，1975）則是提到宗教衰微。在歐洲，整個中世紀雖然被稱為「信仰時代」（Age of Faith），對宗教卻是充滿懷疑與困惑的。惠欽格（Johann Huizinga，1954）和勒．華．拉杜里（Le Roy Ladurie，1979）對那段心靈混亂的年代有精彩的描寫。

這個數字攀升到了一百四十八萬八千一百四十件，是其他開發國家，像是加拿大、挪威或法國的一千倍以上。大約同時期，離婚率增加了四倍，一九五〇年，每一千對夫妻中有三十一對離婚，到了一九八四年，有一百二十對會離婚。在這二十五年間，性病的發生率增加了三倍以上。一九六〇年，淋病的案例有二十五萬九千件，到了一九八四年，大約有九十萬件。我們還不清楚最新的災難愛滋病會讓我們付上多大的代價，以及它什麼時候才會結束。

與上一代相比，社會因素引起的精神疾病[18]發生率增加了三到四倍，而且在許多地區都有同樣的趨勢。一九五五年，美國有一百七十萬件與精神問題相關的案例，但是到了一九七五年，已經攀升到了六百四十萬件。不知道是不是巧合，但這和國家級的恐慌剛好是成正比的。從一九七五年到一九八五年這十年當中，國防部的預算從八七九億美金提升到二八四七億美金，增加為三倍以上。沒有錯，教育部的預算雖然也增加了三倍，但也不過來到一七四億而已。就雙方的分配比例來看，我們手上的劍威力足足比筆大了十六倍。

未來的光景看起來也沒比較美好。現今的青少年[19]已經開始罹患過去只有年長的人才會有的疾病，這些病有時甚至會致命。愈來愈少年輕人在雙親同住的家庭中成長。一九六〇年，每十個孩子裡有一個來自單親家庭，到了一九八〇年變成了兩個，一九九〇年則是三個。一九八〇年，有八萬名平均十五歲的少年入獄。我手上沒有青少年吸毒、感染性病、逃家、未婚懷孕等的數據，但恐怕也不樂觀。一九五〇年到一九八〇年間，青少年自殺的比例增加了三倍，其中不乏生活富裕的白人男性，一九八五年已知的二九二五三件自殺案例中，有一三三九件是年紀十五到十九歲的白人男孩，這比同年齡的白人女孩高了四倍，更比黑人男孩高了十倍（不過年輕黑人男孩又以殺人案件中的死亡數目追了上來）。最後，各地青少年的知識程度似乎都在降低中。一九六七年，美國SAT考試的數學平均成績是四六六分，在一九八四年則是四二六分。字彙成績也是同樣的趨勢。這類令人感嘆的統計數字沒完沒了。

就在我們不斷締造空前奇蹟的同時，為什麼面對生活，我們的表現會樣樣不如環境刻苦的先

17 **社會病理學的發展趨勢**。關於能源使用的統計資料，見《美國國家統計摘要》（*Statistical Abstracts of the U.S.*，U.S. Dept. of Commerce 1985, p. 199）；關於貧窮的資料請見ibid., p. 457。暴力犯罪的資料來自《美國聯邦犯罪報告》（*U.S. Dept. of Justice's Uniform Crime Reports*，July 25, 1987, p. 41）、《美國國家統計摘要》（1985, p. 166），以及商務部的《美國社會指標統計》（*U.S. Social Indicators*，1980, pp. 235, 241）。性病的資料來自《美國國家統計摘要》（1985, p. 115）；離婚資料來自ibid., p. 88。

18 **精神健康**。數據來自《美國社會指標統計》, p. 93。預算資料來自《美國國家統計摘要》（1985, p. 332）。關於青少年父母分居的資料來自布蘭德溫（Brandwein，1977）、庫柏（Cooper，1970）、葛利克（Glick，1979），以及威茲曼（Weitzman，1978）。犯罪統計資料來自《美國國家統計摘要》（1985, p. 189）。

19 **青少年病態**。關於青少年自殺與殺人的數據來自《美國人口統計，1985》（*Vital Statistics of the United States, 1985*，U.S. Dept. of Health and Human Services, 1988）, table 8.5。關於SAT成績的改變請見《美國國家統計摘要》（1985, p. 147）。根據可靠的推測，青少年自殺的案件在一九五〇年到一九八〇年間增加了三倍，其中又以具優勢的中產階級白人男性情況最為嚴重（《美國社會指標統計》，1981）。同樣的情形也見於犯罪、殺人、未婚懷孕、性病感染和精神失調等（韋恩〔Wynne〕，1978，楊克洛維奇〔Yankelovich〕，1981）。到了一九八〇年，高中畢業班學生，每十個就有一個必須每天服用精神藥物（強斯敦〔Johnston〕、巴赫曼〔Bachman〕與奧馬利〔O'Malley〕，1981）。值得一提的是，在大部分的文化中，青少年都被視為麻煩製造者（福克斯〔Fox〕，1977）。「青少年內在混亂、外在失調的現象在各地都一樣，文化決定因素的影響並不大。」（基爾〔Kiell〕，1969, p. 9）。根據歐菲（Offer）、奧斯特羅夫（Ostrov）與霍華德（Howard，1981）的估計，大概只有百分之二十的美國青少年被認為是「有狀況的」，這數字聽起來不大，但事實上已經代表一大批年輕人了。

人？這問題的答案呼之欲出：在大家共同努力之下，我們的物質生活能力突飛猛進，但是在改善生活體驗的內涵上，卻沒有太大的進展。

改造經驗

唯有每個人都負起自己的責任，才有機會擺脫這種困境。如果價值觀和制度不再像以前一樣，可以提供支持框架，那我們只好用手上的其他工具，來為自己打造富有意義的幸福人生。心理學就是其中一項很重要的工具。截至目前為止，這門剛起步的科學帶來的貢獻，都是在藉由過去的事件推敲現有的行為。這當中我們發現許多成年人的非理性，都起因於童年時期的挫折。但是心理學的原則其實還有不同用途，像是幫我們回答這個問題：目前處於各種障礙與壓制之下的我們，如何為自己打造更好的前景呢？

要抵抗現代生活中的焦慮和沮喪，首先得讓自己盡量不受社會環境影響，不要過於依賴社會的獎賞和懲罰。要擁有這樣的自主權，就要學習自己給自己獎賞。這個挑戰既沒有想像中的容易，也沒有預期中的困難：容易，是因為它完全由個人控制；困難，是因為它需要的紀律和毅力在任何時代都很罕見，在現代人更是如此。除此之外，很重要的是想要掌控經驗，我們看待事情的優先順序要有很大的調整才行。

成長過程中，我們一直有一個信念，未來是人生最重要的一部分。父母教導孩子，如果現在就養成良好的習慣，對他們的將來會有幫助。老師們也跟孩子保證，現在上的這些課程雖然無趣，但是對將來是有益的，可以幫助他們找到好工作。公司老闆也告訴資歷淺的員工要有耐心、要努力工作，將來就能晉升。在辛苦漫長的努力後，緊接而來的就是黃金燦爛的退休歲月了。就如美國哲學家拉爾夫・沃爾多・愛默生（Ralph Waldo Emerson）說的，「我們一直想著未來要過什麼樣的生活，但是到頭來，卻像沒有真正活過一樣。」

當然，這種強調先苦後甘的作法，在某些時候是不可缺的。佛洛伊德等心理學家都指出，文明是建立在壓抑個人欲望的基礎上。社會上的成員不管喜歡或不喜歡，都被迫順應文化要求的習慣與技能，否則就無法維持社會秩序和複雜的分工制度。社會化[20]，是個人為了在社會體系中生存不可避免的轉化過程。這麼做，會讓人仰賴社會控制[21]，對於社會的賞罰有既定的預期。當所有社會成員都認同相同的社會秩序，完全沒有觸犯規則的念頭時，就是社會化的最高境界。

為了讓大家都朝這個目標前進，社會會藉助幾個強大的力量：我們的生物需求與遺傳特性。所有社會制約都是以威脅人民的求生本能為基礎。受壓迫的人民會服從統治者，因為他們想要活下去。即使是文明國家，都還會以鞭刑、殘割或是死刑來鞏固它的威權。[21]

除了刑罰之外，社會體系還可以用快樂做為讓大家乖乖就範的誘因。只要努力工作、奉公守法，

20 社會化。壓抑個人的滿足以求在社會中生存，這方面的討論見於佛洛伊德的《文明及其不滿》（*Civilization and Its Discontents*，1930）。布朗（Brown，1959）則對佛洛伊德的論點提出了反駁。關於社會化的權威著作有克勞森（Clausen，1968）和奇格勒（Zigler）與查德（Child，1973）。契克森米哈伊與拉森（1984）也對青少年的社會化做了延伸探討。

就可以擁有「美好的生活」，這一點用的就是我們遺傳上的特質。基本上，每一種始於人類本性的欲望——從性慾到侵略，從尋求安全感到接受改變，都是政治人物、教會、公司與廣告商可以用來控制社會的手段。十六世紀時的君主為了吸引年輕人加入武裝部隊，答應以強暴被征服之地的婦女做為他們的獎賞；現在的募兵海報則是告訴年輕人，加入軍隊可以讓他們「看見全世界」。

我們必須了解追求快樂也是一種反射動作，是我們的遺傳基因為了確保物種生存所做的設計[22]。例如吃東西時覺得很開心，就是一種確保我們的身體獲得所需營養的有效方式。性愛上的歡愉也是同樣的道理，它可以確保我們傳宗接代，把基因延續下去。當一名男性在生理上受到一名女性吸引，他會以為——假設他有思考過這個問題——這一切都是出於自己的本意。但事實上，整件事很可能都是那看不見的基因密碼按它的藍圖操控的。只要這樣的吸引單純是生理上的反射作用，那麼參與在當中的個人意識可說非常微小。追隨基因反應，恣意享受它帶來的歡愉沒有什麼不好，只是我們必須分清真相，做好優先順序的安排，該追求其他目標時，就得對這些反應保有一定的自制力。

然而問題就在於：現代人愈來愈容易將自己內心的感受解讀成自然的呼喚。直覺成了很多人唯一相信的權威。如果某件事給你的感覺是好的，那就一定是對的。當我們不假思索的順從基因與社會指示時，就等同放棄了對意識的控制，成了無可救藥、缺乏人性的玩物。那些沒有辦法拒絕食物或酒精的人、那些滿腦子都是性的人，是無法自由支配自己的精神能量的。

「人性解放觀」認為我們應該認同並接受所有直覺和衝動，原因就只是因為它們確實存在，但是這麼做的結果往往適得其反。許多當代「現實主義」說穿了，其實就是舊時「宿命論」的化身，也就是推託自己的責任，把所有事情都歸咎於「自然」。但是，如果我們天生是無知的，難道不應該學習嗎？有些人的男性荷爾蒙分泌就是比較旺盛，那他們的攻擊性強就該被視為理所當然嗎？我們不能否定人的本性，但更應該試著追求更好的自己。

屈服於基因影響很危險，在那種情況下的我們是無助的。沒有辦法抵抗基因引導的人永遠都是軟弱的，因為他只會屈服於本能，不會為了追求個人目標而努力。唯有駕馭直覺衝動，才能從社會制約中健康的獨立出來。光是憑個人的喜惡行事，很可能被有心人參透利用。

徹底社會化的人只懂得追求周遭的人也認同的獎賞，而這些獎賞往往與天性的欲望不謀而合。他可能會遇見許多可以為人生帶來真正滿足的經歷，但都忽略了，因為這些與他渴望的東西不一樣。他在意的不是現在擁有的東西，而是照著別人的期待走可能得到的收穫。受制於社會制約下的他，只能不斷追求一到手就化為烏有的獎賞。

在複雜的社會中，社會化會牽扯到各種利益團體，有時候，它們之間的目標甚至互相違背。

21 **社會控制**。幾個以化學方法成功進行社會控制的案例，包括西班牙人將蘭姆酒和白蘭地引進中美洲（布勞岱爾〔Braudel〕，1981, pp. 248–49）；開拓美國印第安人領土時使用的威士忌；以及中國的鴉片。馬庫色（Herbert Marcuse，1955, 1964）研究的則是以性和色情進行的社會控制。就像亞里斯多德從前說的，「歡愉和痛苦的研究是屬於政治哲學家的範疇。」（*Nicomachean Ethics*, book 7, chapter 11）。

22 **基因和個人利益**。最先提出基因的設計是為了它們自身的利益，而不是要讓基因攜帶者的生命更美好的是道金斯（Dawkins，1976），但是「雞不過是蛋用來生產下一顆蛋的手段」這句可以概括道金斯理論的諺語歷史可能更為悠久。其他相關觀點請見契克森米哈伊與馬西米尼（Massimini，1985），以及契克森米哈伊（1988）。

我們有學校、教會、銀行等公立機構，試著把我們塑造成努力工作、懂得存錢、認真負責的好公民。但另一方面，我們也不斷受到生意人、製造商與廣告所誘惑，要我們把積蓄拿去購買對他們有利的產品。甚至還有賭場、皮條客、藥頭等提供禁忌娛樂的地下組織，它們和前面的公立機構是對立的，只要我們願意花錢，就可以買到放蕩的快樂。雖然這些團體的立場截然不同，但是目的基本上都一樣：讓我們依附在社會體系，為了它們的私慾貢獻所有能量。

沒有錯，為了生存，特別是在複雜的社會裡生存，有時我們必須犧牲立即的滿足，去達成外在的目標。但是我們不必因為這樣就成了社會制約下的傀儡。解決方法是逐漸從社會獎賞中脫身，改由自己能控制的獎賞取代它。這並不是說我們該棄社會追求的目標於不顧，而是要在加諸於我們身上的目標之外，另外發展一套個人的目標。

想要擺脫社會制約，最重要的一個步驟是擁有隨時能找到獎賞的能力。如果一個人可以在川流不息的體驗中，也就是生命的過程中，找到樂趣與意義，社會制約的重擔自然就會從他的肩上卸下。當獎賞不再是從外而來，掌控權就回到個人身上。沒有人需要為看不見的未來而努力，或是在無趣的一天結束時，寄望明天能有什麼好事發生。大家可以從生活中獲得真實的獎賞，不再為了那遙不可及，又老是吊人胃口的獎賞受盡折磨。但是，想要擺脫社會制約，並不是單靠放棄本能欲望就夠了，我們還得擺脫肉體的支配，學會控制發生在我們大腦的事。

痛苦與歡愉都發生在我們的意識裡，也只存在我們的意識裡。我們如果追隨生物傾向所訂的社會刺激—反應模式，把自己的主導權交給它，就是被外在控制了。當某個廣告上的產品讓我們垂涎欲滴，當老闆的一個臉色就毀了我們一天的心情，我們就無法自由決定體驗內容。但如果我們把體驗認定為現實狀況，學習藉由改變意識來改變現實狀況，就等於具備了不受外在世界威脅與誘惑的能力。「人害怕的不是事物本身，而是自己看待事物的觀點，」古羅馬時期的哲學家愛比克泰德（Epictetus）這麼說。偉大的羅馬皇帝馬可・奧里略（Marcus Aurelius）也說，「當外在事物讓你感到痛苦時，並不是因為它們困擾著你，而是你是這麼看待它們的。你擁有推翻這些判斷的力量。」

邁向自由之路[23]

事情就是這麼簡單——掌控意識[24]可以決定一個人的生活品質——這是大家向來知道的；事實上，從人類有記載以來就是如此。古希臘的德爾斐（Delphi）神諭「認識你自己」說的就是這一

23 **邁向自由之路**。這條路的歷史悠久、內容豐富，不是三言兩語能帶過的。關於神祕傳統中的瑜伽，請見貝漢南（Behanan，1937）和伍德（Wood，1954），關於猶太神祕主義請見蕭勒姆（Scholem，1969）。關於哲學的部分可以參考海達斯（Hadas，1960）的希臘人道主義；關於禁慾主義請參考阿諾德（Arnold，1911）和默雷（Murray，1940）；關於黑格爾請看馬克渥納（MacVannel，1896）。現代一點的哲學家則有田立克（Tillich，1952）和沙特（Sartre，1956）。麥金泰（Alasdair MacIntyre，1984）重新解讀亞里斯多德的道德活動，發現它與自得其樂的活動理念或心流在某些方面非常相近。跟歷史有關的部分，以克羅齊（Croce，1962）、湯恩比（Toynbee，1934）和貝德葉夫（Berdyaev，1952）的研究最為經典；社會學的部分可以參考馬克思（Marx，1844〔1956〕）、涂爾幹（Durkheim，1897, 1912）、索羅金（Sorokin，1956, 1967）和高德納（Gouldner，1968）；心理學的部分有安格爾（Angyal，1941, 1965）、馬斯洛（Maslow，1968, 1970），以及羅哲斯（Rogers，1951）；人類學的部分則有潘乃德（Benedict，1934）、米德（Mead，1964）和紀爾茲（Geertz，1973）。上述這些只不過是眾多著作中的九牛一毛而已。

回事。亞里斯多德顯然也認同這一點，他提出的「靈魂的道德活動」從許多方面來看，都預示了本書的論點，事後也被古典禁慾主義的哲學家發揚光大。天主教修士則是以各種臻於完美的方式來抒發想法與欲望。

羅馬公教聖人聖依納爵．羅耀拉（Ignatius of Loyola）也在他著名的靈修活動中，將這樣的想法付諸實現。最近一個嘗試要幫助人從生物衝動與社會制約中釋放的，則是心理分析。就像佛洛伊德所說的，我們的心靈受制於兩位暴君，一位是本我，另一位是超我。本我聽命於基因，超我受社會的支配，兩者都代表「外界」，與他們相對的是自我，追求的是現實環境中的真實需求。

東方世界也發展出了許多控制意識的技巧，並達到相當成熟的境界。雖然印度瑜伽、中國道教，或是佛教的不同宗派各有特色，但是都在追求不受外界力量（不管是生物力量或社會力量）的影響，讓意識從中解脫。例如練瑜伽的人會操練自己，讓自己忽略身體的疼痛，抗拒一般人承受不了的飢餓感與性慾。達到這種境界的方式不只一種，除了瑜伽術中嚴格的心理控制外，還有禪宗信徒排除妄念的修行等。方法雖然不同，但是它們的目的都是為了讓內在生命擺脫混沌的威脅，從頑固的生物衝動中解脫，不再受社會制約所擺布。

不過，如果人類早在幾千年前就找到獲得自由、掌控生命的方法了，為什麼會遲遲沒有進展呢？面對阻擋幸福的混沌時，為什麼我們依然感到徬徨，甚至比前人還更無助呢？關於這個挫敗至少有兩個解釋。首先，讓意識解放的方法，或者說智慧，是不能累計、不能簡化成公式背下來、隨時套用的。它是一門複雜的專業，就像成熟的政治判斷、細緻的美感一樣，是每一個人都得經過一番試誤學習才能得到的。意識控制不單是一種認知上的技能，除了認知上的學習外，它還需要我們投入情感和意志力。而且光是知道怎麼做並不夠，我們還得實際去做、持續的做，就像運動員或音樂家不斷將自己學到的理論付諸行動一樣。這不是件容易的事。我們在把物理學、遺傳學等知識運用到物質世界時，進展速度通常很快，但是當我們想要用知識來調整習慣或欲望時，速度就變得跟烏龜一樣慢了。

再者，控制意識的知識必須不斷更新，隨著每一次的文化內容改變重組。神祕主義、蘇非主義（Sufi）[25]、瑜伽大師或禪宗大師的智慧，都在所屬年代發揮了作用，如果我們仍生活在那樣的時空環境下，它們很可能還是最好的選擇。但是如果把它們搬到現代的加州，這些方法就會失去它們原有的能力。它們都含有初創時的專屬元素，如果我們沒辦法把這些次要元素從主要元素中除去，通往自由之路就會因為布滿無謂的事而充滿阻礙。當形式勝過實質時，尋求者只好回到起點，從頭來過。

對意識的控制是沒辦法制度化的。一旦它變成社會規則或規範，就會失去起初的果效。很不

24 **掌控意識**。這個章節提到克勞斯納（Klausner，1965）整理出來的四種自我控制形式。其中一個最古老的方法是大約一千五百年前，由印度發展出來的瑜伽修煉；這部分在第五章將更深入討論。相信全人醫療的人認為，病人的心理狀態對生理狀態有絕對的影響力；見卡森斯（Cousins，1979）和西格爾（Siegel，1986）。我在芝加哥大學的同儕簡德林（Eugene Gendlin，1981）發展了一套控制注意力的現代技巧，叫「聚焦」（focusing）。這本書並沒有提倡任何特定的方法，而是做概念分析，告訴讀者掌控意識與獲得樂趣的要點，好讓讀者可以根據自己的喜好或條件，發展出最適合自己的方法。

25〔譯註〕蘇非主義是伊斯蘭教的神祕主義，為追求精神層面的提升，採取非常嚴格的生活方式。

幸的，這種常規化[26]發生的速度非常快。佛洛伊德還在世，他對自我解放的追求就變質成了一種古板的空論、規範嚴格的專業。馬克思的下場更慘：他試著要從經濟剝削的暴政解放的企圖，沒多久就成了一種鎮壓系統，讓這位草創者難以置信。就像俄國作家杜斯妥也夫斯基所說的，假設耶穌基督在中世紀回到世上，傳講他提倡的自由，肯定會被以他的名建立，但擁有世俗力量的教會再次釘死在十字架上。

每一個新紀元，或說每一個世代，甚至每隔幾年，只要生活環境一直改變得這麼迅速，我們就必須馬不停蹄的思考怎麼樣建立意識上的自主權。早期有基督教幫大眾擺脫僵化的帝國強權，推翻生命只對有權勢的人才有意義的意識形態。宗教革命讓許多人脫離了羅馬教廷的政治與思想壓迫。哲學家、草擬美國憲法的政治家致力抵抗國王、教皇與貴族建立的制度。十九世紀歐洲工業革命時期，工廠勞工遭到的不人道對待，是阻撓他們掌控個人體驗最大的阻礙，馬克思主義會在這個時候誕生並不意外。維也納中產階級也受到了不是那麼直接，但程度相當的壓迫，這時佛洛伊德的解放之路引領他們找到了出口。《聖經》裡的福音書、馬丁・路德、美國憲法擬定者、馬克思、佛洛伊德等，都希望藉著促進自由，讓大家擁有多一點幸福。有些方法雖然在應用時被曲解了，但它們值得肯定。只不過它們無法消弭所有問題，也沒辦法提供所有答案。

在不斷反覆問著「如何主宰人生」的中心問題時，我們所知有多少呢？一個人要怎麼擺脫焦慮、不再受到社會制約的控制呢？就像之前說的，解決之道要從控制意識，進而控制生活的品質開始。只要方向對了，即使只是一小步，也會讓生命更加豐富、更有樂趣、更具意義。在開始探討怎麼改善生活品質之前，我們應該很快地認識一下意識的運作方式，以及「體驗」的真正涵義。具備了這樣的知識，我們會更容易實現個人自由。

26 **常規化**。這個論點會讓人聯想起韋伯（Weber，1922）在他的著作《世界宗教的經濟倫理》（*The Social Psychology of World Religions*）提到的卡里斯馬的常規化（routinization of charisma），或甚至更早以前的黑格爾思想提到的「神性的世界」最後終將變成「人性的世界」一樣（見索羅金〔Sorokin〕，1950）。社會學也有相同的觀點，見柏格（Berger）與陸克曼（Luckmann，1967）。

CHAPTER

2

解析意識[1]

The Anatomy of Consciousness

歷史上有些文化認為，如果不懂得掌控自己的思想和感覺，就不能算是完整的人。儒家思想下的中國、古斯巴達、羅馬共和國、早期住在新英格蘭的清教徒、維多利亞時期的英國上流社會等，都認為嚴加管控自己的情緒是責任。那些過度自憐、不懂得反省、只憑直覺做事的人，社會都可以拒絕接受。但是也有些歷史階段，包括我們現在所處的年代，不是那麼在意自我控制，以致於追求自我控制的人反而會被認為有點莫名其妙，「過於保守」或「跟不上潮流」。但是不管潮流怎麼走，願意付出心力掌控意識的人，似乎過得比較快樂。[1]

要知道怎麼掌控意識之前，我們必須先認識意識的運作方式，這就是本章節的重點。首先得澄清一件事，那就是意識並沒有什麼神祕之處，它和人類的其他行為一樣，都是生理作用的產物。它源自於錯綜複雜的神經系統，而神經系統又是經由染色體指示製造的蛋白質組成的。不過我們也要知道，意識並不完全受基因藍圖控制，它是有自主能力的。換句話說，意識已經發展出不遵從基因指示，而是按自己的方式行事的能力。

意識的功用在將外來與內在的資訊提供給個體，讓個體進行評估並做出反應，它好比感覺、知覺、感受和想法的演算中心，可以處理接收到的訊息，並訂出優先順序。缺少了意識，我們還是會「知道」事情狀況，但是行事只能憑反射或直覺。有了意識，我們才能謹慎評估自己的感知，做出適切的反應。另外，意識還可以創造原本不存在的訊息，所以我們才會做白日夢、說謊、寫出優美的詞賦、發展科學理論等。

在無盡黑暗中不斷演化的結果，人類的神經系統極其複雜，甚至可以左右自己的狀態，不再接受基因藍圖或是客觀環境的影響。這等於是說，不管外在環境的景況如何，只要能改變意識內容，就可以讓自己變得快樂或變得難過。大家身邊一定有這樣的人，他們可以藉著意識上的轉念，就讓原本令人絕望的事變成可以面對的挑戰。這種遇到困難與挑戰時不屈不撓的特質深受他人欣羨，它不僅是成功的重要條件，也是快意人生不可或缺的特質。

想具備這樣的特質，首先得學會掌控意識，駕馭自己的感覺與思考。別指望這能一蹴可幾。另外，有些人總喜歡為意識添加神祕的色彩，期待它像是特異功能，並相信只要他們在精神上這麼想，就可以行神蹟奇事。還有些人表示他們可以穿越時空，回到過去與靈界相通，甚至宣稱自己擁有超能力，可以行令人不可思議的事蹟。這樣的行為就算不是詐欺，也是自欺欺人的妄想。

印度苦行僧以及其他心靈修煉者登峰造極的修煉成果，經常被拿來當成心靈力量不可限量的例子。這當中有許多事蹟沒能禁得起查證，至於那些查證屬實的，往往是一般人只要受了特殊訓練也辦得到的。優秀的小提琴手或運動員傑出的表現讓我們望塵莫及，但是我們不會用什麼神祕

1 意識。這個概念是許多宗教，以及包括康德和黑格爾在內的哲學體系的中心。早期心理學家，像阿赫（Ach，1905）等，都試圖要以現代科學的詞彙定義它，但是沒能成功。曾經有幾十年的時間，行為科學家完全放棄了意識的概念，因為他們認為對自我狀態進行陳述不具科學的有效性。最近這個主題有重新獲得重視的跡象，見波普（Pope）與辛格（Singer，1978）。波林（Boring，1953）與克勞斯納（Klausner，1965）將過去對這個概念的討論做了整理。提出「省察式行為學」（introspective behaviorism）的史密斯（Smith，1969）為意識所做的定義和這本書講的非常接近：「意識經驗是一個人直接做想的事的內在事件。」（Smith，1969, p.108）。但是除了這一點之外，這裡提出的概念和史密斯或其他行為心理學家提出的概念共同之處並不多。主要差別在於我強調經驗的主觀動態，並以現象學為主體。稍後我們還會對意識提供更完整的定義。

的力量去解釋它。瑜伽修行者等意識控制的箇中高手也是如此，他們的成就是經年累月的學習和訓練來的，身為操控內在經驗的專家，他們肯定一心追求自己的技能夠精益求精，不容許自己把時間或精力浪費在其他事上。瑜伽修行者之所以在掌控意識上擁有過人的技能，是因為放棄發展其他人視為理所當然的技能。他的成就令人歎為觀止，但是水電工人或修車工人的能力不也是如此嗎？

或許哪天我們真的會發展出某種特異功能，憑心靈力量就可以行神蹟奇事，那時再來學習用腦波折彎湯匙也不遲。至於現在，眼前有太多現實世界的當務之急，如果不把意識在這些地方有效發揮，而去追求那些現有能力不能及的事，未免太過浪費。我們目前擁有的心靈力量確實不如某些人期待的超能力，但它絕對擁有強大潛力等著我們去開發。

由於沒有哪一門學科是直接以探討意識為主題的，所以關於它的運作模式沒有統一的說法。不少學科都和意識沾上邊，但提供的訊息都很粗淺。相較起來，神經科學、神經解剖學、認知科學、人工智慧、心理分析與現象學算是和意識關係最密切的學科了；但是要總結各家結論就跟盲人摸象一樣困難，因為各家說法都不一樣，彼此也不相干。我們當然得在這些領域中繼續學習跟意識有關的重要知識，但這同時，我們也有必要發展以事實為根據而且淺顯易懂的模式，讓所有人都知道怎麼運用意識。

「以資訊理論為基礎建立的意識現象學[2]模式」，這個專業術語聽起來艱深難懂，卻是我認為最能清楚檢視大腦中發生的重要事件，並實際應用在日常生活的不二選擇。使用這個方法時，我們會聚焦在真實經歷的事件，也就是現象上，而不去探討背後的解剖學構造、神經化學作用或是促成這些事件發生的潛意識等。沒有錯，發生在我們大腦的每一件事，都跟歷經數百萬年演化的中樞神經系統電化學變化有關，但是現象學認為，要理解一個心靈事件，最容易的方法還是從實際經驗著手，於是刻意屏除了背後專業的理論與科學。就這一點來看，我們採用的方法跟純現象學還是有所不同的，因為我們的模式是以資訊理論的原則，來了解發生在意識中的事；這些原則包含了感官資料的處理、儲存和使用等，也就是注意力與記憶動態。

在這樣的架構下，什麼叫有意識呢？簡單來說，就是我們的意識活動，包括知覺、感覺、心思、意念正在發揮作用，而我們可以引導它們的方向的時候。我們在做夢[3]時也會有這些活動，只不過無法控制它們的方向，所以稱不上是意識。例如，我可能在夢中接獲親人發生意外的消息，

2 **現象學**。在這裡使用「現象學」這個名詞，不代表依附任何特定思想家或學派的原則或方式，只是在說明我們用來研究經驗的模式深受胡塞爾（Husserl，1962）、海德格（Heidegger，1962, 1967）、沙特（Sartre，1956）、梅洛－龐蒂（Merleau-Ponty，1962, 1964），以及後來轉往社會科學發展的納坦森（Natanson，1963）、簡德林（Gendlin，1962）、費雪（Fisher，1969）、溫（Wann，1964）和舒茲（Schutz，1962）的影響。柯哈克（Kohak，1978）和科拉科夫斯基（Kolakowski，1987）對胡塞爾的現象學有簡單扼要的介紹。現象學有它的重要性，但是就這本書的目的而言，我們不需要更深入鑽研它。**資訊理論**（見魏納〔Wiener〕，1948〔1961〕）也是如此。

3 **做夢**。史都華（Stewart，1972）曾提出馬來西亞的華人土著混血族群（Sinoi）可以控制夢境，他們醒著的時候，掌控意識的能力也異於常人。如果這是真的（看起來不大可能），代表我們只要對注意力加以訓練，就算睡著了，還是具有掌控意識的能力。這對現行的一般規則來說，是個有趣的例外（契克森米哈伊，1982a）。最近有個做清醒夢（lucid dreaming）的方法就是試圖擴展意識，希望可以在睡眠狀態中意識保持清醒的做夢（賴博格〔La Berge〕，1985）。

我覺得很難過，心想，「真希望幫得上忙。」整件事的內容包含了知覺、感覺、心思和意念，但是我沒辦法針對它有任何作為（例如查證這個消息是否屬實），此時的我是無意識的。夢中的我們只能接受安排好的劇情，沒辦法改變它。構成意識的事件——我們看見、感覺、思考、渴望的事物——會以我們可以操控並使用的資訊呈現，因此，我們可以把意識看成經過刻意整理的資訊。

這樣枯燥的定義雖然正確，但還是沒辦法完全表達出它的重要性。由於外在事物是透過我們的知覺才存在的，所以意識可以說是一種現實體驗的主觀感受。任何我們感覺到、聞到、聽到或記得的事物都有進入意識的潛力，但事實上，真正成為意識一部分的卻是少之又少。雖然說意識就像鏡子，可以反映我們從外在環境與神經系統得到的感知訊息，但它不但具有選擇性，而且可以將自己主觀的想法加諸在這些事件上，塑造它們。我們所知的人生，就是透過意識反映出來的所有事件，包括從我們出生到死亡所聽見、看見、感覺到、期待的、受苦的一切事件的總和。儘管我們相信在意識之外還存在著其他「東西」，但是沒有人可以為它們的存在提出直接的證據。

我們的意識像是個演算中心，所有事件都在裡頭藉由不同感官進行呈現和比較，它必須同時處理非洲的饑荒、玫瑰的香氣、道瓊指數的表現，以及順道去店裡買麵包等不同資訊，但這不代表它的內容雜亂無章。

我們稱讓意識中維持資訊秩序的力量為意圖。只要一個人渴望某個東西，或是想要完成某件事時，意識中就會形成意圖。意圖也是一種資訊的結合，內容取決於個人的生理需求或內化的社會目標。它的作用就像磁場一樣，可以將注意力導向特定事物，讓我們的精神集中在選定的刺激上。有時我們也稱這樣的意圖表現為直覺、需求、驅動力或欲望。但這些都是解釋性的詞彙，用以說明一個人為什麼會有特定的行為。意圖應該是更中立、更陳述性的；它不是在解釋一個人做某件事背後的原因，僅是在描述「他想做某件事」這事實而已。

舉例來說，當我們的血糖濃度降到一定程度時，身體就會開始覺得不舒服：我們可能會心情煩躁、多汗和胃痛。在基因操控的指示下，血糖濃度必須恢復正常，這會讓我們聯想到食物。於是我們開始吃東西，一直吃到飢餓感消失為止。在這個事件中，我們可以說飢餓是組織意識內容的驅動力，好讓我們把焦點放在食物上。但這是已經經過理解的事實——它化學上是正確的，但跟現象學無關，因為肚子餓的人並不知道自己的血糖濃度，他吃東西，純粹只因為意識告訴他肚子餓了。

一個人只要知道自己餓了，就會產生找食物吃的意圖。這麼做時，他的行為看起來就像在順從需求或驅動力而已。事實上，他也可以不理會飢餓帶來的不適。或許他有些更強烈或相反的意圖，例如想要減肥、省錢，或是為了宗教上的緣故禁食。有些政治抗議者也會絕食，因為他們想要表達理念的意圖勝過了基因指令，甚至自願赴死。

不管是天性或後天產生的意圖，都是按著目標等級來安排優先次序的。對抗爭者來說，實現政治改革的重要性超越任何事，包括他的生命在內，代表這個目標的優先次序凌駕於任何其他的目標。大部分人多半還是根據自己的身體需求——想要活久一點、有健康的身體、有性愛、豐衣足食——或是來自社會體系深植的欲望——奉公守法、認真工作、花錢享受、符合他人的期待等，來決定自己的目標。但是不管在哪一個文化，我們都可以找到足夠的例外，來證明目標具有可塑性，那些特立獨行的人——英雄、聖人、智者、藝術家、詩人，還有瘋子與罪犯——目標就經常異於常人。他們的存在證明意識可以因著目標和意圖做調整，而我們每一個人都有操控主觀現實的自由。

意識的極限

如果我們可以將意識包含的內容無止盡地擴大，那麼人類的幾個基本夢想就可以實現了，我們將會長生不老、無所不能，換句話說，就跟神一樣。如果我們的思考沒有限量，那麼便可以感覺所有的事、做所有的事，還可以接收所有資訊，讓生命中的每一瞬間都擁有豐富的經歷。這麼一來，我們便可以在一生中體驗上百萬個，甚至無限個不一樣的人生。

但很遺憾的，我們的神經系統不是沒有限度的，它在特定時間內能處理的資訊就是這麼多。進入意識的「事件」太多了，如果沒有即時處理，很快便會被新來的事件擠出去。邊走路邊嚼口香糖很簡單，但是同時要再多做幾件事就不是那麼容易了。思緒間的銜接必須非常順暢，否則很容易就會亂了陣腳。當我們在思考一個問題時，就感覺不到悲傷或快樂。我們也沒辦法在邊跑步邊唱歌的同時，還一邊記帳，因為這些事都需要大量注意力。

現有的科學知識推測，我們的神經系統同一時間可以處理的資訊量[4]，頂多是七位元，這包括聲音辨別、影像刺激、可辨識的情緒或思想等，而從一組位元轉換到另一組位元所需最短的時間是十八分之一秒。利用這些數據，我們推算出一個人在一秒鐘內能處理的資訊量，大約是一二六位元，或是每分鐘七五六〇位元，每小時五十萬位元。如果人一生的年歲是七十年，每天醒著的時間是十六個小時，那麼一輩子可以處理的資訊量是一千八百五十億位元。這就是我們生命的全部了，我們的每一個思緒、每一個記憶、每一個感覺和動作，全都涵蓋在裡面。一千八百五十億聽起來像天文數字，但事實上沒有想像中的大。

我們可以這麼了解意識的有限：要理解一個人的說話內容[5]，我們每秒鐘得處理四十位元的資訊。如果我們的極限是每秒鐘處理一二六個位元的資訊，理論上，我們同一個時間可以聽三個人說話，只不過前提是不能有其他想法或感知進入意識。也就是，我們沒辦法在聽他們講話的同時，還注意到他們的表情、思考他們為什麼這麼說，或是注意他們的穿著。[5]

4 **意識的極限**。首先提出人類同一時間只能處理七位元資訊量的是喬治．米勒（Miller，1956）。歐姆（Orme，1969）根據魏克斯庫爾（von Uexkull，1957）的計算，推算出辨別不同組位元需要十八分之一秒。包括賽蒙（Simon，1969, 1978）、康納曼（Kahneman，1973）、哈雪（Hasher）與札克斯（Zacks，1979）、艾森克（Eysenck，1982），以及霍夫曼（Hoffman）、尼爾森（Nelson）與霍克（Houck，1983）等認知科學家都探討過注意力的極限。奈瑟（Neisser，1967, 1976）、崔斯曼（Treisman）與葛拉德（Gelade，1980），以及崔斯曼與施密特（Schmidt，1982）討論了認知過程對注意力的需求。艾金生（Atkinson）與謝扶潤（Shiffrin，1968），以及哈雪與札克斯（1979）則提出了儲存和喚起資訊對注意力的需求。但是更早之前詹姆斯（William James，1890）就明白注意力與它的限制的重要性。

5 **理解談話內容的限制**。關於每秒鐘四十位元的需求請見李柏曼（Liberman）、馬丁利（Mattingly）與特維（Turvey，1972），以及納斯邦（Nusbaum）與施瓦布（Schwab，1986）。

當然，這些數據是以我們目前對大腦的認識所做的推測，可能低估也可能高估。樂觀的人認為，演化的結果讓我們的神經系統發展出可以處理「塊狀」資訊的能力了，所以能處理的資訊量也大幅提升。算數、開車之類的事也愈趨自動化，這讓我們的大腦有更多空間處理其他資訊。另外，我們也學會了利用符號，像是文字、數字、抽象概念與程式化的敘事方式，來濃縮資訊。例如《聖經》裡的每一個寓言，都是結合眾多人的經驗而得來不易的教訓。樂觀的人也說，意識是「開放的系統」，可以無限的擴展，沒有必要考慮它的極限。

但是壓縮刺激的效果並沒有預期中的好。為了生存，我們醒著的時間中[6]，有百分之八得花在吃東西，與洗澡、穿衣服、刮鬍子、上廁所等照顧身體的需求上，這些事加在一起，大約會占據百分之十五的意識。在做這些事的時候，我們很難同時從事需要高度注意力的事。只要沒有什麼急迫的事情占據大腦，大部分人處理的資訊量都遠低於極限。一個人一天大約有三分之一的時間是不需要盡責任義務的，也就是寶貴的「休閒時間」，在這段時間，大部分人都是盡量放空大腦。幾乎有一半的美國成年人，空閒時間是在電視機前度過的。看電視時[7]，雖然也需要處理影像資訊，但電視節目的設計和角色往往是不斷重複的，不需要花太多注意力在記憶、思考或意志力上。也難怪，大家會認為自己在看電視時的注意力、技能的使用、思慮的清晰度和感覺的強度都是最低的。至於其他在家從事的休閒活動，需要的注意力也不過就高了一點點。看報章雜誌、閒聊、望著窗外發呆，這些事牽扯到的新資訊都不多，所以也不需要太多注意力。

所以說，有生之年可以享受一千八百五十億位元的事件可說是高估了，也可能是低估了。如果是考慮大腦理論上可以處理的數據總量，那這個數字可能太低了；但是如果看人們怎麼實際使用大腦，這個數字很可能是高估了。不管是哪一種狀況，一個人可以經歷的就是這麼多而已。因此，篩選進入我們意識的資訊就變得非常重要；事實上，它們決定了我們的生命內容與品質。

精神能量[8]

資訊要進入意識有兩個管道，一個是我們刻意將注意力集中在它上面，另一個是基於生物或社會指示。例如在高速公路上開車時，我們可能經過了幾百輛車，卻沒有真正注意它們。它們的顏色形狀都只是一閃即過，看過就忘了。可是偶爾我們也會注意到一輛特別的車，或許是因為它在車道間忽左忽右的開著，或是它的速度特別慢，又或是它的外觀特殊。這部車的影像會進到

6 **時間的使用**。關於人們如何使用時間的第一份全國性調查報告來自薩萊伊（Szalai，1965）。這裡採用的數據來自我個人以經驗取樣方法得到的結果，包括契克森米哈伊、拉森（Larson）與普雷史考特（Prescott，1977），契克森米哈伊與葛雷夫（Graef，1980），契克森米哈伊與拉森（1984），以及契克森米哈伊與契克森米哈伊（1988）。

7 **看電視**。關於看電視的感受與其他活動經驗的比較，請見契克森米哈伊、拉森與普雷史考特（1977），契克森米哈伊與庫貝（Kubey，1981），拉森與庫貝（1983），以及庫貝與契克森米哈伊（1990）。

8 **精神能量**。早期哲學家與心理學家（例如阿赫〔Ach〕，1905）都曾經描述過發生在意識中的事件，包括思想、情緒、意願與記憶等。西爾格德（Hilgard，1980）對此寫了評論。早期以能量的角度看待意識的有馮特（Wundt，1902）、李蒲斯（Lipps，1899）、里伯（Ribot，1890）、比奈（Binet，1890），以及榮格（1928〔1960〕）。當代則有康納曼（Kahneman，1973）、契克森米哈伊（1978, 1987），以及霍夫曼（Hoffman）、尼爾森（Nelson）與霍克（Houck，1983）。

我們的意識中，我們會知道它的存在。在我們的大腦裡，這部車的視覺資訊（例如「忽左忽右」）會被拿來和記憶中其他行為不當的車放在一起比較，並決定它應該歸在哪一類，是沒有經驗的駕駛、酒後駕駛，還是有經驗但是一時分心的駕駛呢？一旦這個事件和其他已知事件配對好了，它的身分就明確了。接下來我們會評估：我該擔心嗎？如果答案是肯定的，我們就得決定適當的行為反應：我該加速前進、慢下來、換個車道，或是停下來通知巡邏警察呢？

這一連串複雜的心理操作必須在幾秒鐘，甚至不到一秒鐘內完成。要在這麼短的時間內做出正確判斷看似不可能，但事實情況就是如此。而且它的發生不是反射動作，而是藉著注意力才得以完成的。我們的注意力在數百萬位元的資訊中，挑選了值得關切的幾個位元。接著又從記憶中取出了相關的參考資料，並評估整個事件，做出正確的決定。

儘管能力強大，但注意力還是無法超越我們先前提過的極限，也就是我們在同一個時間點可以注意並處理的資訊量就是這麼多。從記憶庫中取出資訊，把它和正在關注的焦點一起比較，進行評估，做出抉擇，這每一個步驟都仰賴大腦有限的處理能力。當這位駕駛注意那部可能製造麻煩的車子時，如果想要避免意外發生，就必須停止講手機。

有些人知道怎麼有效運用這樣無價的資源，有些人卻把它白白浪費掉了。懂得掌控意識的人，必定具有隨時可以集中注意力的能力，在追求目標的過程中全神貫注，不受其他事物分心。具備這種能力的人，即使在平凡的日常生活中，也能感到樂趣無窮。

在說明注意力怎麼幫助一個人建立意識上的秩序，並實現個人目標時，我想到了兩個人。第一位是匿名為E的歐洲婦人，她被認為是她的國家最知名、最有勢力的女人。除了是享譽國際的學者外，她創立的企業也十分成功，是同業中的佼佼者，底下有數百名員工。E經常為了政治、商業或專業會議的緣故，旅居她位於世界各地的居所。如果當時住的城市裡有音樂會，她一定會坐在觀眾席裡，此外只要一有空她就去博物館或圖書館。她在開會時，她的司機不是在一旁等著，而是必須去當地的藝廊或博物館參觀，因為回家的路上，老闆會要他分享心得。

E的生命一刻也沒浪費掉，要不是在寫作，就是在解決問題，不然就是在看報紙、看書，或是帶著好奇心觀察周遭的事、提出問題，並計劃下一步要做什麼。她很少把時間花在例行公事上，非得進行禮貌性的聊天或交際時，她的態度可以很優雅，但是能避免還是會避免。不管如何，她每天一定要花點時間為心靈充電，方法很簡單，她會面著太陽閉起眼睛，靜靜在湖邊站十五分鐘，或是帶著她的獵犬到城外的草原散步。她非常擅長控制注意力，一旦逮到機會可以小睡片刻，她可以馬上切斷所有意識，立刻睡著。

E的身世其實很辛苦。第一次世界大戰讓她的家庭窮困潦倒，第二次世界大戰讓她失去所有，包括她的自由。幾十年前，她得到一種醫生判定會致死的慢性病。但是E憑藉著控制專注力，不讓它散失在沒有建設性的想法或活動上，最後，把失去的東西，包括她的健康，都找回來了。現在的她散發著一種純淨的力量。儘管過去的日子艱辛，現在的生活緊張，但是她總是盡情活在當中的每一刻。

我想到的第二個人是R，除了也擁有不輕易妥協的專注力外，他跟E其實很不一樣。乍看之下，瘦小的R並不起眼，他的害羞、謙虛都過了頭，是那種見過面後，馬上會被遺忘的人。雖然認識他的人不多，但是每個人都給予他非常高的評價。他是一門艱澀難懂學問的專家，他寫的詩詞優美，被翻譯成各種語言，每個跟他談過話的人，都可以感受到從他而來的那股源源不絕能量。他與人談話時的眼神非常專注；對方的話還沒說完，他的腦海裡已經出現了三、四種不同的解析。即使是一般人認為理所當然的事，也可以讓他再三思索；如果沒有理出個有創意而且完美的解釋，他是不會善罷甘休的。

雖然R的大腦總是不停在運轉，但他卻給人頭腦冷靜、神氣自若的感覺。周遭發生的大小事情都逃不過他的法眼，但R觀察這些事不是要改變它們或論斷它們，只是想要注意、了解它們，可以的話，發表一下自己的見解，這對他來說就足夠了。R不會像E一樣，對社會做出立即影響，但是他的意識秩序與複雜的程度一點也不輸給E。他的專注力範圍很大，並與周圍的世界密切互動著。就像E一樣，他也盡情享受生活。

我們在支配自己有限的專注力，如果不是把它聚集成一道能量，像E和R一樣，就是任由它隨意散射。支配注意力的方式，可以決定生活樣貌與內涵，塑造出截然不同的現實狀態。我們經常用來描述個人性格的字眼，像是個性外向、積極進取、偏執妄想等，講的其實就是一個人建構注意力的模式。在同一場派對上，個性外向的人會試著和他人進行有趣的互動，積極進取的人會企圖建立對自己有利的人脈關係，偏執妄想的人則擔心陷入危險，處處提高警覺。我們有無數種方式可以支配注意力，有些可以讓生活更加豐富，有些則讓生活苦不堪言。

當我們跨越文化或職業類別來看注意力的結構時，會發現它的可塑性更加明顯。愛斯基摩獵人[9]可以分辨十多種雪，永遠知道風的方向和速度。你可以把一個來自太平洋美拉尼西亞島（Melanesia）的水手矇上眼睛，帶他到離家數百英里的海上，他只需要在海面上漂浮幾分鐘，就可以根據洋流在身上的作用，判斷自己所在的位置。音樂家可以聽出一般人分辨不出來的細微差異，股票經紀人可以察覺一般人感覺不到的市場變動，好醫生可以一眼看出病人的問題所在，都是因為他們對注意力做過訓練，才有辦法處理這些很容易被忽略的細節。

注意力可以決定哪些事會出現在意識中，而且我們也需要注意力來執行發生在意識裡的其他心靈活動，像是記憶、思考、感覺和做抉擇等，所以我們可以把它視為一種精神能量。沒有這股能量我們就成不了事，而做事的時候會消耗這股能量。因著使用這股能量的方式，我們創造了自己。我們的記憶、想法與感覺都由它塑造。但是從另一個角度來看，這股力量也是我們控制、受我們支配的，因此，它便成了我們試圖改善經驗品質時最重要的工具。

進入自我[10]

但是，上面的「我們」，那個理應掌控注意力的我們指的是誰呢？那個決定如何使用來自神

9 注意力和文化。美拉尼西亞人藉由漂浮就可以知道所處位置描述於葛萊德溫（Gladwin，1970）。關於愛斯基摩人可以辨別各種雪的參考資料來自布吉農（Bourguignon，1979）。

經系統這股精神能量的「我」在哪裡？為靈魂掌舵的主人又在哪裡呢？

一旦我們考慮到這些問題，就會發現那個「我」，或是我們現在開始以「自我」稱呼的人，本身就是意識的一部分，而且從來沒有偏離注意力的焦點太遠。想當然爾，我們的自我肯定會出現在自己的意識中；在認識我的人的意識中，我也會以他們所認識的我存在，但他們意識中的「我」，很可能跟「原始」的我，也就是我眼中的自我，有很大的差距。

「自我」跟一般的資訊不同。事實上，它包含了進到意識裡的每一件事物，所有記憶、行為、欲望與痛苦，更重要的是，這個「自我」還代表我們日復一日、年復一年建立起來的目標層級。一位政治活動分子的意識很難和他的意識形態區隔，一個銀行家的自我可能以他的投資做包裝。當然，我們一般不會用這方式來看待自己。我們很少注意到這部分的自我，因為我們意識到的，通常是我們的外表、我們給人的印象，或是希望自己可以變成的樣子。我們的自我多半和身體相關，或是把範圍再擴大一點，延伸到我們的車子、房子或家人。然而，不管我們知不知道這件事，自我都是意識中最重要的元素，因為在象徵性上，它代表了意識裡的所有內容，以及它們的相互關係。

耐著性子讀到這裡的讀者可能會覺得像在兜圈子一樣。如果注意力，或說精神能量，是受自我支配的，自我是意識的內容與目標的總和，而自我意識的內容與目標又是反映注意力支配的結果，最後得到的就跟「雞生蛋、蛋生雞」一樣，沒完沒了。我們一下子說自我可以主導注意力，一下子又說注意力決定自我。事實上，這兩句話都是對的：意識並不是一個線性系統，而是互有因果關係的循環。沒有錯，注意力可以塑造自我，而自我又受注意力塑造。

山姆．布朗寧（Sam Browning）是我們長期追蹤研究的一位青少年，他就是解釋這種循環關係很好的例子。山姆十五歲時，和父親到百慕達過耶誕假期。那時，他對自己將來想做什麼毫無頭緒；他的自我還沒有定型，自我的認知也還不夠。他尚未發展出特定目標，想要的東西與同年齡的男孩如出一轍，要不是基因決定的，就是社會環境灌輸他們的——也就是說，他考慮要念大學、畢業後找份好差事，結婚、在郊區買間房子住下來。但是在百慕達的時候，父親帶他去探訪珊瑚礁，還潛到水裡去探索海底世界。山姆簡直不敢相信自己的眼睛，這個神祕、美麗中帶點危險的環境太迷人了，他下定決心要更深入的認識它。他後來在高中修了幾門生物課，決意日後要成為海洋生物學家。

在山姆的例子中，一個意外事件——美不勝收的海洋世界——闖進了他的意識。這場經歷並不在他的計畫之中，它不是山姆的自我或他的目標引導注意力的結果。但是見識到那海底的世界後，山姆愛上了它——這件事跟他之前喜歡做的事起了共鳴，與大自然和美麗的事物過去給他的感受不謀而合，也和他先前建立的優先順序一致。他認定這個經驗是好的，值得他進一步追求。

10 自我。心理學家曾經試著以各種方式來描述自我，包括從社會心理學角度的米德（George Herbert Mead，1934〔1970〕）和蘇利文（Sullivan，1953），到分析心理學的榮格（1933〔1961〕）。現在的心理學家則對「自我」避而不談，只談「自我概念」。關於這個概念的發展，請見戴蒙（Damon）與哈特（Hart，1982）。另一個名稱則是「自我效能」（self-efficacy）（見班杜拉〔Bandura〕，1982）。這裡用來討論自我的模式受眾多影響，詳細內容請見契克森米哈伊（1985a），以及契克森米哈伊與契克森米哈伊（1988）。

於是，他利用這次意外建立了他的目標架構——多學習海洋的知識、修習相關課程、上大學或研究所，以海洋生物學家為工作目標——這就成了他的自我的中心元素。從那時候起，這個目標便開始主導山姆的注意力，讓它愈來愈關注海洋和當中的生命，就這樣完成了一個因果循環。一開始，注意力塑造了他的自我（在一場不經意的邂逅中，他注意到了海洋世界的美）；接著，他的自我也開始塑造注意力（他開始刻意追求海洋生物學的相關知識）。山姆的例子並不特殊，大部分人發展注意力結構的方式也大抵如此。

到這裡為止，了解如何掌控意識前必備的元素差不多都就定位了。我們已經明白經驗取決於我們如何支配精神能量，或說如何架構注意力，而它與我們的目標和意圖息息相關。當中的每一個程序都藉著自我，也就是整個目標體系的動態精神代表相連。想要提升自我，就得操練這些步驟。我們的存在當然也可能受惠於外在事件，例如中樂透，贏了一百萬美元、嫁對人或娶對了老婆，或是為改變社會的不公義盡一份心力。但即使這些事也是在意識中發生，而且和我們的自我有正向連結，才能對我們的生命品質帶來影響。

意識的架構逐漸成形了，但我們現在看到的是一幅靜止的畫面，上面有各種元素，但彼此之間沒有互動。我們接著要探討的，是當注意力帶來新資訊時會發生什麼事。這樣我們才能徹底明白經驗是怎麼受到控制，並進而獲得改善的。

意識失序[11]：精神熵

對意識造成負面影響的一大主力是精神失序，也就是進到意識的資訊與我們現有的意圖是衝突的，或是會讓我們分心而無法實現它的。根據當下的經驗，我們有各種名稱稱呼它，像是痛苦、害怕、憤怒、恐慌或嫉妒。這些失序狀況都會迫使我們將注意力用到不是目標的事物上，不再依照我們意思接受安排，精神能量也因此變得沉滯而沒有效率。

意識可能因為各種原因失去秩序，下面是我們在經驗取樣法研究的對象，胡立歐．馬丁尼茲（Julio Martinez）先生的例子。胡立歐在一家製造視聽設備的工廠裡負責焊接，今天，他對自己的工作感到無精打采，當電影投影機從他面前的組裝輸送帶經過時，他根本提不起勁，趕不上應有的工作步調。他平常總是應付自如，時間綽綽有餘的，甚至還可以利用空檔跟大家說說笑笑。但是今天他覺得特別吃力，有時整個裝配線都得因為他放慢速度。隔壁工作枱的工人因為這樣開他玩笑時，他很不客氣的嗆了回去。他的壓力從一早就開始累積，最後全宣洩在工作夥伴身上了。

11 **意識失序**。心理學家對生氣、憂傷、難過、害怕、羞愧、羞恥或憎惡等負面情緒有全盤的研究，見保羅．艾克曼（Ekman，1972），福瑞達（Frijda，1986），伊薩德（Izard）、凱根（Kagan）與查瓊克（Zajonc，1984），以及湯金斯（Tomkins，1962）。但是這些研究人員通常把各種情緒視為針對特定刺激的反應，與中樞神經系統是個別相連的，而不是自我體系的整合反應。臨床心理學家和精神醫師對於恐慌和憂鬱之類「焦慮情緒」（disphoric moods）如何干擾注意力和正常功能較為熟悉（貝克〔Beck，1976〕，布隆伯格〔Blumberg〕與伊薩德〔Izard，1985〕，漢彌爾頓〔Hamilton，1982〕，理文森〔Lewinsohn〕與利貝特〔Libet，1972〕，塞利格曼等人〔Seligman，1984〕）。

困擾胡立歐的不是什麼大問題，甚至可說微不足道，卻占據了他的心思。幾天前的一個晚上，他下班開車回家時，發現其中一個輪胎的高度比較低。隔天早上再看，那個輪胎的輪框幾乎要碰到地了。他得等到下個星期結束領到薪水時，才有錢去補那個輪胎。換新輪胎是不可能的，因為他根本沒有信用貸款的資格。工廠位在距離他的住處二十英里外的郊區，他一定得在早上八點之前到工廠。胡立歐可以想到的唯一辦法，就是小心地把車開到修車廠，在那裡把輪胎打飽氣，然後快速的開去上班。但是下班時，輪胎的氣肯定又漏光了，這時候就到工廠附近的加油站去打氣，然後開車回家。

事實上，這已經是胡立歐第三天這麼做了，他希望可以這樣撐到領薪水為止。但是就在這一天，當他抵達工廠時，發現那個輪胎的輪框已經變形，轉不動了。他一整天都在擔心這件事：「我今天要怎麼回家呢？明天要怎麼來上班呢？」這些問題不斷浮現在他的腦海，使得他沒辦法專心工作，情緒更是低落。

胡立歐的事件就是個人內在秩序受破壞的最佳寫照，它的基本模式總是：外來資訊與個人意識中的目標出現衝突。依據這個目標對個人的重要性，以及這個威脅的嚴重性而定，一定會有部分注意力被挪去應付或消弭這個危險，能用來處理其他事物的注意力也就減少了。對胡立歐來說，保住飯碗是優先次序很高的目標，要是不能達成這個目標，其他目標也會連帶受到影響。因此，托住這個目標對他的內在秩序極為重要，而這個洩氣的輪胎會對他的工作帶來威脅，因此吸走了他一大部分的精神能量。

當外來資訊對意識的干擾威脅到我們的目標時，就會發生內在失序或精神熵（psychic entropy）的狀況，也就是自我出現一片混亂而影響效率的情形。長期處於這種狀況會讓自我變得軟弱，無法再支配注意力，也沒有追求目標可言。

胡立歐的問題不算嚴重，而且是短暫的。但是吉姆．哈里斯（Jim Harris）的精神熵則是長期的。吉姆也是我們的調查對象，是很有才華的高二學生。某個星期三下午，他獨自在家，站在他的父母曾經共用的房間裡，看著鏡子中的自己。腳邊的手提音響播放著搖滾樂團感恩至死（Grateful Dead）的音樂。一個星期來，這音樂從沒斷過。他身上穿的是父親最喜歡的衣服，一件綠色的麂皮襯衫，每次去露營時，爸爸都是穿這件上衣。吉姆用手撫摸它溫暖的材質，回憶著當時和爸爸依偎在帳篷裡，笑聲響徹整個湖面的情景。他的右手握著一把裁縫用的大剪刀，衣服的袖子對他來說太長了，但是他不確定自己有勇氣剪掉它。爸爸一定會很生氣，但他也可能完全不會注意到。幾個小時後，吉姆躺在床上，床頭櫃上有一瓶阿斯匹靈，不過原本裝在裡頭的阿斯匹靈已經進了吉姆的身體。

吉姆的父母一年前分居，現在正在辦離婚手續。他平日跟著媽媽，到了星期五晚上，就帶著行李去爸爸位於郊區的新公寓。這樣的安排有一個很大的問題，那就是吉姆完全沒有跟朋友相處的機會。平常大家都很忙碌，但是到了週末，吉姆就被困在一個陌生的地方，在那裡他什麼人都不認識，只能藉著跟朋友講電話打發時間，或聽著配合他那孤獨蝕骨心境的音樂。但這些都不是最痛苦的，最痛苦的是父母經常爭相拉攏他，只要吉姆和對方的關係比較好一點，就會開始批評對方，這讓吉姆產生沉重的罪惡感。「我不想要討厭媽媽，也不想要討厭爸爸，我希望他們不要再這樣對我了。」

幸好，那天晚上吉姆的姊姊發現了那瓶空的藥罐，趕緊打電話給媽媽。吉姆被送到醫院洗胃，過了幾天好不容易復原了。但是有數以千計的孩子不像吉姆這麼幸運。

破掉的輪胎讓胡立歐一下子陷入恐慌，父母離婚險些讓吉姆丟了性命，這些都不是直接的生理因素，卻都對生理造成了影響。就像撞球一樣，一顆球撞上了另一顆球，接著往預期的方向反彈而去。這些外來的事件剛進入我們的意識時，純粹是一項資訊，不帶有正面或負面的價值。是自我將這樣的資訊依個人的利害加以詮釋之後，才會賦予它好壞的評價。以胡立歐的例子來看，如果他的經濟好一點或借得到錢，遇上這樣的問題可能不會有什麼大礙。或是，他過去如果多花點精神建立人際關係，肯定會有工作夥伴願意讓他搭幾天便車，問題也就不會那麼棘手。再者，如果他對自己的信心多一點，相信自己終究可以克服困難，那麼暫時的打擊也不會給他帶來這麼大的衝擊。同樣的，如果吉姆獨立一點，父母離婚的事就不會對他帶來這麼大的影響。但是在這個年紀，他的目標肯定還是跟父母的目標緊緊牽絆著，以致於父母的分離讓他有如被切割了一樣。要是他有親近一點的朋友，或是多幾次靠著自己達成目標的紀錄，就可以讓自己有多點不被擊垮的勇氣。還好經由這次事件，父母發現他們的處境，開始為自己、也為他們的孩子尋求協助，和吉姆重新建立了穩定的關係，讓他可以打造更剛強的自我。

我們每一個人都會根據自我的狀況，去評估進到意識的每一個訊息。它會威脅到我的目標嗎？對我的目標有利嗎？還是不帶影響呢？股市大跌的消息會讓銀行家不開心，但是對政治活躍分子可能會產生激勵作用。一個新資訊要不是讓我們激動的面對威脅，導致意識失序，就是讓我們的目標更加明確，也願意付出更多精神能量。

意識秩序[12]：心流[13]

精神熵的相反正是最優體驗。處於最優體驗的人會感到與目標一致的資訊不斷進到意識裡，精神能量也會源源不絕，沒有任何需要擔心的事，也沒有理由懷疑自己做得是不是恰當。如果真停下來想想自己的狀況，得到的證據會是鼓舞人心的「你做得很好」。這樣正面的回饋可以讓自我更加茁壯，於是有更多注意力投入於內在與外在環境。

12 秩序。關於秩序，或是精神負熵的含義接下來還會繼續討論；也可參考契克森米哈伊（1982a），以及契克森米哈伊與拉森（1984）。基本上，意識秩序是指一個人意識中的各項資訊互不衝突。當進入意識的資訊與個人目標間的關係是和諧的時候，這個人的意識就是「有秩序的」。同樣的概念也可以用來表示不同個體間的目標和諧，沒有衝突的狀況。

13 心流。關於心流體驗的最初研究與完整的理論模式首度發表於《厭倦與焦慮之外》（*Beyond Boredom and Anxiety*，契克森米哈伊，1975）。自那時候起，有眾多研究採用了心流概念，新的研究成果也不斷累積。幾個例子包括將心流應用在人類學的特納（Victor Turner，1974），用在社會學的米歇爾（Mitchell，1983），以及用在演化學的克魯克（Crook，1980）。艾科巴德（Eckblad，1981）、艾默伯（Amabile，1983）和戴西（Deci）與萊恩（Ryan，1985）則是利用心流理論來發展動機理論（motivational theory）。關於各領域研究成果的總結，請見馬西米尼（Massimini）與英格雷利（Inghilleri，1986），以及契克森米哈伊與契克森米哈伊（1988）。

我們的另一位受訪對象里可．梅德霖（Rico Medellin）就經常有這種感覺。他和胡立歐在同一間工廠上班，工作位置在裝配線的前端一點。當一件產品來到他面前時，他有四十三秒鐘來完成工作，這樣的工作每天會重複將近六百次。大部分的人很快就會對這樣的工作內容感到厭倦，但是里可已經在這裡工作超過五年了，依然樂在其中。原因是里可是以奧運選手般的態度來看待自己的工作的：我可以打破自己的紀錄嗎？就像賽跑選手經年累月接受訓練，為的就是要比自己的最佳紀錄再快個一點點。或是一位謹慎小心的外科醫生，絞盡腦汁想要找出怎麼擺放器械、怎麼安排他的動作，才能讓手術過程更加流暢。經過了五年，里可平均只需要二十八秒鐘就可以完成工作。他一方面希望藉著提升表現來爭取獎金，取得長官的青睞，但是更多時候他默不做聲，沒打算將自己進度超前的事大肆張揚。因為光是知道自己擁有這樣的能力就教他滿意了。有時候，當他工作得正起勁時，那感受是那樣地令人著迷，要他慢下來才痛苦呢。「那感覺真是美好，比看電視還過癮，」里可說道。當他發現很難在這份工作上繼續突破自己時，便開始每個星期花兩個晚上去上電子課程。他打算拿到了文憑後，就去找一份更有挑戰性的工作，在新的工作上再度展現熱情。

潘．戴維斯（Pam Davis）則認為她在工作時，比較能進入一種和諧、完全放鬆的狀態。她是一間小型律師事務所的年輕律師，有幸參與許多複雜、具挑戰性的案件。她經常窩在圖書館裡查找資料，為辦公室裡的資深夥伴模擬各種答辯策略。她時常因為太專注於工作，連午餐都忘了吃，等意識到肚子餓的時候，往往已經天黑了。當她沉浸在工作中，所有外來的資訊都是有利的，雖然說偶爾也會遇到挫折，但是她很清楚問題的癥結所在，也有自信終究可以克服它。

這些例子講的就是最優體驗。那是一個人把所有注意力毫不保留的用在追求個人目標上，沒有任何脫序現象，也沒有任何威脅需要防患。我們稱這種狀態為「心流體驗」，之所以稱之為心流，是因為許多受訪者在描述他們的體驗時，都提到那是一種如行雲流水般的感覺，例如「我像是飄浮著的」、「好像被一股水流載著走」。這與精神熵正好相反，事實上我們有時會稱它為精神負熵（negentropy）。擁有心流體驗可以讓一個人發展出更剛強、更有自信的自我，因為他們比較能順利的將精神能量用在他們選擇追求的目標上。

如果一個人可以掌控意識，讓心流體驗趨於頻繁，勢必會擁有更好的生活品質，就像這裡的里可和潘一樣，即使是平淡無奇的例行工作也可以變得有意義、有樂趣。處於心流時，精神能量都在我們的掌控中，所做的每一件事都會讓意識更有秩序。在我們的受訪對象中，有一位美國西岸著名的攀岩高手，他用短短一段話解釋了攀岩這件事如何讓他深刻體驗心流，以及這對他的人生帶來什麼影響：「一步又一步的鞭策自己是令人振奮的事，攀岩的過程中，每前進一步，就會渾身疼痛。但是當你回頭看時，會對自己充滿敬畏，對自己所做的事佩服不已。那種處於顛峰的喜悅與滿足是無可比擬的。當你累積足夠這種戰勝自我的挑戰後，人生中就沒有別的事難得倒你了。」[14]

14「一步又一步的鞭策自己……」。節錄自契克森米哈伊（1975, p. 95）。

自我的複雜性[15]與成長

經歷心流體驗後的自我會變得比過去更複雜。我們將這種自我漸趨複雜的過程稱為成長。複雜是特化（differentiation）與整合（integration）兩大心理程序造成的。特化會讓個體發展出獨特性，把自我與其他人區隔開來。整合則正好相反，指的是個體超越自我觀念與實質，與他人連結的作用。如果能成功結合這兩個相反的趨勢，就能形成一個複雜的自我。[15]

體驗心流後的自我特化性會提高，因為克服挑戰後，一個人會覺得自己的能力變強，技能也增進了。正如那位攀岩高手說的，「當你回頭看時，會對自己充滿敬畏，對自己所做的事佩服不已。」每一次的心流體驗都會讓一個人成為更趨獨特的個體，更加不可預測，擁有的技能也更屬難得。

複雜性經常帶有負面的意味，常被與困難、困惑混為一談。或許真有這樣的成分，但那是單看特化性時的狀態。別忘了複雜性還有另一個層面，它也意味著不同自主部件的整合。就像一部引擎是眾多零件所組成的，每個零件都有它獨特的功能，但是只有彼此相連結時，才能發揮最好的特性。缺少了整合，一個高度特化的體系也只是混亂中的混亂。

心流可以幫助自我進行整合，因為處在心流狀態中的個體擁有深層注意力，所以意識會異常的有秩序。不管是心思、意念、情感，全都投注在同一個目標上，整個體驗都是和諧的。在心流狀態結束時，會覺得自我比過去更加「完整」，不只對內這麼覺得，對他人，甚至整個世界也都如此。借用先前那位攀岩高手的話：「沒有什麼事比攀岩更可以激發出人類最好的一面。在身心都處於極大壓力的狀況下，沒有人會逼你一定要攀到頂峰……但是你的夥伴們就在身旁，大家的感受都是一樣的，你們是一體的，沒有任何人比這些夥伴更值得你信任。他們每個人都跟你一樣嚴格的訓練自己，都堅守著一種深層的信念……能和他人之間建立起這種關係，本身就是一大樂事。」[16]

光是趨於特化、欠缺整合的自我，或許會有很高的個人成就，卻有著陷入過度自我中心的風險。相反的，光是建立在整合基礎的自我，或許有良好的人際關係與安全感，卻缺乏了個人的自主性。只有在這兩個程序投入均衡的精神能量的人，才可以避免自私或過度順從，也才能反應出自我應有的複雜性。

體驗心流會讓人變得複雜。但很矛盾的是，唯有除去其他雜念與動機，單單為了做一件事而做它時，我們才能提高自己的複雜性。當我們選定目標，並將所有注意力毫不保留的投入時，不

15 **複雜性**。複雜性是指一個人意識中的資訊特化和整合的程度。複雜度夠的人可以存取精準獨立的資訊，但又可以找到它們之間的關係；例如一個人欲望、想法、價值和行動是分開的，但是之間不會互相衝突，見契克森米哈伊（1970），契克森米哈伊與契克森米哈伊（1988），以及契克森米哈伊與拉森（1984）。這裡的複雜性和某些演化生物學家提出的複雜性概念是相同的（如杜布蘭斯基〔Dobzhansky〕，1962, 1967），也受德日進（Teilhard de Chardin，1965）的見解影響。物理學家裴傑斯（Heinz Pagels，1988）在過世前，以物理體系的觀念將複雜性定義為熱力學深度（thermodynamic depth），根據他的看法，一個體系的複雜性，取決於描述該體系當前狀態所需資訊量與描述它先前狀態所需資訊量的差。將這一點應用到心理學的自我上，我們可以說，一個具有複雜性的人的行為和想法是無法輕易解釋的，他的發展也不是顯而易見的。

16 「沒有什麼事比攀岩更……」。節錄自自契克森米哈伊（1975, p. 94）。

管做什麼事都能樂在其中。一旦嘗過那喜樂的滋味，我們會願意加倍努力，只為了再一次品嘗它的滋味，自我就是這樣成長的。裝配線上，日復一日從事無聊工作的里可如此，寫詩的R如此，E也是這麼克服她的疾病，成為具有影響力的學者與運籌帷幄的主管的。心流的重要性在於它除了可以讓當事人即時感受樂趣外，還可以增添我們的自信，讓我們發展出更好的技能，對人類做出重要的貢獻。

接下來，這本書會更徹底討論我們目前所認識的最優體驗：它帶來的感受，以及發生的條件。雖然說體驗心流沒有捷徑，但是如果能了解它的發生機制，就有機會扭轉生命，製造更多和諧，不再把我們的精神能量浪費在厭倦與擔憂中。

CHAPTER 3

樂趣與生活品質
Enjoyment and the Quality Life

我們可以用兩個策略來改善生活品質。一個是改變外在環境，讓它符合我們的目標，另一個是改變我們體驗外在環境的方式，讓它更貼近我們的目標。舉個例子，安全感是感到幸福的重要元素。為了提升安全感，你可以準備一把槍、加強大門門鎖、搬到治安好一點的地方、要求政府派駐更多警力，或是提倡社會秩序的重要性。這些反應的目的都是在使外在環境的條件和我們的目標更趨一致。但是我們也可以透過調整對安全感的看法，好更有安全感。如果我們不期待絕對的安全，明白風險是無法避免的，即使在無法完全預知的世界裡也能輕鬆自如，那麼缺乏安全感就不至於對幸福帶來太大的威脅。

這兩個策略必須雙管齊下才能發揮最大效用。改變外在環境可能在一開始可行，但一個人如果無法掌控自己的意識，過去的恐懼或欲望很容易死灰復燃，之前的焦慮也會再度浮現。就算是在加勒比海買下一座私人小島，有保鑣和惡犬團團保護，內心也沒辦法真正擁有安全感。

控制外在環境不見得可以讓人活得更好，希臘神話中的邁達斯國王就是很好的例子。跟大多數人一樣，邁達斯國王以為只要坐擁大量金銀財寶，就會幸福無比。於是他跟眾神打商量，希望能有點石成金的能力，最後如願以償了。邁達斯自以為談成了一筆穩賺不賠的交易，馬上就要成為世上最富有、想當然也最幸福的人。但是我們都知道故事的結局：邁達斯很快便後悔了，因為連放到嘴裡的美酒佳餚也都變成了金子，最後，他死在金盤、金杯堆中。

幾個世紀以來，這個古老的寓言不斷重演。精神科候診室裡不乏有錢、有地位的人，這些人到了四、五十歲突然覺醒，發現他們的名車、豪宅，甚至常春藤名校的學歷都無法為內心帶來平靜。但是大家仍不死心，依舊想要藉由改變外在環境來為生命尋找出路。或許再富有一點、身材再好一點，或是找到更體貼的伴侶，一切問題就解決了。我們都明白物質上的成功不能擔保幸福，但大家還是對它們趨之若鶩，希望藉此改善生活。

在我們的文化中，財富、地位、權勢早已成為幸福的象徵。一個人只要有錢、有名，或是長相好看，我們就認為他們的生活肯定無憂無慮。然後深信自己只要跟那些象徵沾上邊，也會變得更快樂。儘管事實證明不是如此。

要是有幸成功了，財富多了點、權勢大了些，會有一段時間，我們會覺得生活真的改善了。但是這些象徵畢竟是虛假的：它們往往與事實有出入。真正的事實是，生活品質不是取決於別人怎麼看待我們，或是我們擁有什麼，而在於我們怎麼看待自己和發生在我們身上的事。想要改善生活，就得從改善經驗的品質做起。

這並不是說金錢、健康和名聲與幸福毫不相干，而是除非這些東西可以讓我們的感受更好，否則就不是真正的祝福，非但不會讓我們的人生更有意義，甚至會帶來阻礙。關於幸福感與人生滿意度的研究指出，財富和幸福之間確實有些關聯，富裕國家的人民通常認為自己比貧窮國家的人民來得幸福。伊利諾大學的研究員愛德．迪納（Ed Diener）發現[1]，財富過人的人認為自己有百分之七十七的時間是快樂的，財富一般的人則認為自己有百分之六十二的時間是快樂的。這個差

1 **財富與幸福感之間的關係**。見迪納（Diener）、霍維茲（Horwitz）與艾曼斯（Emmons，1985），布拉德（Bradburn，1969），以及安格斯．坎貝爾（Campbell）、飛利浦．康佛斯（Converse）與威拉德．羅傑斯（Rodgers，1976）。

異在統計上雖然顯著，但是並不大，特別是這裡的富人是從四百個最有錢的美國人裡挑出來的。更有趣的是，迪納的受訪者中，沒有人有把握金錢一定會帶來幸福。大部分的人都同意，「財富可以增加，也可以減少幸福感，就看你怎麼用它。」更早的一份研究中，諾曼・布雷本（Norman Bradburn）發現，收入最高的族群感到幸福的時間，比收入最低的族群多了百分之二十五。差異依舊存在，但不是那麼大。《美國人的生活品質》（*The Quality of American Life*）這篇綜合調查中，作者指出，在所有影響生活滿意度的因素中，一個人的經濟狀態是不重要的。

有鑑於此，與其糾結於如何賺進一百萬、贏得朋友、成為有影響力的人，不如想想怎麼讓平常的生活過得更和諧、更令人滿意。不要透過那些象徵性的目標去尋找幸福，而是直接追求幸福。

享樂與樂趣[2]

在思考什麼經驗可以讓生活更美好時，大家首先想到的一定都是享樂：美食、性愛，以及金錢可以買到的各種慰藉。我們認為到國外旅遊、身旁有人作伴、擁有各種高檔配件就會感到滿足。如果買不起電視廣告上不斷慫恿我們去追求的那些五花八門的商品，就安於倒杯酒、坐在電視機前，享受寧靜的夜晚。

享樂是指一個人意識上的資訊告訴他，生物需求或社會制約的期待已經得到滿足了。飢餓時嘗到食物是享樂，因為生理上的不平衡獲得改善了。下班回家，漫無目的地接收媒體資訊，或是用酒精、藥物來緩解工作對大腦的過度刺激，使心情放鬆也是享樂。到墨西哥的阿卡波哥（Acapulco）一遊，讓新奇的事物來突破一成不變的生活，同時感受一下那些「光鮮亮麗的人們」是如何過日子的，也是一種享樂。

享樂對我們的生活品質有重要的影響，但光是享樂沒辦法帶來幸福感。睡覺、休息、食物、性愛只能在身體需求造成精神熵時，提供我們恢復平衡的經驗，讓我們的意識恢復秩序，但它們沒辦法提供心靈上的成長，不會提升一個人的複雜性。也就是說這些享樂只能維持意識秩序，但沒辦法創造新的秩序。

當我們進一步思索是什麼讓生命變得更有價值時，除了單純的享樂外，大家還會想到跟享樂重疊，但是有必要把它們區隔開來，給它們不同名稱的感受，叫樂趣。帶來樂趣的事不只是達到原有的期待、滿足某種欲望或需求而已，它們還會帶來超乎計畫，甚至想像不到的感受。

樂趣具有向前發展的特性，會給人帶來新鮮感與成就感。打一場勢均力敵的球賽是樂趣、讀一本書而有新的啟發是樂趣、在談話中將原本不自知的觀點表達出來是樂趣。談成一筆競爭激烈的生意，或完成某件困難的工作，也都是樂趣。這些經驗在當下不見得愉快，但是事後回想起來會讓人不禁要說，「剛才實在是太有趣了！」希望可以再來一次，並且體會到，經歷這件充滿樂趣的事後，我們變得不一樣，有所成長了：就某個層面來看，我們因此變得更複雜了。

2 **享樂與樂趣**。亞里斯多德所著的《尼各馬可倫理學》，整套討論的都是這個議題，特別是第三卷中的第十一章，以及第七卷，亦可參考契克森米哈伊與契克森米哈伊（1988, pp. 24–25）。

享樂的經驗也可能帶來樂趣，但是兩者之間其實有很大的不同。舉例來說，吃東西是享樂，但是要在品嘗食物當中獲得樂趣就不是那麼容易了，除非我們像美食家一樣，投入注意力，仔細品嘗食物帶來的各種感受。換句話說，我們可以不費任何精神能量就得以享樂，但是想要感受樂趣，就必須付出相當的代價。就像以電擊或藥物去刺激一個人的大腦，也可以帶來享樂的感受，但是只有全然投入於一場球賽、一本書或一段對話中，才可能從中獲得樂趣。

正因為這樣，享樂總像過眼雲煙，也不會讓人有所成長。唯有面對具挑戰性的新目標，並投入大量精神能量，才能提高一個人的複雜性。這一點在小孩當中特別明顯[3]：生命的最初幾年，我們就像一部「學習機器」，每天都在嘗試新的動作、新的語言。孩子在學習新技能時，全神貫注的表情就是發現樂趣的最佳寫照。每一個充滿樂趣的學習經驗，都在增加這個孩子的複雜性。

令人遺憾的，這種樂趣與成長的連結會隨著時間而消逝[4]。或許是開始上學後，「學習」成了負擔，那種獲得新技能而來的興奮也就慢慢淡了，以致於大家很輕易就接受了青春期發展出來那個過於狹隘的自我。一個人如果過於自滿，就會覺得把精神能量花在新事物是浪費，除非這麼做可以得到外來的獎賞。就這樣，生活不再有樂趣，享樂成為正向經驗的唯一來源。

但還是有許多人願意為了獲得生活樂趣付出極高的代價。我認識住在老舊的拿坡里郊區的一位老先生，他靠著經營家裡代代相傳的古董店，勉強維生。某天早上，一位模樣富有的小姐走進他的店，逛了一會兒後，向他詢問一對巴洛克式木雕天使的價錢。這種胖嘟嘟的天使是幾個世紀前，那不勒斯工匠醉心的題材，一直到現在還有人爭相模仿。骨董店老闆歐西尼先生（Signor

Orsini）開了個天價，沒想到那位小姐竟二話不說拿出支票，準備買下那對來歷不明的作品。我屏住呼吸，為我的朋友即將發一筆大財興奮不已。但是我對歐西尼的認識顯然還不夠。他按耐不住激動的情緒，急忙把客人送出門：「不行，不行，小姐，我不可以把那對天使賣給你。」他不斷對那位一頭霧水的小姐說，「我不能做你這筆生意，你懂嗎？」

等到那位客人終於離開後，他才冷靜下來跟我解釋：「如果我今天沒飯吃了，我會收下那筆錢。但是既然我還餓不死，幹麼做這筆無趣的生意呢？我要的是那種買賣雙方鬥智、討價還價，想要用機智和口才扳倒對方的樂趣，可是她竟然連眉頭都沒皺一下。是她不對，她沒有尊重我可能會占她便宜的心情。如果我真的用那麼不合理的價錢把那對天使賣給她，我會覺得騙了她的錢。」不管是義大利南部或其他地方，我想，很少人會抱著歐西尼先生這樣古怪的心態做生意，

3 **孩子在活動中享樂**。早期德國心理學家提出了「機能快感」（*Funktionlust*）的概念，說一個人可以透過像是跑步、揮打、搖擺等生理動作（卡爾・格羅斯〔Groos〕1901，布勒〔Buhler〕1930）得到快感。之後，皮亞傑（Jean Piaget，1952）表示嬰兒生理發展階段的感覺動作期（sensory-motor stages）中，有一個時期的特徵是「以享樂為動機」。在美國，墨菲（Murphy，1947）則提出感官與生理活動是為了視覺、聽覺或肌肉覺的快感而存在的。海伯（Hebb，1955）和伯利恩（Berlyne，1960）將這些見解統整為最佳刺激（optimal stimulation）或最佳激發（optimal arousal）理論，認為享樂是外來刺激和神經系統刺激間達到最佳平衡的結果。懷特（White，1959）、德查斯（deCharms，1968），以及戴西（Deci）與萊恩（Ryan，1985）則是將這些神經學上的解釋做延伸，改由自我或是意識個體的角度來看同樣的現象，探討從行為中得到樂趣的原因。他們認為這些動作可以帶來快感，因為它們讓一個人感到自己有能力、有功用，有自主權。

4 **成年階段的學習**。成人學習的重要性近來有得到比較多應有的關注。這方面可參考阿德勒（Mortimer Adler）的初步看法（阿德勒，1956）、塔富（Tough，1978），以及葛羅斯（Gross，1982）。

但是我也認為，大部分的人不會像歐西尼先生一樣那麼樂在工作。就算得不到樂趣的生活還是過得下去，甚至也可以是愉快的，但是這種愉快的感覺如履薄冰，因為一切都取決於外在環境是否願意配合。想要掌控經驗品質，還是得自己學習如何在日復一日的生活中製造樂趣。

接下來，我們要看看什麼樣的狀況下，一個人的經驗才能充滿樂趣。以下觀點來自訪談[5]與問卷調查，歷時十多年，是從數千位研究對象得到的結果。一開始，我們只訪問了那些投入大量心力從事困難的活動，但不見得能得到金錢或名聲等明顯回饋的人，像是攀岩者、作曲家、棋手、業餘運動員等。之後，我們也訪問過著一般生活的民眾，詢問他們在感受到樂趣、生命最感充實的時候是什麼樣的滋味。這些受訪對象包括了生活在都市的美國人，像是外科醫生、教授、職員、裝配線上的工人、年輕的母親、退休的人和青少年等，也包含了來自韓國、日本、泰國、澳洲、不同文化的歐洲人，以及納瓦荷保留區的印第安人等。根據這些訪談，我們試著歸納出在生活經驗中找到樂趣的方法，希望藉由這些例子，大家都可以學習提升自己的生活品質。

樂趣的元素

研究過程中，第一件讓我們感到驚訝的事，是儘管這些人從事的活動各不相同，但是在進行順利時，帶給當事人的感覺卻如此類似。長泳選手橫渡英吉利海峽時的心情，跟西洋棋手參加競賽，或是攀岩者面對一面難爬的岩石時，心情幾乎一模一樣。譜一曲四重奏的音樂家，與打進籃球冠軍賽的貧民窟少年也有著同樣的感受。

第二件讓我們驚訝的事，是不同文化、現代化的程度、社會階級、年紀或性別的人，對樂趣的描述幾乎是一樣的。雖說讓他們獲得樂趣的事很不一樣，例如韓國的老人家是靜坐、日本青少年是和同好一起尬車，但是他們所言的樂趣如出一轍。除此之外，這些活動之所以可以提供他們樂趣的理由也非常相似。總而言之，最優體驗，以及促使它發生的精神條件可說放諸四海皆準。

我們的研究指出，樂趣的誕生有八大要素。大家回顧起這些經驗的最佳狀態時，至少會提到其中一點，更多時候是八點全都提到了。第一，這樣的經驗通常發生在我們從事一件艱難，但是有機會成功的事時。第二，我們必須全神貫注做這件事。第三與第四，之所以可以全神貫注，往往是因為這件事有明確目標和立即的回饋。第五，因為全心投入這件事，很容易就可以忘卻平時的擔憂與挫折。第六，帶來樂趣的經驗讓人覺得對自己的行動有掌控權。第七，進入一種忘我的境界，但心流體驗結束後，自我的感覺會再度出現，而且更趨強烈。最後，對時間的感覺會受影響，幾個小時感覺起來像幾分鐘，有時，幾分鐘又感覺像是幾個小時。結合這些要素帶來的樂趣刻骨銘心，讓當事人覺得只要能夠擁有這種感受，付出再多的精力都是值得的。

接下來，我們會深入探討每一個元素，好更明白這些活動為什麼讓人如此嚮往。有了這樣

5 訪談。這裡提到的面談大部分都是契克森米哈伊（1975），契克森米哈伊與契克森米哈伊（1988）進行的。馬西米尼（Fausto Massimini）教授與他的研究團隊也在歐洲、亞洲和美國西南部進行了超過六百個面試。

的了解，或許我們會更懂得控制意識，好讓日常生活中再枯燥不過的時刻，也都成為自我成長的契機。

有技能需求的挑戰活動

有時候，一個人會莫名的感到喜樂、沒來由的一陣狂喜[6]，起因可能是一小段動人的音樂，或是一幕美景，也可能只是單純覺得一切都好的感慨。但絕大多數的最優體驗都是發生在一連串有目標導向，而且規則清楚的活動上。從事這些活動時，除了需要投入大量精神能量，還必須具備適當的技能。至於為什麼會這樣，我們繼續看下去就會明白，目前只要先知道這是共通現象就可以了。

必須先釐清的是，這裡指的「活動」不見得是體能上的，「技能」也不一定是體能上的。就拿大家公認最能帶來樂趣的閱讀[7]為例，它就是一件需要專注力，而且有目標的活動，同時，當事人必須明白基本的語言規則、有識字的技能，除此之外，還要能將文字轉換為影像、和書中的主角感同身受、認清歷史文化背景、推測劇情轉折、批判與賞析作者風格等。廣義來看，處理符號性資訊的能力都是「技能」，數學家在大腦裡演算數量之間的關係是技能，音樂家將音符組合起來也是一種技能。

另一個公認最能帶來樂趣的活動是與他人相處[8]。乍看之下，它似乎不需要什麼技能，畢竟就只是和他人聊聊八卦、談天說笑而已。但事實並非如此，問問那些個性害羞的人就知道，一個人的自我意識太強時，就會排斥與他人非正式的接觸、想要盡量避免與他人相處。

只要是有行動機會或「挑戰」的活動，都需要適當的技能來完成。對那些不具正確技能的人來說，這樣的活動根本談不上挑戰，而且一點意義都沒有。喜歡下棋的人見到一盤棋時如魚得水，但是不會下棋的人看了完全沒感覺。對大部分的人來說，優勝美地的酋長岩（El Capitan）不過是一塊巨大的岩石，但是對攀岩者來說，那是各種心理與生理挑戰輪番上陣的競技場。

競賽場是最容易找到挑戰的地方。正因為這樣，不管是個人或團體的競賽，運動賽事總是那麼吸引人。從許多方面來看，競爭都是一個快速培養複雜性的管道。愛爾蘭哲學家艾德蒙・伯克（Edmund Burke）寫道，「與我們搏鬥的人可以增強我們的心智、磨練我們的技能。我們的對手也是我們的助手。」競爭帶來的挑戰可以很刺激，也可以充滿樂趣。不過，如果我們一心只想要打

6 **一陣狂喜**。拉斯奇（Marghanita Laski，1962）收集了大量關於宗教體驗令人欣喜若狂的研究。馬斯洛（Abraham Maslow，1971）以「巔峰體驗」(peak experience）描述這類經驗，並對這方面的心理研究做了重大的貢獻。但是拉斯奇與馬斯洛都把這種狂喜視為偶發事件，而不是可以控制或培養的自然過程。皮維特（Privette，1983）將馬斯洛提出的巔峰體驗和心流體驗做了比較。這種狂喜的經驗其實比大家想像的常見。一九八九年三月，一千位受訪的美國人中，有百分之三十表示曾有「被心靈力量充滿，感覺自己的精神幾乎要和肉體分開的感受」，有百分之十二表示，他們經常或多次出現這種感受（*General Social Survey*，1989）。

7 **閱讀是最能帶來樂趣的心流活動**。這是馬西米尼、契克森米哈伊與費夫（Delle Fave，1988）的發現。奈爾（Nell，1988）則描述了閱讀怎麼帶來樂趣的。

8 **社交是一種心流活動**。所有以經驗取樣方法進行的研究都指出，不管發生了什麼事，光是與他人相處，就可以大大改善心情，而且在青少年（契克森米哈伊與拉森，1984）、成人（拉森、契克森米哈伊與葛雷夫〔Graef〕，1980）和年長者（拉森、曼內爾〔Mannell〕與祖查尼克〔Zuzanek〕，1986）都是如此。不過真的要在相處中獲得樂趣，還是需要懂得人際關係的技能。

敗對手，而不是把重點放在自己的表現時，這種樂趣就不復存在了。只有追求自我精益求精的比賽，才能洋溢樂趣，要是把贏得比賽當成唯一目標，就不再好玩了。

挑戰當然也不僅限於競爭性或是體能活動，它們有時也會出現在令人意想不到的事上，給人們帶來驚喜。在我們的研究中，就有一位藝術鑑賞家提到他追求鑑賞畫作時感受到的樂趣。大多數人都認為鑑賞畫作是件直接而憑直覺的事，但是他說：「很多畫作確實像開門見山一樣……不會讓人感到興奮，但是有些畫作是帶著挑戰意味的。這樣的畫作耐人尋味，會在你的腦海中烙下深刻的印象。」[9]也就是說，一幅畫或是一座雕像如果具有挑戰性，即使只是看著它，也會充滿樂趣。

一般來說，會帶來樂趣的活動通常一開始就是以引發樂趣為目的設計的。遊戲、運動、藝術活動、文學活動等數個世紀以來的發展，都是為了製造樂趣來豐富我們的生活。但是如果以為只有藝術與休閒活動才能帶來最優體驗，那就錯了。在健康的文化中，日常從事的生產工作或例行公事也可以帶來滿足。事實上，本書的目的之一，就是要探討如何將生活上的瑣事轉換成對個人有意義的活動，並帶來最優體驗。如果我們可以重新安排這些瑣事，為它們找到目標、規則等製造樂趣所需的元素，那麼就算是割草，或是在牙醫診所候診，都能夠充滿樂趣。

著名的德國實驗物理學家海因茨．邁爾—萊布尼茨（Heinz Maier-Leibnitz）[10]，是十八世紀享譽盛名的哲學家及數學家的後代，他曾經以一個有趣的例子說明怎麼在無聊透頂的情況中取得主導權，讓事情變得有趣一點。邁爾—萊布尼茨教授有一個學術界人士經常遇到的問題：枯燥乏味的學術會議。為了紓解這個困擾，他發明了一種具有挑戰性的小遊戲，幫助自己熬過又臭又長的演說，但這個遊戲不會占據他所有注意力，所以台上如果講了什麼有趣的事，他還是會知道。

這個遊戲是這樣的：每當他在會議中覺得無聊時，他就開始敲右手的大拇指，接著是中指、食指、無名指，然後回到中指，最後敲右手的小指。接著，換到左手，按著小指、中指、無名指、食指的順序，然後回到中指，最後停在左手的大拇指。完成後，右手按著和剛才相反的順序再做一次，接著用左手，也用相反的順序做一次。如果加上全休止符、半分休止符，他總共可以做出八八八八種不重複的變化，譜出了有如音樂般的樂曲，事實上，你的確可以用樂譜來表示它們。

事後，邁爾—萊布尼茨教授發現這個遊戲還有個有趣的應用：他可以利用它來量測時間。如果夠熟練的話，把這八八八八個模式重複三次，也就是完成二六六四次敲擊，所需時間正好是十二分鐘。邁爾—萊布尼茨可以根據手指在敲擊過程中的位置，準確推測經過的時間。假設他正在聽一場無趣的演講，一邊敲著手指頭，在他的手指敲到第二次循環的第三百下時，他突然對某個物理實驗有個想法，並開始思考這個問題，等到得到結論時，他再次把注意力轉回自己的手指上，發現他差不多要結束第二次循環的敲擊了，這就代表他花了大約兩分鐘又十五秒來解決剛才的實驗問題。

很少人會這樣大費周章去發明這麼有智慧又複雜的方式來操控注意力，提高自己的經驗品

9「很多畫作……」來自美術館館長的美學經驗（契克森米哈伊與羅賓森〔Robinson〕，1991, p. 51）。

10 海因茨．邁爾—萊布尼茨教授敲手指推算時間的方式，是個人私底下交流得知的。

質。但是我們每個人多少都有些簡單一點的版本，來打發生活中的無聊時刻，或是讓焦慮不安的心情平靜下來，有人會不停地塗鴉、有些人會咬東西、抽菸、摸頭髮、哼歌，或是採取某些較難以理解的行為，但目的都一樣，是想藉著規律性的動作，來幫自己的意識建立秩序。這些活動都可以帶來「小小的心流」[11]，為我們的生活解悶。但是，一個活動製造樂趣的能力，與它的複雜性是息息相關的。這類不經意的小動作雖然可以減低生活的無趣感，但是對提供正向經歷的幫助不大。真想要提升經驗品質，還是得透過更具挑戰性、技能需求層次更高的活動。

我們的受訪對象表示，樂趣出現的點有個特性，它總是發生在行動機會與個人能力相當時。以打網球為例，如果雙方的實力懸殊就產生不了樂趣了。技術差的一方會感到焦慮，技術好的一方則會覺得無聊。其他活動也是如此，鑑賞音樂時，過於簡單的音樂聽起來乏味，但是難度太高的音樂又會令人挫折。樂趣總出現在無趣和焦慮之間，在挑戰與個人實力相稱時。

這種挑戰與技能之間的黃金比例[12]不只適用於人類。我帶我的獵犬出去散步時，牠很愛玩一個簡單的小遊戲，一個孩童很常玩的遊戲——鬼抓人。牠會快速繞著我跑，吐著舌頭，緊盯我的每一個動作，期待我去抓牠。有時候，我會迅速撲過去，運氣好的話碰得到牠。有趣的是，當我覺得累、沒有勁的時候，牠會把圈圈繞得近一點，讓我比較容易抓到牠，但是當我精神好、玩得起勁時，牠就會把圈繞得大一點。這麼做，遊戲的難易程度始終一樣。也因為牠這神奇的本領，遊戲的挑戰和我們的技能處於平衡狀態，牠和我都可以在遊戲當中得到最大的樂趣。

行動與意識的結合

當一個人面對的挑戰逼得他必須使出渾身解術時，他的注意力就會完全被這個活動吸引，整個人投入在當中，不留下任何精神能量去處理其他不相關的資訊。

在這種情況下，就會出現最優體驗最普遍也最典型的特徵：因為完全投入，所有動作都是油然而生，幾乎是自動自發的，人和事合而為一，分不出彼此。

一位舞者這麼描述表演順利時的感受：「我的注意力完全集中[13]，我的思緒不再游走，除了跳舞之外，我什麼都不想，整個人沉浸在其中……能量釋放得非常流暢，我覺得輕鬆、自在，而且充滿活力。」

11 關於微小心流的重要性請見《厭倦與焦慮之外》（*Beyond Boredom and Anxiety*，契克森米哈伊，1975, pp. 140–78）。研究指出，如果一個人被要求不准做他們平常習慣做的小動作，例如敲彈手指頭、塗鴉、吹口哨或和朋友開玩笑，不用幾個小時，他們就會受不了了。只要一天沒有得到這些微小心流，他們的行為就會失去控制。很少人可以或願意超過一天不做這些事。

12 **挑戰與技能之間的比例**是我們一開始就知道的心流體驗重要條件（契克森米哈伊，1975, pp. 49–54）。最初的模式以為當挑戰和技能都很低的時候，或是同時都很高時，當事人也都能得到樂趣。但是在進行實驗研究後，有了修正。大家其實不喜歡技能與挑戰都低於慣有的程度。新的模式認為只有在挑戰和技能達到平衡，而且稍高於個人平常的程度時，才會產生心流。以經驗取樣方法進行的研究也證實了這樣的推測（卡利〔Carli，1986〕，契克森米哈伊與中村〔Nakamura，1989〕，馬西米尼、契克森米哈伊與卡利〔1987〕）。除此之外，這些研究也發現，焦慮（挑戰高、技能低）在日常生活中非常少見，大家對這種狀態的感受也遠比無趣（挑戰低，技能高）來得負面。

13 「**我的注意力完全集中**……」、「**你會完全投入在其中**……」和「……**集中注意力**」節錄自契克森米哈伊（1975, p. 39），「**她非常喜愛閱讀**……」節錄自艾利森（Allison）與鄧肯（Duncan，1988, p. 129）。早在四個世紀前，蒙田（Montaigne，1580〔1958〕, p. 853）就已經發現專注力與樂趣間的關係，他說：「我的生活樂趣……比其他人多了一倍，因為樂趣取決於一個人投入的專注力多寡。」

一位攀岩者說明了攀岩時的感受：「你會完全投入在其中，感覺自己和這件事合為一體……沒辦法分開來。」

一位喜歡跟小女兒共度時光的母親這麼說：「她非常喜愛閱讀，所以我們會一起看書。有時她讀給我聽，有時我讀給她聽，我覺得自己完全沉浸在其中，彷彿與世隔絕一般。」

一位棋手描述比賽時的狀況：「……集中注意力就跟呼吸一樣自然，完全不假思索。就算屋頂塌下來了，只要不砸到我，我也不會知道。」

這就是我們稱最優體驗為「心流」的原因，這個簡單的字眼貼切描繪出那毫不費勁的感動。下面這段話出自一位攀岩詩人，可以說為這些年來的數千名受訪對象做了總結：「攀岩的魅力[14]在攀爬本身。好不容易登上山峰後，會讓人頓時鬆了一口氣，但同時又希望可以這麼繼續攀爬下去。攀岩的目的就是攀岩，就像寫詩的目的就是寫詩，除了自己的內心之外，你沒有什麼好征服的……寫作為了詩而存在，攀岩也是如此，是為了確定屬於自己的那股流動，你的目的是讓這股流動持續不停歇，而不是在尋找下一個高峰或是達到某種完美境界。這股流動的目標不是往上爬，而是單純的流動而已。就像攀岩本身就是繼續攀岩最好的理由，那是一種與自我的溝通。」

雖說心流體驗看似得來全不費工夫，但實際上可不是這樣。它通常需要耗費大量體能，或是在心理層面上受高規格的訓練，同時還需要有熟練的技能加以配合，而且只要專注力稍有閃失，一切就化為烏有。然而，在心流發生的當下，我們的意識有如行雲流水，肢體動作也天衣無縫般一個接著一個進行。生活中，我們常被這樣的疑慮或問題給打斷，「我為什麼要做這件事呢？改做其他事會不會比較好呢？」我們會不斷懷疑自身行為，甚至批判自己做這些事的理由。但是在心流中，這樣的反省是不必要的，因為我們會不斷前進，就像被施了魔法一樣。

明確的目標與回饋

目標明確，而且有立即的回饋，是心流體驗中讓一個人全然投入的原因。網球選手的目標非常明確：把球打回對方場上。而且，一把球擊回去，立刻就知道自己的表現好不好。西洋棋手的目標也很明確：要早一步吃掉對方的國王，每一步棋都決定著距離目標是不是更近了。攀岩者在攀登那面陡峭的山壁時，目標很清楚：攻上山頂、不要掉下去。長達數個小時的過程中，他隨時知道自己是不是達到基本目標。

一個人訂的目標如果太過膚淺，就算達成了，也不會帶來任何樂趣。假如我訂的目標是希望自己不要死在沙發上，然後也像攀岩者一樣，隨時掌握自己的狀況，這麼做一點兒也不會讓我特別感到開心，但是對身處危險的攀岩者來說，卻樂趣無窮。

即使是耗時長的活動，目標與回饋這兩項元素依舊非常重要。一位六十二歲，住在義大利阿爾卑斯山的太太提到，最讓她感到有樂趣的事，是照顧她的牛和果園：「照顧那些果樹[15]，看著它

14「攀岩的魅力……」節錄自契克森米哈伊（1975, pp.47–48）。
15「照顧那些果樹……」節錄自費夫與馬西米尼（1988, p.197）。「我……感到既驚奇又滿足……」節錄自希斯庫克（Hiscock，1968, p.45）。「每一次……」節錄自莫堤歇（Moitessier，1971, p. 159）；後兩者引用於馬克白（Macbeth，1988, p. 228）。

們一天天的成長，是多麼美的事，讓人不由產生一種滿足感。」雖然需要等待，但是看著自己栽種的東西成長，是一種非常有力的回饋。就算是住在都市公寓裡的人，也有同樣的效果。

另一個例子是獨自駕船航海——自己駕駛一艘小船航行，一出海可能就是幾個星期。吉姆・馬克白（Jim Macbeth）對駕船與心流之間的關係做了研究，提及航海者焦急地盯著一望無際的大海數天後，見到目的地島嶼從海平面露出時那種興奮的心情。一位傳奇性的航海員這麼描述自己的感受：「我……感到既驚奇又滿足，我不過是站在搖晃的甲板上觀測遙遠的太陽，再搭配幾個簡單的圖表……竟然就可以橫渡海洋，找到目標中的小島。」他還說，「每一次，我都有一種驚奇、愛和驕傲雜陳的心情，彷彿那座小島是為我而生、從我而生的。」

不是每個活動的目標都像網球賽那麼明確，大部分的回饋也都不如攀岩者的「我不要掉下去」那麼明白。例如，一位作曲家只知道自己要寫一首曲子，或長笛協奏曲，但是除此之外，他的目標其實是很模糊的。他怎麼知道自己寫下的音符是「對的」，還是「錯的」呢？藝術家的作畫，以及其他與創意有關、沒有絕對對錯的活動也是如此。不過也正因為這樣，它們從另一個角度證明了這個規則：除非清楚自己的目標，懂得欣賞這類活動的回饋，否則是不可能從中獲得樂趣的。

有些創造性活動的目標不是一開始就明朗的，當事者必須有強烈的個人知覺，清楚知道自己想要的是什麼。畫家開始作畫時[16]，不見得知道成品會是什麼樣子，但是進展到某個程度時，就會知道那是不是他想要的。一位可以在作畫中獲得樂趣的人，必須把「好」、「壞」的標準內化，在每一次落筆時，當機判斷：「嗯，這樣沒錯；不，這不行。」少了這種內化的準則，就沒有辦法體驗心流。

還有些時候，活動的目標與規則是當下才討論出來的。就像青少年們喜歡的即興互動，「比誰最噁心」、瞎掰故事或嘲弄老師等。這類聚會的目標多是在摸索中形成的，很少是外顯的；參與者也多半處於不自知的狀態。但很顯然的，這類活動會發展出自己的規則，參與者很都清楚什麼叫「高招」，誰的表現最好。這種模式與爵士樂或任何即興表演的音樂很類似。學者或辯論家如果在爭論的過程中言辭流暢、頻頻祭出盛氣凌人的「高招」，也會產生同樣的效果。

不同活動帶來的回饋也大不相同。有些事對某些人永遠不嫌多，但其他人卻不屑一顧。例如，喜歡進行手術[17]的外科醫生表示，就算有人肯付十倍的薪水，他們也不願意轉當內科醫師，因為內科醫師從來沒辦法知道自己的工作進行得如何。相反的，開刀過程中，病人的狀態總是一覽無遺：例如手術一開始，只要切口不再出血就算是成功了。接著，把有問題的器官切除後，外科醫師的難題就算解決了，最後只要將傷口縫合就算大功告成。外科醫師對精神科醫生的藐視更甚於內科醫生：有外科醫生就說，精神科醫生可以花十年治療一位病人，但始終不知道自己的治療方

16 **畫家作畫**。有創意和沒有創意的藝術家差別在於前者開始作畫時，對他想要畫的東西通常只有個大概的想法，但是後者的腦海中已經有很明確的畫面了。因此，有創意的畫家通常是邊畫邊感受作品帶給他的回饋，再決定要怎麼繼續進行。但是缺乏創意的畫家只是把他們腦海中的那幅畫出來而已，沒有成長或發展新技能的機會。不過，要成功發揮開放式的創作，這位有創意的藝術家必須先將藝術的標準內化，才能在作畫的過程中，隨時懂得取捨元素（蓋哲爾〔Getzels〕與契克森米哈伊，1976）。

17 **手術可以是心流體驗**，見契克森米哈伊（1975, 1985b）。

式是否對病人有幫助。

但是樂於工作的心理醫生也有他追求的回饋：病人表現出來的樣子、他們的表情、聲音中的遲疑，以及治療時間提到的事情等，這些都是心理醫生用來監測治療進程的重要線索。外科醫師和心理醫生的差別，是前者把出血和切除視為需要關切的回饋，後者則將反映出患者心理狀態的信號視為重要資訊。外科醫師認為心理醫生太過纖弱，追求的目標都過於短暫；心理醫生則認為外科醫生只著重技術層面，未免過於粗糙。

我們追求的這些回饋本身其實不是那麼重要：把網球打進對手的場內又如何？下棋時，將了對手的軍又如何？心理諮詢終了時，看到病人出現茅塞頓開的眼神又如何？這些資訊真正的價值在於它們的象徵意義：我成功達到目標了。這樣的認知可以在我們的意識建立秩序，強化自我。

只要將精神能量投入在與目標相關的事上，幾乎所有回饋都可以帶來樂趣。如果我的目標是在鼻子上放一根木棍走路，那麼看著那根木棍在我臉上搖搖晃晃的模樣，就足以為我帶來一時之間的喜樂。每個人各有自己在意、感到有興趣的點，因此，重視的回饋也各不相同。

例如，有些人天生就對聲音特別敏感[18]。他們擁有好的音感，可以辨別音調，對聲音的組合記得特別清楚。這些人喜愛玩弄音符，知道怎麼處理和控制跟聽覺有關的資訊。對他們而言，最重要的回饋就是組合起來的音符，製造或複製出來的節奏與旋律。作曲家、歌手、演奏者、指揮和樂評家都是這麼來的。有些人則是天生就對人比較敏感，特別懂得留心別人釋放的訊息。他們尋求的回饋來自他人的情緒表現。有些人比較脆弱，需要在競爭當中獲得勝利來得到肯定。還有些人極力想要討好他人，因為他人的認同與欣賞是他們唯一的回饋。

義大利米蘭的法斯托．馬西米尼（Fausto Massimini）教授和他的心理學家團隊訪問了一群有宗教信仰的盲人女性，訪談的結果對回饋的重要性做了很好的解釋。就像其他研究一樣，研究人員請他們描述生活中最有樂趣的經驗。這些一出生就看不見的婦女最常提到的心流體驗，通常發生在點字閱讀、禱告、做手工，像是織毛線或裝訂書籍，還有照顧生病或有需要的同伴時。這個義大利研究團隊共訪問了六百多個盲人，發現他們比任何人都明白回饋之於樂趣的重要性[19]。由於見不到周遭發生的事，他們比起看得見的人，更需要知道自己努力想完成的事是否已經實現。

專注於手上的工作

心流體驗中最常被提及的一個特點，就是在當下可以忘卻生活中所有的不愉快，因為為了獲得樂趣，一個人必須全神貫注在手上的事，沒有任何多餘的心思去思考不相關的資訊，而心流就是這麼做的副產物。

18 **特別敏感**。每個孩子都有不同的天分，有些擅長體能活動，有些則是音樂、語言，或是擅長與人交際。霍華德．嘉納（Howard Gardner，1983）給這個眾所皆知的事實一個正式的名稱，叫「多元智能」（multiple intelligences）理論，並將智能天賦歸納成七大類，同時和哈佛大學的研究同仁著手發展測試這七項能力的綜合測驗。

19 **關於回饋對盲人的重要性**，見馬西米尼、契克森米哈伊與費夫（1988, pp. 79–80）。

日常生活中，我們的意識不時受到不請自來的思緒與煩惱叨擾。由於大部分的工作和家庭生活都不像心流體驗的要求這麼高，因此，我們很少專注到可以將其他關注或煩惱的事屏除的狀態。也因為這樣，精神熵頻繁而無法預期的出現，使得我們的精神能量沒辦法順利發揮。這就是為什麼心流可以改善經驗品質：這類活動要求明確清楚的秩序，完全容不下我們的意識有任何失序干擾。

一位熱衷攀岩的物理學博士這麼描述他攀岩時的心理狀態：「我的記憶好像被切斷了一樣，我只能記得過去三十秒內的事，能想的，也只有接下來五秒鐘的事。」[20]事實上，任何需要高度注意力的事，時間窗口都是這麼短。

除了時間上的聚焦外，這段時間進到意識的資訊也受到了嚴格把關，平常會進到我們大腦的雜念都會暫時被擺到一旁去。一位年輕的籃球員這麼解釋：「唯一重要的就只有球賽而已。一些我平常煩惱的事，像是跟女朋友吵架之類的，與球賽比起來根本不算什麼了。你可能正為一件事煩惱了一整天，但是一上球場就覺得管他的！我們這個年紀的孩子內心其實有很多事……但是只要打起球來，整個大腦就完全被籃球占據了，其他的事就隨它去吧！」[21]

一位登山者也這麼說：「爬山時，生活中所有的問題都被拋開了，我的世界只剩下爬山，唯一重要的事也只有爬山。這是注意力的作用，一旦進入爬山狀態，眼前的一切都是那麼真實，爬山就是整個世界，而你，是這個世界的主宰。」

一位舞者也有類似感受：「我有一種哪裡都不想去的感覺。……我比任何時候都有自信。跳舞讓我忘記所有困擾我的事，它就像是一種治療，不管我心中有什麼煩惱，在進到舞蹈工作室前，都會被一掃而空。」

時間範圍拉長一點，航海者也有這樣忘情的感受：「航海的過程可能會遇到種種困難，但是看著身後的陸地逐漸落到海平面外，所有憂愁和煩惱也只能拋諸腦後了。一旦出了海，一切的擔心都無濟於事，再怎麼擔心也無法化解可能遇到的挑戰……這時生命是完全毫無掩飾的；跟風、跟海、跟每天的航行距離比起來，其他的事都微不足道了。」

跨欄好手愛德恩・摩西（Edwin Moses）這麼描述專注力在比賽時的必要性：「你的心中必須毫無雜念，將對手、時差、吃不慣的食物、睡不慣的床等各種個人問題，都屏除在意識外，就像它們從來不存在一樣。」

雖然摩西講的是世界級的運動賽事，但是這道理在從事任何活動時都派得上用場。心流體驗中的專注力，再加上明確的目標與立即的回饋，可以建立意識上的秩序，產生精神負熵下樂趣無窮的狀態。

20「我的記憶好像……」，見契克森米哈伊（1975, p. 40）。

21「唯一重要的就只有球賽而已……」，節錄自契克森米哈伊（1975, pp.40–41）；「爬山時……」，節錄自同上p. 81，「我有一種哪裡都不想……」，節錄自同上p. 41。「航海的過程……」，節錄自馬克白（1988, pp. 221–22）。愛德恩・摩西的例子出現在傑克森（Johnson，1988, p. 6）。

掌控感的悖論

比賽、運動等可以帶來樂趣的休閒活動，與時時需要警剔的一般生活還是有很大的差距。輸了一場棋或在個人嗜好上失利，都不需要過度擔心，然而，在「真正」的生活上，搞砸了一筆生意可能會丟了飯碗、繳不起房貸，最後只能靠社會救濟維生。因此，心流體驗往往會牽涉到一種掌控感，或是說得更明白一點，不像真實生活中，有那種隨時會失去掌控感的擔心。

一位舞者這麼描述心流體驗的這個特點：「我沉浸在完全的放鬆與平靜當中，一點兒也不擔心自己可能失敗。那是一種既有力又溫暖的感受，讓我想伸開雙臂去擁抱世界。我感到一股巨大無比的力量，它帶來的效應既優雅又美麗。」[22]西洋棋手則說：「我有一種幸福的感受，覺得在我的世界裡，自己就是主宰。」

這些人所描述的，其實不是掌控的絕對事實，而是掌控的可能性。芭蕾舞者可能會跌倒，甚至摔斷腿、無法再做出完美的轉圈，西洋棋手可能會輸了比賽、永遠得不到冠軍。但是至少在信念上，在心流的世界裡，完美是可及的。

這種掌控感也出現在那些極度危險，但仍讓人感到樂趣的活動，在旁人看來，這些活動的危險程度，早已經超過日常生活可能遇到的了。喜歡玩滑翔翼、洞穴探險、攀岩、賽車或潛水運動的人，都是有意地讓自己置身於文明生活的安全網之外。他們表示，強烈的掌控感在他們的心流體驗中扮演著重要角色。

這種熱愛冒險的心態[23]經常被認為是一種病態的需求：或許是想利用這種方法驅逐內心深處

的恐懼、在尋找一種補償作用，或是無法控制的戀母情結重現，又或者是喜歡「追求快感」。雖然這些狀況都有可能是他們的動機，但令人驚訝的是，當你和這些冒險行家談及這件事時，會發現真正讓他們感到樂趣的不是活動的危險性，而是他們降低風險的能力。他們追求的不是某種病態的興奮，而是駕馭危險帶來的樂趣，完全健康正向。

值得注意的是，可以帶來心流體驗的活動，即使極度危險，都在引導從事者發展足夠的技能，好讓發生失誤的機率趨近於零。以攀岩者來看，他們遇到的危險可分為兩方面：「主觀的」與「客觀的」。客觀的危險是在攀登過程中無法預期的事件，像是突如其來的暴風雨、雪崩、落石、氣溫驟降等。我們可以針對這些威脅做些事前準備，但是它們的發生是完全無法預測的。主觀的危險則來自攀岩者本身技能的不足，包括判斷攀登難度和自己的能力是否相符等。

攀岩的重點就是要盡可能避免客觀性的危險，並藉著嚴格的訓練與完善的準備，來徹底除去主觀性的危險。最後，攀岩的人真心相信，攀登馬特洪峰要比走在曼哈頓的大街上來得安全，因為街道上的客觀性危險太多了，包括計程車司機、騎車的郵差、公車、搶匪等，而且比登山時會遇到的主觀性危險更難以預測，而個人技能也無法提供行人足夠的安全保障。

從這個例子可以得知，真正帶給人們樂趣的不單是掌控感，而是在困難的環境下握有掌控權

22「我沉浸在完全的放鬆……」和「我有一種幸福的感受……」，見契克森米哈伊（1975, pp. 44, 45）。
23 祖克曼（Marvin Zuckerman，1979）對熱愛冒險的心態有深入的研究，並將尋求刺激視為人格特徵之一。關於這個主題，還可以參考凱斯（Ralph Keyes，1985）的著作。

的滋味。如果不捨棄保護性常規帶來的安全，就沒辦法感受到這種握有掌控權的感覺。只有在無法預知結果的狀況下，憑著自己的力量去影響結果，一個人才知道自己是否真的握有主導權。

但是有一種活動看似例外，那就是賭博。賭博也可以帶來樂趣，但是就定義上來看，這類活動的勝負純粹取決於隨機結果，與個人技能無關。不管是數字輪盤的轉動或是撲克牌翻開後的結果，都不是玩家可以掌控的。在這種狀況下，掌控感與樂趣之間似乎是不相關的。

然而，這裡的「客觀」其實是個假象，因為在這個危險刺激的遊戲中，賭博[24]的人其實主觀的認為他們的技能扮演著重要的角色。玩撲克牌的人相信勝負關鍵在於自己的技能，而不是機率。或許在他們輸了的時候，他們會怪罪於運氣，但即使如此，他們還是會檢討自己是不是有什麼失誤，才會導致這樣的結果。甚至有人為了賭數字輪盤，研發出一套複雜的系統來推測出現的數字。總而言之，賭博的人通常相信自己有預測未來的天分，至少是在賭博這個領域有未卜先知的能力。這種原始的掌控感——可回溯到各種文化都盛行的占卜術——正是賭博之所以吸引人的原因。

讓精神熵暫時從世界消失，是心流活動讓人上癮的原因之一。小說家經常以下棋來比喻個人逃避現實的行為。弗拉基米爾．納博科夫（Vladimir Nabokov）在他的短篇故事《路辛的棋局》（*The Luchin Defense*）中，描述一位年輕天才棋手因為過度投入於下棋，以致於他的婚姻、交友、工作，都是由棋盤決定的。路辛不管遇到了任何難題，如果不從下棋的角度思考，他就不知道怎麼看待它們，例如他的太太是白棋的皇后，站在第三列的第五格，受到了黑棋主教，也就是路辛的經理人的威脅之類的。面對各種衝突時，路辛都會搬出下棋時的策略，最後，他發明了「路辛的棋局」，內容是一系列可以讓他免於外來威脅攻擊的各種招數。但是現實中的路辛生活並不順遂，這讓他產生了幻覺，覺得身邊的重要人物都是一個巨大棋盤上的棋子，每個人都想迫使他動彈不得。最後，他終於找到一招可以解決所有問題的完美步術——從旅館房間的窗戶一躍而下。類似這樣關於棋局的故事並不是空穴來風，許多西洋棋高手，包括美國第一任棋王保羅・墨菲（Paul Morphy）和近期的巴比・費雪（Bobby Fischer）[25]，都因為熱愛棋藝世界的黑白分明與井然有序，轉身離開了紛紛嚷嚷的「真實」世界。

賭徒終於「搞懂」隨機機率，欣喜若狂的說法更是見怪不怪。早期的民族誌學者曾描述北美平原的印第安人會拿牛肋骨來賭博[26]，賭徒把武器、馬匹，甚至妻子輸個精光，必須在凜冽的寒冬中，一絲不掛走出帳篷的事件時有所聞。所有可以帶來樂趣的活動幾乎都會叫人不知不覺上癮，最後影響到生活中的其他活動。有外科醫師就表示開刀讓他上癮[27]，就好像在「吸食海洛因」一樣。

24 關於**賭博**最早的心理研究來自卡斯茲涅尼（Kusyszyn，1977）。關於占卜術是賭博的前身的說法，是由庫林（Culin，1906, pp. 32, 37, 43），大衛（David，1962），以及惠欽格（Huizinga，1939〔1970〕）提出來的。

25 **墨菲和費雪**。這兩位西洋棋高手的年代相隔一個世紀，但是職業生涯相似得叫人稱奇。墨菲（1837–1884）在十幾歲時成為西洋棋高手：二十二歲時前往歐洲，打敗了所有向他挑戰的對手。回到紐約後，大家都認為他太厲害了，即使是有勝算的棋手也不願意跟他下棋。失去生命中唯一的心流來源後，墨菲隱居起來，個性變得古怪且偏執。關於費雪的職業生涯，請參考維茲勤（Waitzkin，1988）。發生在兩位西洋棋天才身上的巧合，有兩個可能解釋。一個是精神組織能力脆弱的人特別容易受西洋棋吸引。另一個是西洋棋來到高度競爭的程度時，需要投入所有的精神能量，而且有讓人上癮的風險。當一個棋手耗盡了所有注意力、克服了所有挑戰，得到最後的冠軍後，原本為他的意識帶來秩序的目標頓時消逝，他很可能就此失去了方向。

當一個人沉溺於某種活動的樂趣，對當中的掌控感產生依賴，而無法關注其他活動時，他反而是失去了最終的掌控，也就是決定意識內容的自由。因此，所有的心流活動都潛在這一種負面價值：它們可以藉由建立心靈秩序來改善經驗品質，但是它們同時也會引起上癮，這時候，自我會就成了某種特定秩序的俘虜，不願意再忍受生活中的模糊地帶。

消失的自我意識

我們稍早有提過，當一個人全神貫注於某一種活動時，就沒有足夠的注意力考慮他們的過去、未來，或是任何與當下不相關的刺激。其中一件從我們的意識中消失的東西特別值得一提，因為我們平常實在花太多時間去想它了，那就是「自我」。一位登山者這麼描述：「那是一種禪的感受[28]，就像是在冥想一樣。你所有的精神意念全都聚集在一點上。你可以用各種方式讓『自我』與登山這件事融合，卻不見得能奏效。然而一旦事情自然而然的發生時，『自我』就好像不存在一樣。有時候，不刻意去想或刻意去做，反而才是最正確的方法。……事情就這麼發生了，你變得更專注了。」一位知名的長程航海家這麼說：「你會忘記自我、忘記所有的事，眼中看見的，只有大海與船之間的嬉戲，其他的事都不重要了……」[29]

這種自我與周遭世界的隔離感消失時，經常會伴隨著一種與環境結合的感覺，或許是一座高山，或許是你的隊友。一位日本飛車黨成員這麼描述他與數百個摩托車騎士一起，從京都街頭呼嘯而過時的感受：「當大家全都意志高昂的時候，我明白了一件事。我們並不是一開始就是步調和諧的，但是一旦大家都進入狀況，我們便開始意識到彼此的存在。要怎麼說呢？……大家同心合一的感覺真的非常美好。……我頓時體會到，『啊，我們是一體的。』心想，『如果我們的速度再快一點，就真的是在飛車了。』那種合為一體的感覺實在太過癮了，大家一起加速的感覺實在太棒了。」

以這位日本青少年所說「合為一體」來描述心流體驗再貼切不過了，有人甚至更具體的用忘了飢餓、忘了疼痛來描述這種感覺。這是很值得的體驗，但是我們晚點會提到，它同時也會帶來危險。

專注在自己身上這件事消耗了我們大量的精神能量，它讓我們在日常生活中不斷感覺受到威脅。威脅一旦出現，我們便得在意識中檢視它嚴重與否，以及接下來該如何面對。例如，走在街上時，發現有幾個人面帶微笑的轉頭看我，我的第一個反應會是擔心：「我怎麼了嗎？我看起來很奇怪嗎？是我走路的方式，還是我臉上有什麼東西？」每一天，都有不同的事在提醒自己有多

26 關於美國印第安的賭博，請見庫林（Culin，1906）、庫辛（Cushing，1896），以及柯爾（Kohl，1860）。卡佛（Carver，1796, p. 238）提到易洛魁族人（Iroquois）可以賭到連鞋子都輸掉了，然後在三尺深的積雪中走路回家。墨西哥的塔拉烏馬拉人（Tarahumara）也有「他……會賭個半個月到一個月，直到輸到剩下老婆小孩了，才肯罷手」的事蹟（魯姆霍爾茲〔Lumholtz〕, 1902〔1987〕, p. 278）。

27 外科醫師表示開刀會「上癮」，見契克森米哈伊（1975, pp. 138–39）。

28「那是一種禪的感受……」，契克森米哈伊（1975, p. 87）。

29「你會忘記自我……」，馬克白（1988, p. 22）引用莫堤歇（1971, p. 52）的內容。「當大家全都意志高昂的時候……」，見佐藤（Sato，1988, p. 113）。

脆弱。每一次事發之後，我們就得消耗精神能量去幫助意識恢復秩序。

但是在心流當中，我們沒有餘力對自己緊迫盯人，因為這些可以帶來樂趣的活動目標明顯，規則明確，提供的挑戰又剛好與我們的能力相稱，所以我們受到威脅的機率不高。登山者在攀爬一面峭壁時，心裡唯一顧念的就只有攻頂這件事。當下的他必須是百分之百的登山者，否則性命可能不保。這時候的他，沒有多餘的心思去想關於自我的其他事或其他人，他臉上是不是沾到什麼東西一點兒也不重要。唯一會帶來威脅的，就是這座山了，但是訓練有素的登山者絕對有能力面對這樣的威脅，不需要再把自我扯進來了。

自我雖然在意識中缺席，但不代表處於心流中的我們就不再支配自己的精神能量了，也不代表一個人不知道自己在生理上或心理上發生了什麼事。事實恰好相反。大家剛開始接觸心流體驗時，常誤以為缺乏自我意識是一種消極的自我放逐，有一種「順其自然」的味道。但事實上，自我在心流體驗中扮演的角色是主動積極的。小提琴手要對每根指頭的一舉一動、每個傳到耳裡的聲音、組成曲子的每個音符，甚至到整首曲子的編排，都非常熟悉才行。一個賽跑好手則要認識身體的每一條肌肉、呼吸的節奏，甚至其他參賽者的表現也都必須納入他的比賽策略。棋手如果不願意下工夫去記住走過的每一步棋，就無法享受下棋的樂趣。

缺乏自我意識不代表自我也跟著消失，更不代表意識缺席了，正確的說，應該是在意識中不再感覺自我。我們失去的，只是那些用來代表自己的訊息而已。暫時忘記自我是一件很令人嚮往的事。只有不費心想著自我時，我們才有機會擴大對自我的認識。唯有放下自我意識，一個人才可以超越自我[30]，突破自己所設的界線。

這樣的感覺並不是空想而來的，而是與其他事物密切互動得到的真實經驗，藉著親密的互動，我們與那些原本外來的實體，有了一種難能可貴的結合感。在漫漫長夜中，獨自守夜的船員覺得船隻彷彿是自己的延伸，以同樣的節奏擺動，朝著同一個目標前進。小提琴手被自己製造的旋律包圍著，覺得自己彷彿也是曲子的一部分。攀岩的登山者，全神貫注於那支撐自己身體重量的小石塊上，手指頭和那些不規則的小石頭間，脆弱的人體與石、天、風間，訴說一種至親的情緣。下棋時，專注在棋盤上長達數個小時的棋手，彷彿被吸進了一個強大的「力場」，在當中與某種非物質維度中的力量較勁。外科醫師也說，進行極為艱難的手術時，所有團隊成員好比一個個體，為著同一個目標行動，就像是「芭蕾舞」表演一樣，每個人的演出都隸屬在團體的演出之下，大家一同感受著當中的和諧與力量。

你或許會把這些見證當成詩一般的比喻欣賞，僅止於此。但是對當事人來說，這些經驗就像飢餓一樣寫實，像撞到牆一樣真切，既不是什麼奧祕的事，也不是什麼難解的謎。不管對方是一個人、一艘船、一座山或一首樂曲，當一個人投注所有精神能量與它互動，就會進入未曾感受過的更大的行動體系中。這個體系是按著活動規則建立的，它的能量來自當事人的注意力。它又真又實，你可以把它看成一個家庭、一個公司或一個團隊。個人不但成了當中的一部分，還跨越了

30 關於在攀岩時**超越自我**，見羅賓森（Robinson，1969）；關於下棋時的超越自我，見史坦納（Steiner，1974）。

自我的界線，造就出比原本要複雜許多的自我。

這樣的自我成長只會出現在可以產生樂趣的活動中，也就是有行動機會，同時要求技能不斷精進的活動。在一個只要求信念與忠誠度的體系裡，一個人也可能忘卻自我。就像基本教義派的宗教、群眾運動與基進的政治團體等，都可以提供個人自我超越的機會，讓數百萬人為之嚮往。它們也可以讓一個人擴展自我界線，彷彿自己正在成就一件偉大的事。信徒在投入所有精神能量，並接受這個信念的目標和規則塑造後，也會有與它合為一體的感覺。但是他和這個信念體系之間並沒有互動，而是任由這個體系吸收自己的精神能量，這種屈服之下不會有新的東西誕生。我們的意識秩序或許會改善，但那是強加上去的，而不是自我實現而來的。我們頂多能說這些信徒就好比水晶一樣，堅硬而擁有華麗的對稱，但是成長速度非常緩慢。

在心流中失去自我[31]後，卻能產生更強大的自我，這當中的關係乍聽之下很矛盾，卻很重要。我們可以說，拋下自我意識是建立更強的自我概念的先決條件。道理很簡單，在心流的過程中，一個人面對挑戰，接著督促自己提升技能，做出最好的表現。這當中，他不會有機會去思考這麼做對自己的影響，要是他還有餘力去感受自我的話，這個經驗的深度就不夠了。等活動結束，自我意識恢復了，再去回想，就會發現自己跟那個心流體驗前的自我不一樣了，現在的自我因為擁有新技能和新的成就，變得更豐盛了。

時間感的轉換

談心流體驗時人們還經常提到，他們對時間的感受與平常不一樣。我們平常用來量測時間的方式，例如白天和夜晚，或是時鐘的走動，都沒辦法和心流體驗帶出來的時間步調同步，幾個小時彷彿一眨眼就過了。一般來說，大家的反應都是時間過得快多了，但是偶爾也會出現剛好相反的狀況，例如一個高難度的旋轉只花了不到一秒鐘完成，但芭蕾舞者感覺起來卻像是幾分鐘一樣：「有兩種不同的感覺。一個是覺得時間過得很快，練完舞看時間，驚覺已經凌晨一點了，明明我幾分鐘前看時間時，才八點而已。但是，在跳舞的當下……又覺得時間過得比平常要慢。」[32] 關於這個現象，最保險的結論是：在心流體驗的過程中，我們對時間的感受與實際量測出來的絕對時間關係不大。

但是也有例外的情形。一位傑出而且從工作中獲得極大樂趣的心臟外科醫生，可以完全不藉助手表，在手術過程中明確推斷當下的時間，誤差不超過三十秒。掌握時間是他工作上非常重要的挑戰：因為他所做的是手術過程中一個非常小，但是極為困難的步驟，而且他通常同時進行好

31 多位學者會提到「超越自我」後失去自我的危險。最早的一位可能是勒龐（Le Bon，1895〔1960〕），他的研究影響了之後的麥道格（McDougall，1920）與佛洛伊德（1921）。近代一點的研究包括迪納（Diener，1979）、威克隆（Wicklund，1979），以及薛爾（Scheier）與卡佛（Carver，1980）。我們採用的複雜性模式中，把在團體中失去自我而去個性化稱為整合，而不是特化。這樣的人會將意識的掌控權交給團體，很容易因此做出危險的舉動。要從超越自我中獲得益處，一個人必須強烈的特化，或是個性化。

32「有兩種不同的感覺……」，見契克森米哈伊（1975, p. 116）。

幾個手術，必須快速的從一個手術檯趕到下一個手術檯，中間不能有任何延宕。在時間扮演重要關鍵的活動中，參與者也都具有這樣的能力。例如跑步選手為了調配速度，對時間的敏感度必須以分，甚至以秒來計算。準確估算時間成了要在這類活動脫穎而出不可或缺的技能，換句話說，也就是在這類活動中獲得樂趣必備的條件。

但是總的來說，心流活動大多不需要這樣的時間觀念，而是它們各有各的步調、進行的順序與節奏。很難說這個特徵是極度專注於某一件事而產生的副產品，屬於心流的附屬現象，或是它本身就是促成正向經歷的元素。或許忘了時間的存在不是引發樂趣的基本元素，但是能掙脫時間專橫無情的控制，絕對可以讓原有的樂趣更上一層樓。

自成目標[33]的經驗

最優體驗有一個關鍵元素，那就是活動本身即是活動的目標。就算最初我們是為了其他目的才從事這項活動的，最終這個活動卻帶來了獎賞。有外科醫師這麼說：「我從工作中獲得極大的樂趣，就算沒這個需求，我還是想動手術。」航海家則說：「我在這艘船上花了好多時間和金錢，但這一切都是值得的，沒有什麼事比在大海上航行更過癮了。」

「自成目標」的原文「autotelic」是兩個希臘字組成的，其中的 *auto* 的意思是自我，*telic* 則是目標，指的是一種自我滿足的活動，做這件事的目的，並不是期待能在未來獲得什麼好處，而是這件事本身就是一種獎賞。投資股票市場，希望能從中獲利，這不是一件自成目標的事；但是一個人投資股票的目的，如果是想要證實自己對未來趨勢的推測是否正確，就算一樣是用金錢衡量成果，卻是一件自成目標的事。一個人教導小孩，如果目的是希望他們將來成為好公民，就不算是自成目標的事，但如果教導小孩是因為他可以從中獲得樂趣，就是自成目標了。兩件事的表面看起來一樣，關鍵在於做這件事的人專注力放在哪裡，如果是在活動本身，就屬於自成目標，如果是在事後的結果，就不算是自成目標了。

我們做的事，很少單純是自成目標，或是完全是外在導向的（exotelic，純粹是為了外來因素而從事這項活動），通常是兩者的結合。外科醫生之所以決定接受長時間的訓練，通常是外在導向的：為了幫助他人、為了優渥的酬勞，或是為了擁有好名聲。但是幸運的話，經過一段時間後，他可能會開始從工作獲得樂趣，這時他的工作就同時具備了自成目標的特性了。

有些我們一開始不願意，但是逼不得已、非做不可的事，在經過一段時間後，也可能令人驚覺當中的回報竟然如此大。一個我多年前曾經共事的朋友相當有才華，工作特別悶的時候，他就會抬起頭，半閉的眼睛眼神有點呆滯，然後開始哼唱起來，可能是巴哈的讚美詩歌、莫札特的協奏曲，或是貝多芬的交響曲。但是用哼唱實在不足以形容他所做的事。他可以模仿各種樂器的聲

33 眾多文化背景的思想家都認為快樂、樂趣，甚至美德，與內在或自成目標的獎賞之間有重要關聯，其中包括了道家的中心思想「遊」，也就是正確的生活態度；亞里斯多德的美德概念（麥金泰〔MacIntyre〕，1984）；以及印度《薄伽梵歌》所描寫的生活態度。

音來演奏整首曲子，時而像小提琴的高亢、時而像巴松管的低吟，有時又是巴洛克小號的慷慨激昂。辦公室裡的人全聽得如癡如醉，聽完後，大家打起精神繼續工作。他發掘這項天分的過程很有趣。從三歲開始，父親就開始帶他去古典音樂會。他還記得當時總覺得音樂會很無聊，有時聽著聽著睡著了，就會被一巴掌打醒。所以成長的過程中，他討厭音樂會、討厭古典音樂，要說討厭父親也可以，就這樣，一年又一年，他不斷經歷這樣痛苦的經驗。但是有一天，當他聽到莫札特寫的某一齣歌劇的序曲時，他突然擁有一種令人欣喜若狂的見解：他明白那首曲子的旋律架構了，一個全新的感官世界呈現在他面前，讓他幾乎招架不住。之前那三年痛苦的經驗為他做了預備，讓他可以承接靈光乍現的那一刻。過去那段時間，他的音樂技能在沒有意識到的狀態下不斷提升，最後，終於明白了莫札特設下的挑戰。

當然，他是個幸運兒。不知道有多少孩子始終無法學會欣賞他們被迫做的事、從中獲得樂趣。有多少孩子因為父母強迫他們學習樂器，最後卻憎惡起古典音樂。不只小孩，有時大人也是如此，在從事一件需要重建注意力的任務時，需要外來的獎賞加持。大部分會帶來樂趣的事都不是我們天生就會的，需要我們有決心的跨出第一步，付出努力。但是一旦當中的互動開始對從事者的技能產生回饋，就會帶來真實的獎賞。

自成目標的經驗與我們平常生活中的感受非常不一樣，它讓我們日常生活所做的事頓時失去了意義，因為我們要不是被迫去做這些事，就是為了將來可能獲得利益而做。很多人覺得自己的工作是在浪費時間，他們對工作沒有感覺，投入在當中的精神能量也對堅固自己沒有幫助。對不少人來說，他們的空間時間也是浪費掉的[34]。休閒的目的是讓我們從工作中喘口氣，但是大家通常只是消極的接收訊息，少有人會使用到任何技能或是去探索新的機會。就這樣，生命就在一連串的無聊和焦慮中度過，個人對它鮮有掌控能力。

自成目標的體驗，或說心流體驗，可以將我們的生命提升到另一個境界。以參與取代疏離，以樂趣取代無趣，無助感變成了掌控感，精神能量強固了自我，大家不再只是為了外在目標而努力。當現有經驗就可以帶來無窮的回報，我們也就不需要把希望都放在不可預知的未來了。

34 人們在工作和休閒時間都無法感到滿足，是根據經驗取樣方法（如契克森米哈伊與葛雷夫〔Graef〕，1979, 1980；葛雷夫、契克森米哈伊與吉妮諾〔Gianinno〕，1983；契克森米哈伊與拉斐爾〔LeFevre〕1987, 1989，以及拉斐爾，1988）的結果所做的結論。研究過程中，工人必須在呼叫器不定時發出訊號時，記下當時的感受。但是在大規模調查中，工人們給的回應通常比較傾向整體反應。針對一九七二年到一九七八年間完成的十五份工作滿意度調查所做的總結指出，美國工人當中有百分之三對他們的工作「非常不滿意」，百分之九認為「有些不滿」，百分之三十六「尚且滿意」，認為「非常滿意」的則有百分之五十二（阿蓋爾〔Argyle〕，1987, pp. 31–6）。近期一點，由羅伯特哈福（Robert Half International）進行並發表在《芝加哥論壇》（Oct. 18, 1987, sect. 8）的美國全國性調查，結果則沒有這麼理想。根據該機構的調查，美國勞工中，只有百分之二十四，或說每四個人中有一位，對工作是滿意的。或許我們評估滿意度的方法過於嚴格，而調查性的方法得到的結果又過於樂觀。要得知一群人對工作「滿意」或是「不滿意」，應該不是太困難的事。但事實上，因為滿意度是相對性的觀念，我們很難給這個問題客觀的答案，就像有人會說裝了一半水的杯子是半滿的，也有人會說它是半空的一樣。兩位傑出的德國社會科學家最近合著了一本書，雖然用的是同一份鉅細靡遺的數據，但是兩人的結論卻完全相反，其中一位認為德國人喜愛工作，但是另一位卻認為德國人厭惡工作（諾爾－紐曼〔Noelle-Neumann〕與史莊佩爾〔Strumpel〕，1984）。幾位研究人員都意外發現了，工人們對工作期間的滿意度高於休閒時間（如安德魯斯〔Andrews〕與威希〔Withey〕，1976；羅賓森〔Robinson〕，1977）。例如，維洛夫（Veroff）、多凡（Douvan）與庫爾卡（Kulka，1981）的報告指出，有百分之四十九的人對工作的滿意度高於休閒時間，只有百分之十九的人對休閒時間的滿意度高於工作。

不過，追求掌控感的同時，別忘了我們提到的，心流有令人上癮的能力[35]。我們得先認清這世上沒有什麼是絕對正面的，所有力量都有可能被誤用。愛也可能是殘忍的，科技可能帶來汙染，科學可能帶來毀滅。我們可以把最優體驗看成一種能量形式，這股能量可能帶來助益，也可能帶來破壞。火可以帶給我們溫暖，但也能造成火災，原子能量可以產生電力，也可以毀滅世界。能量就是力量，而力量是一種工具，它可以使我們的生命變得更豐盛，也可能變得更痛苦，端看我們怎麼使用它。

法國貴族薩德侯爵（Marquis de Sade）擅長把痛苦轉換成歡愉，事實上，對於還沒有發展出什麼高明技能的人來說，殘酷經常是喜樂的一種源頭。即使是在所謂「文明」，不把自己的快樂建築在別人的痛苦上的社會，人們還是深受暴力的吸引。古羅馬人以觀看競技場上的格鬥士打鬥為樂，維多利亞時代的人會付錢去看獵犬撕裂老鼠的身體，西班牙人帶著崇敬的心態殺死鬥牛，我們這個年代的例子則是拳擊。

越戰歸回的軍人有時會帶著緬懷的心情，談論當年在戰場上的事蹟，對它的描述聽起來就像心流體驗。當你挨著火箭發射器、藏身在壕溝中時，生命的目標確實非常清楚：在敵人消滅你之前先消滅他，善惡分明，生命掌握在自己的手中，當下也沒有任何會讓人分心的事。就算對戰爭再怎麼反感，這段經驗都可能成為當事人畢生最令人振奮的事。

經常有罪犯這麼說：「你知道有什麼比半夜闖進人家的屋子裡，趁著大家睡覺，偷偷拿走珠寶更有趣的事嗎？有的話，我就去做。」許多我們常見的青少年犯罪[36]，像是偷車、蓄意破壞或行為粗暴等，都跟日常生活中缺乏心流經歷有關。社會中只要有一群人生活上缺少有意義的挑戰，或是發展技能的機會，就可能為了追求更豐富的自成目標體驗，選擇暴力或犯罪。

如果再去思考那些原本受推崇，但事後卻變得曖昧不明，甚至駭人聽聞的科學和科技活動，問題就更為複雜了。主導原子彈計畫的羅伯特．歐本海默（Robert Oppenheimer）[37]稱自己的研究成果是「甜蜜的麻煩」，想必那些發明神經毒氣或策劃星際大戰的人，也都曾經被自己的工作深深吸引。

就像任何東西一樣，心流體驗並不絕對是「好的」。它確實擁有讓人的生命更豐盛、更充實、更有意義的潛力，可以讓一個人的自我更強大、更複雜。但是在評價一個心流活動帶來的結果是好或壞時，我們必須採用更包容的社會標準，而談及其他人類活動，包括科學、宗教或政治時，也應當如此。一個特定的宗教信仰可能會對某人或某個團體帶來益處，但對其他人可能會造成壓迫。基督信仰將羅馬帝國統治下，逐漸衰敗的各個民族整合起來了，但是許多後來與它接觸的文化卻因而消失瓦解。一項科學上的進展可能可以為科學本身，或是為某些科學家帶來好處，但是對整個人類來說未必如此。沒有什麼解方是有益所有人而且任何時代都適用的，也沒有什麼人類成就是世界最終的解答。美國總統傑佛遜的名言「自由的代價是永遠處在警戒中」，不只適用在

35 心流上癮的危險。契克森米哈伊（1985b）有詳細的討論。
36 犯罪是一種心流活動。關於青少年犯罪可以提供心流體驗的描述，請見契克森米哈伊與拉森（1978）。
37 歐本海默的說法記載在懷登（Weyden，1984）。

政治上，也適用在其他領域，唯有不斷重新檢視我們做的事，才不會讓固有的習慣或舊有的智慧成為我們追求進步的阻礙。

然而，因為擔心能量會被誤用，就捨棄不用它是愚蠢的。如果我們因為火可能引起火災，就禁止用火，那麼人類的發展可能與其牠靈長類相差無幾了。早在幾個世紀前，古希臘哲學家德謨克利特（Democritus）就深入淺出地說道：「水能載舟，亦能覆舟，它既有用，卻又危險。至於危險這個問題怎麼解決，我們已經找到了答案：學會游泳。」[38]在心流這件事上，我們要學的，則是判斷什麼是對我們有益的心流，什麼又是對我們有害的，然後讓前者盡可能發揮，至於後者，則盡量避免。最重要的，是學習在每天的生活中獲得樂趣，但同時不剝奪他人獲得樂趣的機會。

38「水能載舟，亦能覆舟……」，德．桑蒂拉納（de Santillana，1961〔1970〕p. 157）引用了這段德謨克利特的話。

CHAPTER 4

心流的條件
The Conditions of Flow

我們現在已經知道大家是怎麼描述最優體驗的共同特徵了：當一個人的技能與面對的挑戰相稱、目標方向清楚、整個行動體系有明確的規則可循、參與者可以隨時掌握自己的表現。在那當下，注意力會完全集中，讓當事人沒有餘力顧及任何不相干的事，或擔心任何問題。自我意識會從中消失，對時間的概念也扭曲了。帶來這種經驗的活動會讓人心滿意足，願意單為了做這件事而去做它，對事後的成果不多考慮，即使困難重重、充滿危險，也在所不惜。

但這樣的經歷是怎麼發生的呢？有時是運氣好，內在與外在條件剛好配合得上，就會出現心流體驗。例如朋友們一起吃飯，某個人提到一個所有人都感興趣的話題。大家你一句我一句談笑起來、說起故事，很快就一片樂融融的，對彼此的好感也油然而生。除了碰運氣外，我們也可以利用有結構的活動，或是靠著個人的能力誘導心流發生。

為什麼遊戲令人覺得有趣，但我們每天得做的事，像是上班或待在家裡就這麼無聊呢？又為什麼有人即使身處納粹集中營，心中還是有喜樂，但有人即使是在高級度假村裡度假，還是提不起勁呢？試著回答這些問題，會讓我們更容易了解心流體驗是怎麼形成的，進而改善我們的生活品質。這一章，我們要探討哪些活動特別可以帶來最優體驗，以及什麼樣的人格特質會讓心流更容易發生。

心流活動

在描述最優體驗時，我們提到的活動包括樂器演奏、登山、跳舞、航海、下棋等。這些活動之所以能引發心流，與它們的內容設計有很大的關係。它們都需要學習技能、都有明確目標，並提供回饋，讓從事者可以握有掌控權。另外，這類活動也都有利於參與者集中注意力，有別於日復一日的「基本現實」(paramount reality)。例如運動場上，穿著引人注目制服的參賽選手，彷彿進到一個閒雜人勿入，暫時只屬於他們的空間；比賽過程中，不管是參賽者或觀賽者，大家都放下了世俗常規，對他們來說，唯一的現實就只有當下這場比賽。

這類心流活動的主要功能就是提供大家樂趣，戲劇、藝術、遊行、祭典、運動等也都屬於它的範疇。因為本身的架構關係，它們可以幫助從事者和觀賞者建立心靈上的秩序，進而獲得極大的樂趣。

法國心理人類學家羅傑．凱里瓦（Roger Caillois）將世上所有遊戲[1]（廣義上包含所有可以提供樂趣的活動）依它們提供的體驗分為四大類。競爭性遊戲以競爭為主要特色，大部分運動賽事都屬於這一類；投機性遊戲包含所有涉及機會的遊戲，擲骰子、賓果等都屬於這一類；眩暈性遊戲，顧名思義就是藉著攪亂正常感知來改變意識的活動，例如旋轉木馬、高空跳傘等；模仿性遊戲則是創造另一種現實的活動，舞蹈、戲劇和藝術等都屬於這一類。

根據這樣的分類，我們可以說遊戲有四個管道讓人突破日常經驗的界線。在競爭性遊戲

1 遊戲。繼惠欽格（Huizinga）在一九三九年出版的《遊戲的人》（*Homo Ludens*）之後，關於遊戲和玩耍的著作中，最具影響力的大概要屬羅傑．凱里瓦的《人類與遊戲》（*Les Jeux et les Hommes*，1958）了。

中，參賽者必須提升技能來面對對手帶來的挑戰。英文中競爭（compete）這個字是從拉丁文的*con petire*來的，意思是指一起尋找。每個人都渴望展現自己的潛力，有其他外力迫使我們做出最好的表現時，可以幫助我們更容易達成目標。當然，只有在我們把注意力集中在活動本身時，才能在競爭中獲得更好的體驗。如果我們關心的就只有打敗對手、想要讓觀眾驚豔，或是拿到重要的合約時，競爭很可能會變成一種分心、而非將意識專注在手上事務的動機。

投機性遊戲之所以可以帶來樂趣，是它讓人有一種可以掌控不可預知之未來的幻覺。平原印第安人會用做了標記的水牛肋骨來預測下次打獵的結果，中國人用蓍草的莖占卜，東非的阿桑德人（Ashanti）則是餵雞吃毒藥，再從牠的下場來推測神明的旨意。求神問卜是各文化共有的特徵，大家都試圖擺脫當下的禁錮，希望一瞥未來。賭博性遊戲也是如此。水牛肋骨演變成骰子，《易經》的蓍草則變成了紙牌，求神問卜的儀式也變成了賭博，大家都企圖在當中鬥智，期待自己比對方更能預知未來。

眩暈是改變意識最直接的方式。小孩子很喜歡不停地繞圈圈，把自己轉到暈頭轉向。中東的伊斯蘭教托缽僧也是藉著旋轉，讓自己進入狂喜的境界。任何可以改變我們對現實認知的活動，都能帶來樂趣，這也是酒精、迷幻蘑菇，以及各種迷幻藥物吸引人之處。意識是沒辦法擴張的，我們能做的，只是將它的內含物重新排列組合而已，但是這就足以讓我們誤以為目的已經達到。然而，以人工方式改變意識所付出的代價，是我們會連原本想要擴張的意識也掌控不了了。

模仿[2]可以透過幻想、假裝或扮演，讓我們覺得自己其實不只是現實中那樣。我們的老祖先會戴著神祇的面具跳舞，彷彿自己也擁有同樣支配宇宙的能力。亞基印第安（Yaqui Indian）的舞者則會打扮成鹿，感受自己與鹿的靈魂合而為一。當合唱團的成員融入自己參與製造出來的美聲時，也會不禁打顫。玩著洋娃娃的小女孩與假扮成牛仔的小男孩，也是在擴張他們的日常經驗，那一刻，他們不是原來的自己，他們變得更有能力，同時也學習了成年男女在社會裡的角色差異。

在我們研究裡的每一個心流活動，不管是競爭性、投機性，或是具有其他特質的體驗，都有一個共同點：提供探索[3]與創造的感受，讓當事人進到新現實中。它迫使人有更好的表現，讓意識進到過去無法想像的境界。簡單的說，它使人變得更複雜了。而心流活動在這個自我成長[4]的過程扮演著關鍵角色。

我們可以用一個簡單的圖來解釋這件事。假設上方這個圖代表某個特定活動，例如網球比賽，縱軸與橫軸分別代表挑戰和技能，也就是這項體驗中最重要的兩個層面。A代表正在學網球的孩子艾力克斯。這張圖指出他學習打網球時的四個階段。開始打網球的艾力克斯（A1）不具任

2 **模仿性遊戲**。蒙提（Monti，1969, pp. 9–15）提到宗教儀式中的模仿可以幫助人突破日常的經歷。他以西非的儀式面具為例：「從心理學的角度來看，面具的緣起可以說是一個人想要逃避自己，希望以不同的身分來豐富自己的經驗——這樣的欲望想當然沒辦法在生理層次上實現——並藉著不管是宇宙、神祇或魔鬼都好，來增加自己的能力。這是人類想要打破形體上的桎梏，以及生死循環的限制，來一場有意識選擇的人生冒險所做的嘗試。」

3 **心流與探索**。在將十六項風格迥異的活動與心流進行比較時，攀岩專家、作曲家、西洋棋手等出現在契克森米哈伊研究中（1975, p. 29）的人都認為「設計或發現新事物」的描述，最貼近心流活動。

4 **心流與成長**。戴西（Deci）與萊恩（Ryan，1985），以及契克森米哈伊（1982b, 1985a）都提到心流體驗可以使自我成長。安妮・威爾斯（Anne Wells，1988）則發現，處於心流時間較長的女性對自我的概念也比較正面。

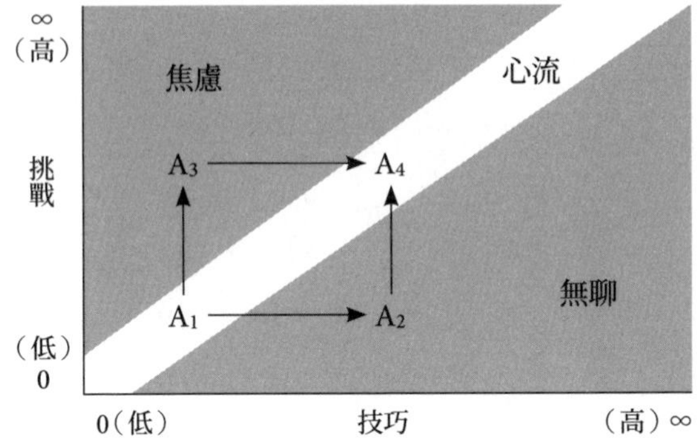

何技能，唯一的挑戰就是把球打過網。這不是什麼了不起的事，不過艾力克斯倒也樂在其中，因為這困難度差不多剛好是他應付得來的，所以這時候他很可能處於心流中。但是他不能一直留在原地，經過一段練習後，他的技能會提升，這時光是把球打過網對他來說變得無聊了（A2）。又或許他遇見技能較熟練的對手，發現有比吊高球更具挑戰的事，這時他會為自己差勁的表現感到焦慮（A3）。

不管是無聊或焦慮，都不是正向的經驗，所以他會渴望回到心流狀態中。要怎麼做呢？從這個圖來看，艾力克斯只有一個選擇：提高挑戰。（他的另一個選擇是乾脆放棄打網球，不過這麼做的話，他就會從這個圖上消失了。）幫自己訂了一個符合自己技能的新挑戰，例如打敗一位技能比他稍微強一點的對手後，他便可以再度回到心流狀態（A4）。

如果艾力克斯感到焦慮（A3），那麼回到心流的方式就是增進技能。理論上，他也可以降低挑戰的難度，回到原本所處的心流位置（A1）。但是在現實狀況中，很少人會在知道有挑戰後，還可以完全忽略它的。

在這個圖上，位於A1與A4的艾力克斯都是處在心流中的。雖然兩者獲得樂趣的程度相當，但其實是在很不一樣的階段，A4的體驗顯然比A1要複雜得多，因為他所面對的挑戰較困難，對技能的要求也較高。

但是A4的艾力克斯雖然複雜喜樂，但也不是處在完全穩定的狀況。倘若繼續打球，他要不是再次對一成不變的機會感到厭煩，就是對自己技能不足感到焦慮或挫折。這時，重新感受打球的樂趣就會成為動機，讓他把自己再次推回心流的河道中，到了那個時候，他的複雜度也將比A4還要再高。

這樣的動態特性，解釋了為什麼心流活動可以促使人不斷成長與探索。一個人沒辦法一直做同樣程度的事，否則會感到無聊或是挫折；對樂趣的渴望會迫使我們拓展技能，並尋找新的行動機會來使用它們。

有一點很重要，那就是我們不能掉進機械式的謬論中，以為只要從事會帶來心流的活動，就必定能擁有這樣珍貴的體驗。現實環境肯定存在挑戰，但重點在我們是不是認同並把這些挑戰視為挑戰。真正決定我們的感受的，也不是我們確實擁有的技能，而是我們自認為擁有的技能。喜歡登山的人見到高山時，內心會澎湃洶湧，但提到要學音樂卻無動於衷；有些人則恰好相反，提到學音樂便一頭栽了進去，但是對登山興趣缺缺。我們在不同時間點對特定一項心流活動的感受，深受客觀條件影響；但是意識仍可以評估當時的狀況，自由的做選擇。遊戲的規則會引導我們的精神能量，為當事人帶來樂趣，但結果是不是真的如此，完全取決於個人。專業的運動選手可以打一場欠缺所有心流元素的球賽：他可能很快便會覺得無趣、自我意識過強、滿腦子想的都是合約，而不是打球本身。相反的狀況也是有的，而且發生的頻率可能還更高，從事者原本另有目的，但最後卻完全樂在其中。很多人都有這樣的經驗，發現工作或是帶小孩反而比遊戲或作畫更容易引發心流，因為他們在平凡的生活中發現了別人不知道的行動機會。

人類演化的過程中，每個文化都發展出了以提升經驗品質為主要目的的活動。即使是科技極為落後的社會，通常也都有某種以藝術、音樂或舞蹈呈現的活動，或是給大人抑或孩童玩的各種遊戲。新幾內亞的原住民在叢林裡尋找跳舞時要用的彩色羽毛的時間，遠遠超過他們花在尋找食物的時間。這樣的例子一點兒也不稀奇，在許多文化中，大家花在藝術、遊戲與宗教儀式[5]上的時間和精力可能都比工作來得多。

從事這些活動或許另有目的，但是之所以能存留至今，主要還是因為它們可以為大家帶來樂趣。早在三萬年前，人類就懂得要裝飾他們居住的洞穴了，很明顯的，這些洞穴裡的畫作有它們在宗教與現實的意義，然而，不管是舊石器時代或是現代的藝術作品，都有一個重要的存在價值——藝術家與觀賞者[6]的心流來源。

事實上，心流與宗教打從一開始就有密切的關聯了。許多最優體驗都是發生在宗教儀式的過程中。舊時的戲劇、音樂與舞蹈都是帶有宗教意味的，目的皆在促進人與超自然力量及實體間的連結。遊戲也是如此。最早的球類遊戲之一，是馬雅人打的籃球，它同時也是一種宗教慶祝儀式，奧運會也是這麼開始的。這樣的連結一點也不讓人意外，因為我們現在所謂的宗教是人類企圖建立意識秩序的嘗試中，歷史最悠久，也最具野心的。也因為這樣，宗教儀式是最深遠的樂趣來源。

現代藝術、遊戲和生活大致已經與超自然力量脫離關係了。過去用來詮釋並賦予人類歷史意義的宇宙力量早已分崩離析了。許多新興意識形態相繼試著為人類行為提供最好的解釋：以供需法則和調節自由市場那隻「看不見的手」來解釋我們理性的經濟抉擇；以歷史唯物論背後的階級鬥爭律來解釋我們不理性的政治行為；以社會生物學的基因競爭理論來解釋我們為什麼會對某些人提供協助，又為什麼想要消滅另一群人；以行為主義的效果律來解釋為什麼我們會在不自覺的情況下，學會重複令我們感到歡愉的動作。這些都是深植於社會科學的現代「宗教」。不過除了歷史唯物論曾經擁有廣大的支持外，其他理論都沒有獲得普遍支持，也缺少了過去的宇宙秩序模式發展出的美學視野，或是帶來樂趣的宗教儀式。

5 **心流與宗教儀式**。人類學家特納（Victor Turner，1974）發現宗教儀式在史前文化的社會中無所不在，代表它們可能是社會共同接受的心流體驗。一般來說，宗教儀式都有助於心流體驗發生（見凱靈頓〔Carrington，1977〕，契克森米哈伊〔1987〕，伊莎貝拉・契克森米哈伊〔1988〕，以及威爾森〔Wilson，1985, 1990〕）。凱利（John R. Kelly）所寫的教科書《休閒》（*Leisure*，1982, pp. 53–68）對休閒活動的神聖與世俗層面有很好的介紹。

6 **心流與藝術**。契克森米哈伊與羅賓森（Robinson，1991）指出，被動的欣賞視覺藝術也可以帶來心流。布隆（Blom，1932）和吉爾平（Gilpin，1948）描述了馬雅人的球賽，這種叫Pok-ta-pok的球賽和籃球很像，遊戲在石造的球場上進行，參與球賽的人要試著把球放進對方距離地面二十八英尺高的石環裡——不可以用手。早期的西班牙傳教士狄亞哥・杜蘭神父（Diego Duran）生動地描述了這種比賽：「……這項活動帶給他們極大的樂趣，球員們身手矯健、技術高明，比賽的一個小時中，那顆球不靠手或腳，也不靠小腿或手臂，而是靠著他們的臀部，不斷地從球場的一端傳到另一端……」（節錄自布隆，1932）。有時比賽會以殺了輸球的一方獻祭做為結束（羅曼・畢納・強〔Pina Chan〕，1969）。

隨著心流活動世俗化，我們很難再將它的內容，與過去的奧運會或馬雅人的球賽等意義超凡的體系相提並論。現在的心流活動幾乎都是衝著單純的快樂而來，我們期待它可以改變我們生理或心理上的感受，但是並不期待藉由它來與神祇相交。然而，我們為了提升經驗品質所採取的作法，對整個文化來說是很重要的。一直以來，我們都是把社會[7]的產業活動當成它的主要特徵，於是有狩獵採集社會、畜牧社會、農業社會、科技社會等稱呼。但是心流活動是自由選擇的結果，與終極意義的來源關係更為密切，以它來描述我們的本質，或許更為貼切。

心流與文化

美國民主試驗的一大重點，就是把對快樂的追求當成有意識的政治目標，事實上，是政府的職責。美國獨立宣言或許是第一份明白寫出這個目標的政治文獻，但是政府如果不能讓人民感受到它願意為了人民福祉而努力，那麼它恐怕也撐不了多久。當然，歷史上也多次出現過壓迫性文化，但人民甘願忍受暴君統治的例子。建造金字塔的奴隸很少反抗，因為跟其他選擇相比，當法老王的奴隸未來還比較看好。

過去幾個世代的社會科學家都不大願意對文化進行價值評論，因為任何不是完全基於事實的比較，都可能被視為誹謗。我們確實不能說哪一個文化的實踐、信仰或是制度比另一個文化來得高明。維多利亞殖民時期，西方工業國家自認具有演化上的優勢，處處比那些相較落後的國家高一等，到處瀰漫著過度自我優越與種族中心的思想。到了二十世紀初期，人類學家反思後，不認同這樣的假設，於是提出了「文化相對論」（cultural relativism）[8]。那種天真的優越感已經是歷史了。或許，我們還是沒辦法認同一個阿拉伯年輕人載著一卡車炸藥衝進大使館內，把自己炸得粉身碎骨的行為，但是我們已經不再覺得自己的道德比較高尚，有資格批判他相信天堂會為自焚戰士留有一席之位的信念。我們已經逐漸看清：自己的道德標準出了自身的文化後就不適用了。根據這個新信念，把自己的價值觀套用在其他文化，是行不通的。跨文化的評論勢必會讓一個文化暴露在一套有別於自己的價值標準之下，這麼看來，所有的比較都是多此一舉。

但是如果我們把追求最優體驗當成所有人類的終極目標，那麼文化相對論提出的問題就不是那麼難解決了。我們可以用精神熵來評論不同的社會體系，以該社會成員冀望的目標為參考標準，而不是某個特定信念體系。這麼一來，我們可以說一個社會比另一個社會「優秀」，因為它的成員經歷的事與他們的目標比較一致。再者，根據這樣的準則，我們可以說在這樣的社會中，會有更多人發展出複雜的技能，讓每個人的自我都有成長的機會。

7 **心流與社會**。契克森米哈伊（1981a, 1981b）首先提出一個社會提供給人民的心流活動，其實也反映出這個社會的重點。也可參考阿蓋爾（Argyle，1987, p. 65）。

8 文化相對論是個相當複雜的觀念，很難在這裡給一個不偏頗的評論。人類學家史拜羅（Melford Spiro，1987）對這個概念有很好的剖析（但不是中立的），在最近發表的自傳中，他提到為什麼自己會從不加批判的接收各種文化具有同等價值，轉而承認某些文化是病態的。哲學家或其他人本主義者，經常義正嚴辭的指責社會科學家不應該「抨擊」文化賴以生存的絕對價值（如漢娜・鄂蘭〔Arendt〕，1958；布隆〔Bloom〕，1987）。早期義大利裔的瑞典社會學家培芮圖（Vilfredo Pareto，1917, 1919）對相對論原則中的危險最具敏銳的洞察力。

不同的文化對「追求幸福」的標準顯然不一樣，在特定時空環境下，某些社會的生活品質就是比其他社會來得好。十八世紀末的英國人[9]生活比起過去來得辛苦，也比一百年後的英國人匱乏。有證據指出，工業革命不但使接下來幾個世代的人壽命縮短了，還讓他們變得蠻橫無理、令人討厭。當時的孩子從五歲起就在「撒旦工坊」從事編織工作，每個星期的工時長達七十個小時以上，就這樣到鞠躬盡瘁、賠上生命為止。不管他們的價值觀或信念是什麼，都讓人不懂他們到底冀望在這樣的人生中追求什麼。

再舉一個例子，人類學家李歐．福群（Reo Fortune）曾描述巴布亞紐幾內亞群島中的多布島（Dobu）居民[10]，不但崇尚邪惡的巫術，還提倡親人間的互不信任和報復行為。光是上個廁所都是一大挑戰，因為這麼一來他們就得進入樹叢，而他們認為單獨待在樹林裡是會遭到黑魔法攻擊的。多布人其實不怎麼「喜歡」這麼刺激的生活，只不過他們不知道有其他選擇。這些根深柢固的信念與作法，讓他們感受不到精神上的和諧。我們從眾多民族誌的記載得知，「高貴野蠻人」這說法並不正確，史前時代的人也可能飽受精神熵所苦。烏干達的伊克人（Ik）因為環境惡化，無法再提供足夠的糧食，導致大家自私的程度遠超過資本主義的想像。委內瑞拉的尤諾瑪莫族人（Yonomamo）[11]就像其他高舉戰士的部落一樣，對暴力的崇拜遠甚於今天的軍事強權，血洗鄰近村莊是他們樂此不疲的消遣。人類學家蘿拉．包漢南（Laura Bohannaw）發現，奈及利亞的某個部落因為信奉巫術，根本不懂得微笑，更別提開懷大笑了。

沒有證據指出這些文化刻意選擇了自私、暴力或恐懼，他們的行為不但無法讓自己得到幸福，還讓他們飽受折磨。這些阻擋幸福的信念與作法可能是某種意外事件的產物，既不是必然的，也不是必須的。但是一旦它們成為一個文化的常態或習慣，大家也就以為事情原本就是這樣，以為沒有其他選擇了。

幸好，或許是運氣，也或是前瞻性使然，大部分文化都是有助於製造心流的。例如，人類學家科林·特恩布爾（Colin Turnbull）發現，剛果伊圖里省（Ituri）的俾格米人（Pygmy）不管是彼此之間或是與環境之間，都是一片和諧，生活中充滿有意義而且具挑戰性的活動。沒有在打獵或是整修村舍時，大家就唱唱歌、跳跳舞、演奏樂器，或是說說故事。跟許多所謂的「原始」部落一樣，俾格米社會裡的每一個人都要具備一點演員、歌手、藝術家、歷史學家的身分，同時還得擁有工作上的技能。就物質成就來看，這個文化得到的評價不會太高，但是如果從最優體驗的角度來看，他們的生活方式其實是非常成功的。

另一個將心流融入生活的正面例子，是來自加拿大民族誌學者理查·庫爾（Richard Kool）的觀察，對象是英屬哥倫比亞的某個印第安部落：

9 英國工人。歷史學家湯普森（E. P. Thompson，1963）描述了原本逍遙的英國工人怎麼會變成高規格制度下的工業界勞工。

10 人類學家福群（1932〔1963〕）研究了猜忌多疑的多布人。特恩布爾（Turnbull，1972）描述了烏干達伊克人的悲劇。

11 人類學家夏格農（Napoleon Chagnon，1979）記載了尤諾瑪莫族人的事蹟。包漢南（Laura Bohannaw）則以波恩（E. S. Bowen，1954）為筆名記下了悲情的奈及利亞部落。剛果伊圖里省俾格米人的故事記錄在特恩布爾（1961）；關於蘇斯瓦的引文摘自理查·庫爾於一九八六年寫給作者的信。

蘇斯瓦（Shushwap）地區一直以來都被印第安人視為富饒之地：鮭魚、獵物等資源豐富，還盛產塊莖、塊根等地下食物。這個地區的人定居在村落，並從環境開採必要的資源。他們技術高超，使用環境資源非常有效率，也認為自己生活得美好而富庶。然而，他們的長者們卻說，當世界變得愈來愈可預測，生活就會逐漸喪失挑戰。缺少了挑戰，生命就不再有意義。

於是，這些長者會憑著他們的智慧，決定什麼時候整個村得大遷移，通常是二十五到三十年一次。所有人會搬到蘇斯瓦的另一個區域，在那裡接受新的挑戰，尋找新的水源、新的獵物蹤跡，以及新的塊莖生產地點。新生活會再次找到它的意義與價值。每個人都可以藉此重新得到力量和健康。另一個附帶的收穫，是原本開墾的土地在經過數年的採收後，也可喘口氣，得到復原……

有著異曲同工之妙的，是位於日本京都南邊的伊勢神宮[12]。伊勢神宮有超過一千五百年的歷史，坐落在相鄰兩塊地的其中一塊上。每隔二十年左右，大家會把它拆下來，改建在另一塊地上。到一九七三年為止，它已經歷經六十次重建了。（第十四世紀時，改建措施曾經因為皇室間的鬥爭而中斷過。）

蘇斯瓦與伊勢神社採取的策略，也是許多政治家的理想。湯瑪士・傑佛遜（Thomas Jefferson）與毛澤東都相信，每個世代都應該有自己的革命，大家才會有動力參與攸關他們生活的政治活動。但是在現實狀況中，很少有哪一個文化，可以在順應人民的心理需求與有選擇性的生活方式間，做很好的取捨。要不是讓生存成為艱難的任務，就是將自己侷限在僵硬的模式，以致扼殺了下一代的行動機會。

文化是為了抵禦混沌而誕生的，目的在減少隨機性對體驗造成的衝擊，是一種適應性的反應，就像鳥類的羽毛、哺乳動物的毛皮一樣。文化可以締造規範、發展目標，並建立我們面對挑戰時的信念。因此，文化必須捨棄許多目標與信念，排除過多的可能性，藉著把注意力放在少數目標和方式上，讓人們在自己劃定出來的界線中自由活動。

從這個角度來看，遊戲和文化之間有著明顯的相似度。兩者都提供了明確的目標與規則，讓當事者在行動時把懷疑或分心的程度降到最低。而兩者最大的差別在於規模。文化涵蓋的範圍廣，舉凡一個人怎麼出生、長大、結婚、生子，到死亡，都屬於它的範疇，而遊戲只是填補文化的空隙，幫助我們在文化指示較少的閒暇時間，能夠提高行動力與注意力，以免走進了未知的混沌世界。

當一個文化成功發展出一套令人信服的目標和規範，並與該族群的技能符合，以致於它的成員經常感受到強烈的心流，那麼這個文化和遊戲間的比喻就更貼切了。這種狀況下，我們可以說整個文化就像一場「大規模的遊戲」。有些古典文明就達到了這個境界，像是雅典公民、言行崇尚道德的羅馬人、中國的知識分子，或是一生追求優雅、動靜皆講究和諧，並以此為樂的印度婆

12 伊勢神宮的資料是馬克・契克森米哈伊私底下通信得知的。

羅門僧侶。雅典的城邦、羅馬的律法、中國神聖不可侵的官場制度，以及無所不包的印度心靈秩序，都是文化可以成功而且長時間帶來心流的例子——至少對那些擔當要角的人是如此。

但是能促進心流的文化不代表在道德上一定是善良的。以二十世紀的眼光來看，斯巴達式的規範可說殘忍而沒有人性，雖然說當時的人都奉之為圭臬，沒有異議。韃靼（Tartar）部落與土耳其禁衛軍對戰爭和屠殺的熱衷也堪稱傳奇。一九二〇年代，許多歐洲人在經濟與文化上受到衝擊而茫然失措，以致於深受納粹法西斯主義的意識形態吸引。它的目標簡單明瞭、回饋清楚明確，讓人們暫時從焦慮與挫折中解脫，找到新的人生寄託。

同樣的，雖然心流是一股強大的動力，但是不代表處於心流的人道德情操一定比較高尚。撇開其他因素不看，能提供心流的文化的確有可能是「比較好的」，但是一群人擁抱某種目標與規範，從中獲得樂趣的同時，很可能有另一群人為此付出了代價。雅典公民之所以能夠擁有心流，來自奴隸辛勞的付出，美國南方莊園的主人之所以能優雅度日，是買來的奴隸辛勤勞動的結果。

目前還沒有什麼方法可以正確評估文化對心流體驗的貢獻。蓋洛普在一九七六年進行的一項大規模調查指出，百分之四十的北美人覺得自己「很幸福」[13]，相較只有百分之二十的歐洲人、百分之十八的非洲人，以及百分之七的遠東地區受訪者覺得自己是幸福的。在這項調查的兩年前，另一項調查指出美國人對個人幸福的評比大概和古巴人、埃及人相當，但是這當中的國民所得分別差了五倍和十倍。西德人與奈及利亞人的國民所得差了十五倍，但是幸福程度也是相當的。這些矛盾顯示，我們用來評估最優體驗的方法還非常粗糙，然而，存在差異是不容否認的。

雖然目前的發現還不明確，但是所有大規模調查都同意，一個國家的人民愈富裕[14]、教育水準愈高、政治愈穩定，就愈覺得幸福與滿足。幸福指數最高的是英國、澳洲、紐西蘭與荷蘭。美國人雖然有高離婚率、酗酒、高犯罪率和毒品等問題，但是幸福指數與這幾個國家相去不遠。看看美國人花在以樂趣為目的的時間和資源有多少，就不會對這個結果感到意外了。美國成年人每個星期花在工作上的時間只有三十個小時[15]（另外還有十個小時的工作時間是在做與工作無關的事，像是做白日夢或與同事聊天）。花在休閒活動的時間只比工作少了一些，每個星期大約是二十個小時：其中有七個小時在看電視、三個小時在閱讀、兩個小時從事較積極的活動，像是慢跑、製作音樂、打保齡球之類的，有七個小時花在社交活動，像是參加派對、看電影、與家人朋友聯誼。扣除睡覺的時間後，剩下的五十到六十個小時是花在維持性的活動，像是吃東西、上下班的通勤、購物、煮菜、盥洗等事上；另外，還有些空閒時間是漫無目的的，像是坐著發呆之類的。

雖然美國人有足夠的空閒時間從事各類休閒活動，但是他們體會到心流的機會並不高。可能

13 關於不同國家人民的**幸福指數**，請參考喬治．蓋洛普（George Gallup，1976）。伊斯特林（Easterlin，1974）的研究指出美國人的幸福評比大約與古巴和埃及人相當。關於跨文化的差異與幸福感間的討論請見阿蓋爾（Argyle，1987, pp. 102–111）。

14 **富裕程度與幸福感**。阿蓋爾（1987）、聞荷芬（Veenhoven，1984）綜合這個領域的每一篇研究，最後認定物質生活水準和一個人的幸福感或滿意度，絕對有某種程度的正向關係。

15 美國工人的**時間分配**是我們以經驗取樣方法得到的結果（契克森米哈伊與葛雷夫〔Graef〕，1980；葛雷夫、契克森米哈伊與吉妮諾〔Gianinno〕，1983；契克森米哈伊與拉斐爾〔LeFevre〕，1987, 1989）。這些推測與大規模的調查結果（羅賓森〔Robinson〕，1977）類似。

性不代表實際狀況，數量也不見得反映出質量。例如美國人最常從事的休閒活動——看電視，雖然占據的時間最多，卻鮮少帶來心流。事實上，相較於看電視，在職場上工作中的人獲得心流的機率還高了四倍，因為工作中的人專注力高、挑戰難度與技能達到平衡，並且擁有掌控與滿足感。

擁有充足的休閒時間，卻無法從中得到樂趣，是對我們最大的諷刺。與上幾個世代相比，我們擁有太多享樂的機會了，但是我們並沒有比之前的人來得快樂。顯然光是擁有機會還不夠，我們還需要知道怎麼善用機會、控制意識，這是一項大部分的人都欠缺的技能。即使身邊提供娛樂的玩意兒琳瑯滿目，休閒活動的選擇五花八門，我們還是經常抱怨無聊，甚至莫名的感到沮喪。

這個事實指出了想要獲得心流體驗的第二個條件：一個人是否擁有重組意識的能力。有些人不管到哪裡都怡然自得，但是有些人即使美景當前，還是無法激發他的興致。因此，除了考慮外在環境和活動的架構之外，內在狀態也要配合，才能促成心流發生。

自得其樂的性格

把一般的體驗轉化成心流並不容易，但是每一個人都可以試著提升自己的能力。我們後面會繼續探討最優體驗的現象，讓讀者對它更熟悉，但是在那之前，我們要先談談另一件事：每個人控制意識的潛力都相仿嗎？如果不是，那是什麼原因讓某些人控制意識的能力高過其他人呢？

有些人天生就沒辦法體驗心流。心理醫生認為思覺失調症患者有一種快感缺乏（anhedonia）

的症狀，或稱為失樂症。這種症狀與「刺激過度包含」（stimulus overinclusion）[16]有關，意思是思覺失調症患者無法避免注意不相關的刺激，不管喜歡或不喜歡，他們會把所有資訊照單全收。有患者生動地描述這種無法控制意識內容的悲劇：「事情一件接著一件發生，我完全阻止不了它們，我失去了掌控權，甚至連自己的想法都控制不了。」也有患者說：「事情發生得太快了，我完全控制不了它們，這讓我感到茫然失措。我什麼事都想顧到，但到頭來卻什麼事都沒做好。」

一點兒也不意外的，這些無法專注，或是無法分辨哪些事情需要關注的病人，始終無法得獲樂趣。那麼，造成「刺激過度包含」的原因又是什麼呢？

有一部分很可能是基因遺傳的問題，導致他們缺乏掌控精神能量的能力。許多有學習障礙的孩童最後都被認為是「注意力缺乏」所引起的，他們的共同特徵就是無法控制注意力。雖說注意力缺乏很可能是化學物質失衡造成的，但是童年時期的經歷很可能會使情況獲得改善，也可能使它惡化。我們認為，注意力缺乏不但會影響學習，還會讓人失去經歷心流的機會。一個人如果沒有辦法掌控精神能量，除了學習受阻外，也無法享有真正的樂趣。

自我意識過強的問題較小，但一樣會阻礙心流經歷的發生。這種隨時擔心別人怎麼看自己、

16 **思覺失調症與刺激過度包含**。快感缺乏的概念最初是精神科醫生葛林克（Roy Grinker）提出的。哈洛（Harrow）、葛林克、霍爾茲曼（Holzman）與凱頓（Kayton，1977），以及哈洛、塔克（Tucker）、漢諾威（Hanover）與薛爾德（Shield，1972）都研究了刺激過度包含與注意力缺乏症之間的關係。引文節錄自麥基（McGhie）與查普曼（Chapman，1961, pp. 109, 114）。我也曾提出因為嚴重的精神病理因素或是注意力障礙導致的心流體驗缺乏，經常是社會剝奪（social deprivation）的結果（契克森米哈伊，1978, 1982a）。

害怕自己給人的印象不好或行為不合宜的人，也跟樂趣無緣。過於自我中心的人也是如此。自我中心的人通常是不自知的，他們評估資訊的方式，端看它們與自我的欲望是否有關聯。對這樣的人來說，每件事單獨來看都是沒有價值的。一朵花除非有什麼用途，否則就不值得多看它一眼。一個人如果對自己沒什麼好處，就不值得關注。他們的意識只擺在跟自我有關的事上，不符合這個條件的，就不容許進到意識裡。

自我意識過剩的人與自我中心的人有很多不一樣的地方，不過兩者都因為對精神能量缺乏掌控，難以體驗心流。他們都缺少將注意力投注在活動本身的能力：把過多精神能量放在自己身上，其餘的注意力仍舊受自我需求僵化的牽引支配。這種狀況下，很難對活動本身的目標提起興趣，更無法讓自己沉浸在活動當中而不計外來的獎賞。

注意力失調與刺激過度包含的人不容易進入心流，因為他們的精神能量太隨興、太不受控制了。自我意識過剩或自我中心過強的人達不到心流的原因則恰好相反，他們的注意力太僵化、太緊繃了。這兩種極端狀況都會讓人無法控制注意力，不但找不到樂趣、學習有困難，也喪失了自我成長的機會。自我中心的人竟然沒辦法變得更複雜，這是多麼矛盾的事，而原因就出在他把所有精神能量都耗在眼前的目標，而不是去發掘新目標。

目前為止，我們討論到的心流障礙都出在當事者本身，但還有許多心流障礙是環境造成的。有些是自然的，有些是人為的。不難理解，生活環境惡劣的人，像是住在極地或卡拉哈里沙漠的人，生活中的樂趣肯定比較少，但是即使如此，心流也不會被完全抹滅。生活環境荒涼貧瘠的愛斯基摩人[17]依然可以唱歌、跳舞、談天說笑，可以雕刻美麗的藝術品，創造引人入勝的神話，來讓他們的體驗有秩序、有意義。不知道是不是那些受不了冰天雪地和沙漠的人早就放棄努力，離開了，還是絕種了，總之，留下來的這群人告訴我們，惡劣的自然環境沒辦法阻礙心流發生。

抑制心流發生的社會環境反而更為棘手。奴役、壓迫、剝削與文化價值遭受迫害的結果，就是喪失樂趣。曾經有加勒比海群島上的原住民，因為被迫在西班牙征服者的莊園工作，生活苦不堪言、了無意義，於是決定不再生育，最後滅絕了。不知道還有多少文化也是因為生活中找不到樂趣而消失的。

有兩個用來描述社會病態的名詞，很適合用來表示讓心流難以實現的狀況：社會脫序（anomie）與社會疏離（alienation）。社會脫序是由法國社會學家涂爾幹（Emile Durkheim）提出的，指的是行為準則紊亂的社會。大家不知道哪些行為是允許的、哪些又是禁忌，大眾的價值觀模糊，每個人的行為都難以捉摸、毫無意義，需要社會規範來帶給他們意識秩序的人們變得焦慮起來。社會脫序可以能是經濟瓦解造成的，也可能是原本的文化遭另一文化破壞的結果，但是經濟蓬勃發展、大家不再視勤勞節儉為美德，也可能產生社會脫序。

17 關於**愛斯基摩人**的研究可參考卡本特（Carpenter，1970, 1973）。關於**加勒比海**文化的破壞請見文思理（Mintz，1985）。**社會脫序**的概念最早出現在涂爾幹的著作《自殺論》（*Suicide*，1897〔1951〕）。關於**社會疏離**最好的參考資料來自馬克思的早期著作，特別是《一八四四年經濟學哲學手稿》（*Economic and Philosophic Manuscripts of 1844*，見塔克〔Tucker，1972〕）。社會學家米歇爾（Richard Mitchell，1983, 1988）提到社會脫序和社會疏離分別是焦慮與無趣的社會版，它們出現在人們因為日常生活太混亂或太可預期而無法感受心流的時候。

社會疏離的情況可以說是相反的：社會成員因為受到社會體系的牽制，所以做出背離自己目標的行為。一名工人為了養家活口，只好在裝配線上不斷重複著了無新意的工作，這就是社會疏離。在社會主義國家，最令人惱怒的社會疏離狀態，就是大部分的空閒時間都花在排隊等食物、衣服、娛樂，或是應付無窮止盡的官僚體系。社會遭受疏離之苦時，人民缺乏可以投注精神能量的明確目標，要獲得心流也就很困難了。

有趣的是，社會脫序與社會疏離這兩種阻礙心流發生的障礙，與注意力缺乏及自我中心這兩種個人障礙是相呼應的。不管是個人或群體，阻礙心流發生的，要不是缺少完全的注意力（社會脫序與注意力失常的狀況），就是過度僵化的注意力（社會疏離與自我中心的情形）。在個人的層級上，與社會脫序相對應的是焦慮，與社會疏離相對應的則是無趣。

神經生理學[18]與心流

就像有些人天生肢體協調就比較好一樣，很可能有人在基因上具有比較能控制意識的優勢。這樣的人比較不會出現注意力缺乏的問題，也比較容易經歷心流。

珍・漢彌爾頓（Jean Hamilton）博士在視覺感知與大腦皮質活化模式上的研究結果，也支持這樣的說法。其中一個實驗，她讓受測者看一幅錯覺圖像（像是奈克立方體〔Necker cube〕，或是艾雪〔Escher〕的畫作），這些圖像有時看起來像是從紙上凸出來似的，但下一秒鐘看，又好像是凹進去的。漢彌爾頓博士發現，日常生活缺少動機的人，需要把眼睛盯在多個點，才有辦法做這樣的轉換，而那些對生活感到滿意的人需要注視的點較少，有些人甚至只需要看其中一個點，就可以翻轉圖像。

這些發現指出，每個人完成心理任務所需要的外來線索，數量不盡相同。有些人需要大量外來資訊，才能在意識中形成現實表徵，這樣的人思想上比較受外在環境影響，他們無法駕馭自己的想法，也因此比較難找到樂趣。相反的，不需要太多外在線索就能在意識中表達事件的人，比較不受環境影響，他們的專注力比較有彈性，這讓他們很容易便將經驗重組，因此經歷最優體驗的次數也較頻繁。

在另外一組實驗中，經常感受心流體驗與少有心流體驗的學生們，必須注意看一個閃光或聽一個特定聲音。做這件事時，他們的皮質受刺激而活化[19]的狀態會被記錄下來，並依視覺和聽覺刺激取得平均值（另稱之為誘發電位〔evoked potential〕）。漢彌爾頓博士在那些少有心流體驗的人身上的發現與預期相同：受到閃燈刺激時，他們的皮質活化程度比基準值高了許多。但是那些經常經歷心流的人得到結果卻叫人意外，在他們專注的時候，皮質活化程度反而是下降的。他們沒有為了集中注意力而耗費更多心力，相反的，這時的大腦反而是放鬆的。另一項關於專注力的行

18 關於**神經生理學**與注意力和心流間的假設是根據漢彌爾頓（1976, 1981），漢彌爾頓、霍科姆（Holcomb）與德・拉・佩納（De la Pena，1977），以及漢彌爾頓、海爾（Haier）與布契邦（Buchsbaum，1984）的研究。這部分的研究目前以更先進的大腦掃描儀器持續進行。

19 **皮質活化**是指特定時間的腦電活動；它的幅度（以微伏為單位）可以代表大腦在當下花力氣的程度。專注的時候，皮質活化程度通常會增加，代表大腦在這個時候比較使勁。

為實驗也確認，這群人在從事需要長期專注的任務時，表現也比較好。

會出現這個不尋常的結果，或許是因為經常感受心流的人比較懂怎麼把心思放在閃燈上，不去理會其他資訊。也就是說，可以在各種景況下找到樂趣的人，有能力篩選他們要的刺激，只把焦點放在與當下有關的事上。雖然集中注意力通常意味著大腦的負擔更大，但是對於擅長控制意識的人來說反而變得輕鬆了，因為他們可以把所有不相關的資訊先暫時擱下，只處理相關訊息。這樣有彈性的專注力，與思覺失調症患者的「刺激過度包含」形成強烈對比，也為自得其樂的性格提供了神經學上的依據。

然而，神經學上的證據還是無法證明懂得控制專注力、較容易擁有心流的優勢是遺傳的結果，因為這樣的能力也可能是後天學習而來。專注的能力與心流之間的關聯是不可否認的，必須更進一步研究，才會知道兩者之間的因果關係。

家庭對自得其樂性格的影響

為什麼有些人連等公車都可以開開心心的，有些人卻不管生活多麼精彩都還抱怨連連呢？神經學上懂得處理資訊的優勢恐怕不是唯一的解釋，我們發現，年幼時期的經歷也關乎一個人將來能不能時常感受心流。

有充分證據證明，父母與孩子間的互動對孩子的將來有長期的影響。芝加哥大學的凱文・拉森德（Kevin Rathunde）發現，擁有特定親子互動關係的青少年與他們的同儕相比，明顯比較開心、容易滿足，也較為堅強。這樣的家庭有五個特徵。第一個是明確：這些孩子清楚知道父母對他們的期待，親子互動中的目標和回饋都不含糊。第二點是重心，不管在感覺或體驗上，他們都認為父母對他們喜歡的事感興趣，而不是一味的關心他們是不是能考上好大學、找到好工作。第三是選擇：孩子覺得自己是有選擇的，只要願意承擔後果，他們甚至可以選擇不遵守父母訂的規矩。第四個特點是承諾，或者說是足夠的信任，這讓他們不害怕放下防備，全心投入自己喜歡的事物。最後一個是挑戰，或說父母是否提供了孩子複雜程度逐漸提高的行動機會。

這五個特點就是「自成目標家庭」[20]的條件，它們提供孩子一個找到生活樂趣的訓練基地。這些特徵與心流體驗的方向不謀而合。在提供明確的目標、回饋、掌控感和專注力的家庭長大的孩子，生活比較有秩序，因此得到心流的機會也比較高。

除此之外，符合自成目標條件的家庭裡，孩子很清楚哪些事可以做、哪些事不能做，所以不必為了父母訂的規定爭執不斷，也不必擔心無法符合父母期待，每一個成員都可以省下大量精神能量，拿來自由地發展興趣、提升自我、尋找樂趣。相反的，在秩序混亂的家庭裡，孩子為了保護脆弱的自己不受父母的目標打壓，往往得在不斷的談判與衝突中耗費大量精力。[20]

20 **自成目標的家庭**研究來自拉森德（1988）。他的發現和許多先前的研究，例如有安全依附感的嬰孩比較會有探索的行為（安斯沃思〔Ainsworth〕、貝爾〔Bell〕與史坦頓〔Stayton，1971〕；麥塔斯〔Matas〕、阿蘭德〔Arend〕與索洛夫〔Sroufe，1978〕），或是愛與管教兼具是教養孩子最好的方式（布朗芬布倫納〔Bronfenbrenner，1970〕、德佛羅〔Devereux，1970〕、包姆倫德〔Baumrind，1977〕）看法相近。家庭研究採用的系統方法是包溫（Bowen，1978）依臨床狀況首創的。

不意外的，來自這兩種家庭的青少年差異最大的時期，是他們跟家人一起在家的時候。家裡能提供自成目標環境的孩子相較起來快樂得多，他們比較剛強、開心並感到滿足。但是這樣的差異也出現在他們獨自讀書或在學校的時候，生長在自成目標環境下的孩子，依舊比較容易感受最優體驗。只有在他們和朋友在一起時，這樣的差異才會消失，因為不管來自哪一種家庭，他們彼此間的感受都是正向的。

父母對待嬰孩的方式，也可能影響孩子將來是否容易找到樂趣。目前還沒有長期的研究可以證明兩者間的關係，然而我們可以推論，受到虐待或是父母經常以不愛他做威脅的孩子，隨時要保護自己，不讓自己被擊倒，可以用來追求事物本身報酬的力氣恐怕所剩不多了。不幸的是，我們很清楚社會上這樣的孩子比例愈來愈高了。這些遭受不當對待的孩子長大後，不會追求樂趣中的複雜性，只會一味尋找享樂的機會。

擅長感受心流的人[21]

有些人在其他人無法忍受的環境中，依舊可以找到樂趣，這時自得其樂的性格最能彰顯出來。就算在南極洲迷了路或是被關進監牢裡，有些人就是可以讓這樣萬分痛苦的景況變得可以忍受，甚至把它變成有樂趣的挑戰，換成其他人，很可能早就俯首稱臣了。

理查・洛根（Richard Logan）多次研究人們處於逆境時的反應，認為這些人的生存之道，是想辦法將絕望的客觀環境轉換為主觀而可以掌控的體驗。他們按著心流活動的藍圖來行動，首先，他們非常注意環境中的細節，會把握機會做當時的環境下做得到的事。接著，他們會在動盪的環境中設定適當的目標，並藉由得到的回饋密切監控事情的進展。一旦目標達成了，他們便會多付出一點，為自己安排複雜度更高的挑戰。

克里斯多夫．伯尼（Christopher Burney）在第二次世界大戰期間曾成為納粹的囚犯，長時期被單獨囚禁，他給了一個很經典的例子：

> 當我們的體驗範疇突然被限制住，能夠提供思考或感覺的事情就只有那麼一丁點時，我們會拿這點東西，開始問起一堆奇怪的問題。這東西有用嗎？怎麼用呢？是誰做的，怎麼做出來的呢？接著又問，我什麼時候在什麼地方看過這個東西？它讓我聯想到什麼呢？……就這樣，大腦裡開始一連串激烈的連結與聯想，很快的，原本微不足道的小事也變得大有文章……以我的床為例，它的大小與學校宿舍的床或是軍營的床差不多……那張床沒什麼好提了，就摸一摸毯子的觸感，感覺一下它的溫度，想想窗戶的機械原理，或是廁所的不適。……估算一下牢房的長度、寬度、方位和高度等等。

21 擅長感受心流的人。理查．洛根（1985, 1988）用這個說法描述那些可以將試煉磨難轉換成心流體驗的人。「當我們的體驗範疇……」的引文節錄自伯尼（Burney，1952, pp. 16–18）。

不管是被恐怖分子囚禁的外交官，或是被中國共產黨監禁的老太太[22]，每一個曾經被單獨囚禁的倖存者，都具有這種為自己建立目標、找機會動動腦的能力。陶瓷藝術家伊娃．澤賽爾（Eva Zeisel）曾被蘇聯祕密警察囚禁在莫斯科的盧比揚卡（Lubyanka）監獄一年多，為了讓自己的神智保持清醒，她用身邊取得到的材料做了一件胸罩、在大腦裡和自己下棋，用法文進行假想的對話、做體操、背誦自己寫的詩等。俄國作家亞歷山大．索忍尼辛（Alexander Solzhenitsyn）提到在雷夫托夫（Lefortovo）監獄時，他的囚友在地板上畫了世界地圖，然後想像自己每天步行幾公里的路，從亞洲旅行到歐洲，再到美洲。許多囚犯也都發明了相同的「遊戲」。希特勒鍾愛的建築師亞伯特．施佩爾（Albert Speer）被關在斯潘道（Spandau）監獄的那幾個月，也是靠著想像自己從柏林徒步旅行到耶路撒冷才熬過來的，途中他還參加了各種活動、拜訪了各地的著名景點。

一位在美國空軍情報單位工作的朋友告訴我，曾有一位飛行員被囚禁在北越好幾年，這期間他的體重掉了八十磅，健康狀況也嚴重受損。出獄時，他想做的第一件事是打一場高爾夫球，而且令人驚奇的是，即使他身體憔悴，卻打了一場精彩的球賽。原來，他是靠著想像自己在打高爾夫球，度過獄中的每一天的，而且還隨著球場不同，對球桿的選擇與戰術都做了周詳的考慮。這樣的訓練不但幫自己維持理智，還磨練出了身體的技能。

匈牙利共產黨最專制的時期，詩人托拉斯．蒂伯（Tollas Tibor）[23]被單獨監禁了數年。他說，當時有數百個知識分子被囚禁在維舍格勒（Visegrad）的監獄中，有一年多的時間，他們全致力在一場詩的翻譯比賽。首先，他們得先決定要翻譯哪一首詩。光是將被提名的詩從一個牢房傳過一個牢房，就花了幾個月，接著他們又花了幾個月以祕密通信進行票選，最後決定將美國詩人華特．惠特曼（Walt Whitman）的〈哦，船長，我的船長！〉（O Captain! My Captain!）翻譯成匈牙利文，因為這是最多囚犯能記得的英文詩。選好詩後，正式的工作就展開了：每個人都得寫出自己的翻譯。由於牢房裡沒有紙筆，所以托拉斯在他的鞋底塗了一層肥皂，用牙籤把他的翻譯刻在上頭。每翻譯完一行，他就先把它背下來，重新塗上肥皂，再翻譯下一行。翻譯完後，譯者會把它背下來，將內容傳給隔壁牢房。一陣子後，監獄裡有十多個翻譯版本在流傳，大家便開始評分和票選。這場翻譯比賽結束後，大家又選了德國詩人席勒（Schiller）的詩，展開了第二場比賽。

遇到令人動彈不得的逆境時，我們需要尋找新的方向，而且是不受外力影響的新方向，好將精神能量投入在其中，重新獲得掌控感。就算所有抱負都落空時，人還是必須找一個有意義的目標來組織自己。如果做得到這一點，就算這個人看起來是個奴隸，實質上他卻是自由的。索忍尼辛[24]這麼描述自己如何將最不堪的景況轉換成心流體驗：「佇立在一群絕望的囚犯當中，聽荷

22 伊娃．澤賓爾被囚的事件取自《紐約客》（*New Yorker*）人物側寫（萊斯德〔Lessard〕，1987）。中國老太太在文化大革命中存活下來的事件取自《上海生死劫》（*Life and Death in Shanghai*，鄭念〔Cheng〕，1987）。關於索忍尼辛囚友的事蹟請參考《古拉格群島》（*The Gulag Archipelago*，1976）。

23 托拉斯．蒂柏的事蹟是根據我們在一九五七年夏天的談話所寫的，當時匈牙利革命剛結束，他才被釋放出來。

24 索忍尼辛的這段話節錄自洛根（Logan，1985）。貝特漢整理了他在集中營的經驗，寫了〈Individual and Mass Behavior in Extreme Situations〉（1943）；關於法蘭克爾的經歷，請參考《活出意義來》（*Man's Search for Meaning*）與《對人生意義的無聲渴求》（*The Unheard Cry for Meaning*，1963, 1978）。

著機關槍的衛兵怒斥，我感覺一股快速的節奏和意象將我推至半空中。……這時的我既自在又開心……有幾個犯人企圖從帶刺的鐵絲網脫逃。但是對我而言，鐵絲網根本不存在。犯人的人數數點起來是一樣的，但是我早已不在那兒了。」

用這種策略來找回自我意識的控制的，不只是囚犯。探險家理查．貝德將軍（Admiral Byrd）曾經獨自在南極的一間小屋裡，度過了又冷又暗的四個月。飛行員查爾斯．林白（Charles Lindbergh）獨自橫越大西洋時，也是以同樣的方法來保全自己。為什麼有些人可以適時發揮內在的控制力，有些人卻被外在的困境擊垮了呢？

理查．洛根根據包括心理學家維克特．法蘭克爾與布魯諾．貝特漢（Bruno Bettelheim）在內的猶太大屠殺倖存者的經歷，提出了這樣的答案。他認為這些存活者擁有的最重要特徵，是一種「自己不自覺的個人主義」，或是有強烈、但不以自我為中心的目標導向。具有這種特質的人，不論在什麼情況下都會全力以赴，但是他們之所以這麼做，並不是為了自身的利益。因為他們的行動動機在於行動本身，所以不容易受到外界干擾。他們擁有足夠不受羈絆的精神能量，可以用來客觀地觀察分析周圍環境，也才能在當中找到新契機。如果要說自得其樂的性格有什麼關鍵要素，大概就是這點了。孤芳自賞、一心一意只顧著呵護自己的人，一旦外在環境成了威脅，整個人也垮了。隨之而來的恐慌讓他們什麼事都做不成，因為一直以來，他們在恢復意識秩序時，注意力都是向內轉的，缺少了與外在現實協商的能力。

一個人要是對外在世界興趣缺缺，不想和它有任何瓜葛，就是將自己孤立。二十世紀最偉大的哲學家羅素（Bertrand Russell）[25]這麼描述自己尋找個人幸福的方法：「我學著無視自己的缺陷與存在；慢慢增加對外在事物的關注，像是世界的現狀、各種領域的知識、令我感興趣的人物等。」這大概是對培養自得其樂的性格最精闢的描述了。

這樣的性格可能是上天賞賜的，也可能是幼年時期栽培出來的。有些人天生就具有比較能專注而且靈活的神經天賦，也有人很幸運的，有教導他們不要過度重視個人意識的父母。但是，這種能力也可以自己培養，並透過訓練讓它更加純熟。接下來，我們要進一步探討該怎麼做。

25 羅素的這段話節錄自《悅己》（*Self*）雜誌裡的一篇墨瑟的文章（Merser，1987, p. 147）。

CHAPTER 5

身體的心流
The Body in Flow

「除了短暫擁有自己的身體之外，一個人沒有什麼東西是絕對屬於他的，」美國作家詹姆斯・布蘭奇・卡貝爾（J. B. Cabell）這麼寫道，「然而光是這身體就可以帶來許多歡愉。」不開心、沮喪或無聊的時候，只要將身體派上用場就可以立即解決。現代人大多知道身體健康與體適能的重要性，卻少有人去開發身體在提供樂趣上的潛力。很少有人可以像特技演員一樣，做出各種優雅的動作，或擁有藝術家欣賞事物的獨特目光，也少有人感受過運動員破紀錄時的喜樂，品嘗過美食評論家舌尖細膩的味道，或是精通性愛到把它提升成藝術。這些機會俯拾皆是，而改善生活品質最簡單的方式，就從學習控制我們的身體和感官做起。

科學家有時會半開玩笑的說，要算算人的身體值多少錢。化學家把皮膚、肌肉、骨骼、頭髮，以及身體所含的各種礦物質與稀有元素一一估算，最後發現整個身體的價值不過就幾塊錢而已。也有科學家考慮到人類身心系統強大的資訊處理能力和學習能力，得到了截然不同的答案，他們估計要組合一部像人類一樣精密的機械，得花上數億美元。

不管是用哪種方式來估算身體的價值都說不通，因為身體的價值不是以它的化學成分，也不是以它處理資訊的能力來推算的。它真正的寶貴之處在於少了它，就沒有體驗可言，我們走過的人生也就不會留下足跡。為我們的身體組成和處理資訊的能力貼上標價，就像為我們的人生定價一樣：你該拿什麼標準評論它的價值呢？

身體能做的每一件事都有帶來樂趣的潛力。然而，很多人卻忽略了這件事，從來不探索身體提供心流經驗的能力，白白浪費了這個完美的生理設備。欠缺開發時，我們的感官提供的資訊是混亂的：沒有受過訓練的身體做起動作笨手笨腳的，感覺遲鈍的眼睛看東西都是醜陋無趣的，不懂得欣賞音樂的耳朵只聽得到噪音，粗糙的味蕾永遠覺得平淡無味。這些身體功能如果放著不用，就會開始退化，生活品質只能說勉強過得去，有時候甚至是黯淡的。但是，如果我們能好好發揮身體的功能，學會強化身體感官的秩序，就可以不受精神熵影響，恣意在意識的和諧感受中。

我們的身體能執行的功能多達數百種——看、聽、觸摸、跑、游泳、丟球、接球、爬山、入洞穴等等，每一種功能都與心流體驗息息相關。各個文化都有根據身體潛力發展，可以帶來樂趣的活動。舉個例子，像是跑步這樣平凡無奇的生理功能，經過了社會化的設計後，可以化身成需要技能、有規則、有挑戰的心流活動。不管是獨自跑步、計時跑步、賽跑，或是像墨西哥的塔拉烏馬拉印第安人（Tarahumara Indian）[1]過節時，在山裡一跑就是數百英里一樣，都可以讓擺動身體的簡單動作成為提供複雜回饋的最優體驗，使自己更為強大。只要懂得駕馭它們，每個感官、每種肢體動作都可以成為心流的來源。

在進一步探討生理活動怎麼產生最優體驗之前，要先明白，光是用身體做動作並不會帶來心流，我們的心思也得跟著投入在其中才行，就像想要在游泳中得到樂趣，就必須先投入專注力學習適當的技能。缺少了相關的想法、動機與感覺，就不可能把游泳學好，也就無法從中獲得樂趣。

1 塔拉烏馬拉印第安人節慶時，會在墨西哥北部山區進行儀式性的賽跑，賽程長達數百英里，詳細內容參考盧姆霍爾茲（Lumholtz，1902〔1987〕）和納博科夫（Nabokov，1981）。研究現代奧運的馬克侖（MacAloon，1981）指出，現代運動中的某些項目跟舊時的儀式有關。

再者，這種樂趣是發自內心的，光憑生理活動是無法產生心流的，肌肉與大腦得同時參與才行。

接下來，我們將探討怎麼善用身體來提高體驗品質，會提到的生理活動包括運動、舞蹈、性愛技巧的培養，以及東方文化中藉由訓練身體來控制心靈的各種方式。我們還會談到有鑑別力的視覺、聽覺與味覺。這裡的每種肢體感官都可以提供無限的樂趣，但是只有下工夫去發展相關技能的人，才享受得到這樣的樂趣。那些不願意花心力的人，就像是把自己的身體當做一塊廉價的肉而已。

更高、更快、更強

現代奧運會的標語「更高、更快、更強」或許不完整，但是已經為身體可以提供心流體驗做了明確的結論。所有運動的基礎原則，就是要做得比過去更好。運動競賽最單純的形式，就是突破體能的極限。

不管競賽的目標對外行人來說多麼微不足道，如果它的目標是展現完美的技能，就成了一個嚴峻的議題。以丟東西為例，這是門檻很低的動作，就連小嬰孩也可以做得很好，看散落在嬰兒床外的玩具就知道。但是能把一個特定重量的東西丟多遠，就攸關一個人是不是可以成為傳奇。希臘人發明了鐵餅，偉大的鐵餅選手藉由雕塑家手下的雕像永垂不朽。假日時，瑞典人會在山上的草坪聚集，看看誰把樹幹丟得最遠。蘇格蘭人則是丟大石頭。今日的棒球投手因為把球投得又快又準而名利雙收，籃球選手也是如此。有些運動員擲標槍、有些丟保齡球，還有推鉛球、錘子、擲回力鏢或釣魚線的。光是「丟」這麼一個基本能力，就可以帶來無比的樂趣。

「更高」是奧運標語的頭一個字，跳離地面是世界公認的另一個挑戰，脫離地球引力的束縛更是人類最古老的夢想之一。希臘神話中，戴著翅膀飛向太陽的伊卡洛斯，一直是個象徵追求目標的寓言，有著高操的情節，卻引發了一種誤導。跳得更高、攀登最高峰、在空中翱翔原本都是樂趣無窮的事，然而，最近有學者提出了一種新興的精神疾病，名字就叫「伊卡洛斯情節」（Icarus complex）[2]，來解釋這種想要脫離地球引力的野心。但就像所有企圖將樂趣貶低為對壓抑性焦慮

2 伊卡洛斯情節的研究來自莫瑞（Henry A. Murray，1955）。或許是我們該正式面對佛洛伊德的昇華作用（sublimation）的時候了，如果跳過這個議題不談，會有事情沒有交代清楚的感覺。對佛洛伊德思想的應用如果只是表面的話，會認為任何沒有直接滿足性慾的行動若不是一種防衛（抑制無法被接受的想望，不把它們表達出來），就是一種昇華（以可以被接受的行為來取代某個原本無法安全表達出來的欲望）。但是昇華再怎麼樣都不是一個理想的替代品。舉例來說，柏格勒（Bergler，1970）曾表示，具危險性的遊戲可以讓人從性愛與侵犯行為帶來的罪惡感中解脫。根據「伊卡洛斯情節」的說法，跳高選手之所以跳高，就是想要以社會可以接受的方式，來擺脫戀母仇父情結的束縛，但不直接解決導致他做這件事的衝突。瓊斯（Jones，1931）和福恩（Fine，1956）則認為，下西洋棋是為了對抗戀母情結帶來的閹割焦慮（castration anxiety，以自己的皇后打倒對方的國王，是聯合母親將父親閹割的昇華行為）；爬山也被解釋為陰莖嫉羨的昇華。根據這種觀點，我們除了不斷收拾童年時期的焦慮之外，可說一事無成。

將人類所有行為動機都當成追求先天慾望帶來的歡愉來看，就無法解釋人類與動物間的眾多行為差異。改以樂趣在演化學上的角色來詮釋，或許是比較行得通的方法。

生命是由過去與未來共同塑造的。演化上第一隻離開大海、跳上岸的魚，並不是按遺傳上的計畫這麼做的，但是牠探索了沒有用過的潛力，前去嶄新的環境放手一搏。把木棍放在蟻穴洞口捕食螞蟻的猴子，也沒有改變基因安排的能力，但是牠願意嘗試各種可能性，最後發展出有意識使用工具的行為，也就是我們所謂的進步。我們可以把歷史看為人類不斷嘗試實現無法

的防禦的解釋，這個說法完全失了準。當然，就某方面來看，所有具目標的行動都可以當成在防禦混沌的威脅。但也因為這樣，這些可以帶來樂趣的行動不該視為疾病，而是健康的跡象才對。

身體技能帶來心流的體驗，不會只發生在傑出運動員身上，奧運選手並沒有什麼特殊能力，讓他們可以超越現況，並從中獲得樂趣。不論一個人的體能現況如何，都有機會再跳高一點、跑快一點、變得更強壯一點。這種突破身體極限的樂趣是屬於所有人的。

即使是最簡單的身體動作也能轉換成心流，帶來樂趣。在這個轉換的過程中，有幾個重要的步驟：一、建立一個概括性的目標，以及幾個實際可行的小目標；二、根據所訂的目標，找出可以評估進度的方法；三、專注在所做的事上，不斷將挑戰做更精細的區分；四、發展與行動機會相當的技能；最後，五、一旦活動變得無趣，就把難度再提高一點。

走路是用來說明這個方法很好的例子。在身體功能中，走路是很簡單的一項，但是我們可以把它轉換成複雜的心流活動，甚至稱得上是一種藝術。關於走路，我們可以設定幾個不同的目標，例如路線：想要走去哪裡，選哪一條路線，途中要在什麼地方停留，或是有沒有想參觀的地標。發展個人風格也可以是一種目標，例如怎麼樣簡單而有效率的移動身體。以最經濟的方式將身體健康的效益發揮到最大，也是一種明確的目標。至於評估進度方面，採用的回饋可以是走這段路所需的時間、身體的輕鬆程度；看了多少有趣的景點；路上有沒有得到新的想法或感受。

活動帶來的挑戰會迫使我們專注。就走路而言，挑戰因環境而異，可以有天大的差別。對住在大城市的人來說，平坦而筆直的人行道讓走路這件事輕而易舉，但是在山間走路就是另一回事了：即使是訓練有素的登山客，每一步也都是挑戰，他必須決定下一步腳要踩在哪裡，才能獲得最好的支撐。這得同時顧慮到身體的動能、重心，以及地面的材質是沙土、石頭或是草地，上面有沒有樹根或樹枝等等。走在難走的山路上，經驗老道的登山客知道怎麼樣以最輕省的方式來走路，他會根據地形不斷調整自己的腳步，在質量、速度與摩擦力之間尋找最佳解答。這些計算通常是自然而然發生的，感覺像是憑著直覺，甚至是本能在行事，但事實上，如果沒有處理好外界的資訊，很可能會因為腳步踩錯而跌倒，或是很快便覺得累了。所以這樣的走路看似沒牽扯到自我意識，但事實上卻是需要極度專注的活動。

城市裡的地形雖然沒有給走路的人帶來太大的挑戰，但還是提供了不少發展技能的機會。人群的社會刺激、城市的歷史或建築特色等，都可以讓這段路有各種不同的走法。可以逛逛商店的櫥窗、觀察路上的行人，以及人們的互動。有人喜歡抄近路，有人喜歡有趣的路，還有些人因每次都在相同的時間內走完相同的路程而沾沾自喜，而有些人則喜歡每次都走不同的路徑。有人冬天一定要走在陽光晒得到的地方，夏天則要走在有遮蔭之處。還有人會調整步伐，以剛

確知的夢想的行為，而不是在展開既定的命運。科技不是重點，因為科技也是一種機械化理論。我們追求的目標不是預先設定好的，也不是刻畫在基因裡的，而是在新的環境、因著技能擴展得到樂趣的過程中發掘而來的。

樂趣似乎是自然天擇用來確保我們不斷演化、更趨複雜的機制。（在契克森米哈伊與馬西米尼〔1985〕；伊莎貝拉・契克森米哈伊〔1988〕；以及契克森米哈伊〔1988〕都有提到這一點。克魯克〔Crook，1980〕也認同心流的演化意涵。）就像吃東西帶來的樂趣讓我們更想要吃、所以得以生存，生理上的愛讓我們想要擁有性交、所以得以繁衍一樣，樂趣促使我們從現在延伸到未來。但是沒道理假設我們追求的樂趣都跟「先天」慾望有關，任何其他動機都只是它的衍生物。達到新目標的回報和滿足舊有需求的回應一樣真切。

好趕在綠燈亮起時過馬路為樂。當然，這些樂趣都是刻意培養出來的，不會發生在那些沒有任何規劃、只是隨意走路的人身上。除非為自己設立個目標，發展出相關的技能，否則走路就只是一件無聊的事。

走路雖然是個再簡單不過的體能活動，但是設定目標並掌控它的進行，還是可以從中獲得許多樂趣，更何況從壁球到瑜伽、從騎腳踏車到武術等數百種複雜的活動呢？然而，如果一個人從事這些運動時，是趕流行或是為了健康而做，當中的樂趣就不翼而飛了。許多人始終無法從跑步機奪回主導權，對他們而言，運動只是必須履行的義務，做起來毫無樂趣可言。他們犯了許多人都會犯的錯，也就是把外在形式與本質混為一談，以為只有具體的活動與事件才是他們體驗到的「現實」。他們認為，既然參加了高級健身俱樂部，就應該感受到樂趣才對，殊不知真正的樂趣不在於「你做了什麼」，而是「你怎麼做它」。

在某一次研究中，我們問了下面的問題：空閒時，擁有更多物質資源的人，會比投注更多自我的人快樂嗎？我們試著用經驗取樣方法來回答這個問題。這是我在芝加哥大學研究發展出來的方法，目的在評估一個人的體驗品質。過程中，受測者身上會帶著一個電子呼叫器，以及一本記錄反應的冊子。接受測試的一個星期中，受測者每天會不定時收到八次呼叫，這時，他必須在記錄冊上寫下自己正在做的事情、和什麼人做，以及當時的心理狀態，從「很快樂」到「很難過」共分為七個等級。

我們發現，當受測者在空閒時間從事比較需要花錢的活動時——像是需要昂貴的設備、必須消耗大量的電或是其他能源[3]，如看電視、開車或駕駛電動船——快樂程度遠不及從事不花錢的休閒活動。彼此聊天，或從事像種花、編織之類與嗜好相關的活動，最讓人心情愉快。這類活動所需的物質資源不多，但是對精神能量的需求相對較高。過度依賴外在物質的休閒活動，通常對專注力的要求不高，因此很難帶來令人印象深刻的回饋。

動感的樂趣

運動與健身等體能活動，不是身體成為樂趣來源的唯一途徑。事實上，許多講求韻律與肢體協調的活動也都能引發心流，其中舞蹈很可能是最古老，也最重要的一項，不但盛行於世界各地，更有締造複雜性的潛力。從離群索居的新幾內亞部落，到莫斯科劇院裡舞藝精湛的芭蕾舞團，世界各地都有以身體對音樂的反應來提升體驗品質的例子。年紀大的人可能會覺得，在俱樂部裡跳舞是奇怪且沒有意義的事，但那對許多青少年來講卻是很重要的樂趣來源。

幾位舞者這麼描述在舞池裡的感受：「一進到裡面[4]，我就有一種飄飄然的感覺，忍不住跟著大家一起擺動身體、感受當中的樂趣。」「我的身體為之興奮……汗流浹背、微微發熱，一切進行得很順利時，會有種欣喜若狂的感受。」「你擺動著身體，藉由這些動作來表達自己，就像是

3 關於快樂與能源消耗之間的關係，請見葛雷夫（Graef）、吉妮諾（Gianinno）與契克森米哈伊（1981）。
4 美國舞者的說法引自契克森米哈伊（1975, p. 104）。義大利舞者的說法來自費夫（Delle Fave）與馬西米尼（1988, p. 212）。

把肢體動作當成語言一樣……盡興的時候，用這語言與音樂，也和在場的人交流著。」

跳舞帶來的樂趣非常強烈，讓很多人願意為了它犧牲。義大利米蘭的馬西米尼教授（Massimini）的研究團隊訪問了一個芭蕾舞團，其中一位舞者這麼說：「剛開始當職業芭蕾舞者時，非常辛苦，收入又低，還經常需要到處跑，媽媽也不斷抱怨我的工作。但是對舞蹈的熱愛一直支撐著我。現在，它成了我生命的一部分，而且是一個我不能失去的部分。」這個舞團的六名成員都介於適婚年齡，但是只有三位結了婚，一位有小孩。懷孕對這份工作來說，是非常大的阻礙。

不過，就像運動一樣，不一定要成為職業舞者才能享受駕馭身體潛力的樂趣。純粹為了喜愛跳舞而跳的人，一樣可以跳得很開心，也不用為了想要感受這種肢體的協調，而犧牲掉其他目標。

還有其他以身體為表達工具的活動，例如演默劇或演戲等。比手畫腳這個遊戲之所以受歡迎，是因為大家可以放下自己，扮演不同的角色。就算看起來愚蠢，還是可以讓人暫時從既定的日常模式中解脫，體驗一下換個生活模式帶來的樂趣。

性愛中的心流

提到樂趣，很多人想到的第一件事就是性愛。這一點兒也不稀奇，因為性愛絕對是回饋最明顯的體驗，能超越人類從事性愛動機的，大概只有對生存、吃喝的需求而已。因為想要擁有性愛的衝動如此大，甚至可以把我們應該用在其他目標的精神能量吸收殆盡，因此，每一種文化都盡很大的努力，在導正或限制我們投入性愛的精神能量，有些複雜的社會制度之所以存在，也是為了克制我們性愛上的衝動。「愛使世界轉動」，這句話很婉轉地表達了一個事實，不管是直接或間接，我們做的事大多是衝著性愛的需求而來的。我們洗澡、梳頭髮、精心打扮，不都是為了要吸引人？許多人工作的目的是為了養伴侶、養家，我們對權力地位汲汲營營，有一部分也是為了得到他人的愛慕。

然而性愛一定能帶來樂趣嗎？讀者們應該都很清楚，這取決於當事人的意識。同樣的性行為可能帶來痛苦、噁心、害怕、無感、歡愉、樂在其中，或是狂喜的感受，就看它和當事人的目標有什麼關聯。就生理上看來，強暴與兩情相悅的結合可能沒有太大的差異，但是在心理上的影響卻是天差地遠。

我們可以說性刺激本身就令人歡愉。藉著性愛，我們得以繁衍後代，好確保物種延續，這是演化上絕妙的安排。只要生理健康、心理願意，每個人都能感受性愛的歡愉，不需要特別的技能，但是稍微有經驗後，也就沒太多挑戰可言了。不過，就像其他活動一樣，我們得想辦法把它轉變成有樂趣的事，否則很容易就隨著時間變得無趣了。一個原本正面的體驗也會變成沒有意義的例行公事，或是一種習慣性的依賴。幸好，為性愛帶來樂趣的方式很多。

性愛技巧就是藉由身體技能培養性愛[5]的方式之一，我們可以說性愛技巧對性的關係，就像運動對身體活動的關係一樣。古印度的《慾經》（*Kama Sutra*）與《性愛聖經》（*The Joy of Sex*）這兩本指南，都為性愛技巧提供了建議與目標，為的就是讓性愛活動更有變化、更有趣，同時也更具挑戰性。不少文化都有一套繁複且具有宗教意義的性愛訓練系統。早期的生育儀式、希臘酒神的故事，以及妓女與女祭司之間畫不清界線的身分，都屬於這類現象，就好像早期的宗教、文化與性慾是互相結合的，並且不斷提出更複雜的想法與行為模式。[5]

但是真正的性愛修練，應該是從心理層面介入單純的生理層面後才開始的。根據歷史學家的說法，愛的藝術是西方近期才發展出來的，古希臘和羅馬的愛並沒有什麼浪漫可言。彼此交心、慰藉、求愛，最後成為互許終生的親密情人，這種看起來不可或缺的關係，其實是到了中世紀，才由那些在南法城堡間游走的吟遊詩人發明的，後來歐洲其他地區的富裕階級也相繼模仿，造就了一股「甜蜜的新風格」。浪漫——由南法浪漫地區發展出來的求愛儀式，為戀人們帶來了全新的挑戰。學會相關技能的人不但可以得到歡愉，還能擁有樂趣。

其他文明也有類似的提升性愛做法，同樣也是近代才發生的事，像日本藝伎是精通情愛的專家，她們必須懂音樂、舞蹈、戲劇，還要會寫詩與作畫。中國和印度的妓女、土耳其宮廷裡的婢妾也都要懂得各項才藝。令人遺憾的是，這樣的專業要求雖然將性愛的潛在複雜性推至新高，但是對改善大部分人的生活品質並沒有助益。歷史上，浪漫情事好像是年輕人，或是那些有錢有閒的人專屬的，一般大眾擁有的性愛都頗為乏味。「高尚」的人不應該花太多精力從事性愛繁殖，或是其他與性相關的事。這一點跟運動有點像，大部分的人都只想聽聽就好，或是看專家的表演，不會想要身體力行。

在享受肉體的歡愉與浪漫情愫之餘，當愛人之間感受到對方真摯的關心時，性愛就出現了第三個層面，也有了新的挑戰，像是明白對方是獨一無二的、想要試著了解他、幫助達成對方的目標等。這個層次的性愛變得極為複雜，可以提供一輩子源源不絕的心流泉源。

從起初的性愛得到歡愉甚至樂趣，並不困難，任何傻瓜在年輕時都有過墜入愛河的經驗。第一次約會、第一次接吻、第一次性關係，每一個新挑戰都足以讓年輕人沖昏了頭，接下來幾個星期都徜徉在心流中。但是這種欣喜若狂的狀態通常只會發生在第一次，之後就不再這麼刺激了，特別是對象長期都是同一個人時，要從中獲得樂趣就更為困難了。或許人類天生就不是一夫一妻制的動物，就像大部分的哺乳動物一樣。除非伴侶之間努力尋找新的挑戰，學習讓雙方的關係更充實，否則遲早會對彼此的陪伴感到厭倦。最初，生理上的挑戰就足以維持心流，但是如果沒有兼顧之後的浪漫情愫和真摯的關心，兩人之間的關係遲早會失去新鮮感。

要如何維持愛情的新鮮感呢？答案與其他活動一樣，兩個人關係的複雜性得提升，才會有樂趣，這表示雙方都必須試著發掘自己和對方的新潛力。為了達到這個目標，伴侶間得投注更多專注力在對方身上，如此才能明白對方的想法和感受，知道他心中有什麼夢想。這是得花一輩子學習的功課。唯有真正認識對方，才有辦法一起冒險，這時，不管是一起旅行、讀同一本書、養育

5 性愛的培養。關於西方歷史上對愛的看法，以及伴隨發生的行為，可參考辛格（Irving Singer，1981）所著的《愛的本質》（*The Nature of Love*）。波普（Kenneth Pope，1980）綜合了當代心理學家對愛的觀點。來自耶魯大學的心理學家史坦伯格（Robert Sternberg，1988）則將對愛的描述從過去的慾望之愛（*eros*）或精神之愛（*agape*），擴展成親密、激情和義務三個組成。曾經在日本京都接受藝伎訓練的美國人類學家戴爾比（Liza Dalby，1983）對東方人看待性愛的方式有詳細的描述。提出過去的人沒有浪漫這回事的是維納（Veyne，1987, esp. pp. 202–205）。

子女、做計畫或實現計畫，都會樂趣橫生、意義非凡。過程中的細節並不重要，每個人都有自己的處境要面對，重要的是原則：性愛與任何生活領域一樣，只要我們願意學習掌控它、培養出更高的複雜性，就能從中獲得樂趣。

掌控的最高境界：瑜伽與武術

提到如何掌控身體與感受身體，西方世界與偉大的東方文明相比，實在是小巫見大巫。從許多角度來看，印度與東方人掌控意識的成就，和西方人駕馭物質能量的成就，可以相提並論。這兩種方式各有利弊，過於強調任何一種都會帶來問題。印度人對於高層次的自我控制相當著迷，但是對物質環境帶來的挑戰置之不理，結果人民飽受物資缺乏與人口過剩之苦，社會普遍存著一種無力感與冷漠感。相反的，過於主張物質能量的西方人則大肆揮霍資源，導致環境枯竭。完美的社會必須在精神與物質世界間取得平衡，我們不敢說要臻於完美，但是在意識控制這件事上，確實可以參考東方宗教的教導。

東方世界各種訓練身體的方法中，最古老、流傳最廣的非訶陀瑜伽（Hatha Yoga，另譯哈達瑜伽）莫屬。這種訓練方式值得我們深入探討，因為它與我們所知的心流有許多相互呼應之處，對於想要學習掌控精神能量的人很有幫助。西方世界從沒有出現可以跟訶陀瑜伽相比擬的活動，早期由聖本篤（Saint Benedict）和聖道明（Saint Dominick）創建的修士生活，特別是聖依納爵・羅亞拉（Saint

Ignatius of Loyola）[6]提出的「精神操練」，也都希望藉由心理與生理的規律生活來控制注意力，但是這些操練的嚴峻程度都遠不及瑜伽。

梵文中，瑜伽的意思是「結合」，而且是以個人與神為目標的結合。首先從身體的各個部位互相結合開始，接著將整個身體與意識結合，成為秩序體系的一部分。為達到這個目標，印度哲學家帕坦伽利（Patanjali）[7]在一千五百年前，將瑜伽的基礎操練按難易度分成八個階段。前兩個階段為「道德預備」，著重個人態度的改變，可以說是一種「意識導正」，好在真正的心理控制操練開始前，將精神熵降到最低。訓練過程的第一個步驟叫持戒（yama），要求一個人「克制」那些會傷害他人的行為與思想，像是虛偽、偷竊、慾望、貪婪等。第二個階段是內修（niyama），操練的重點在「順服」，也就是在日常生活中謹守純潔、學習，並完全順服於神。這些都是在幫助一個人將注意力導向可預測的模式，這麼一來會比較容易駕馭。

接下來兩個階段是身體的準備，建立克服感官需求的習慣，以便更加專注，也就是比較不容易覺得疲倦或分心。第三個階段的操練包含各種「坐姿」，或是長時間保持某種姿勢，不輕易向疲倦低頭。這是大部分西方人對瑜伽的印象：一個人穿著像尿布的東西，倒立站著，兩隻腳盤在脖子上。第四個階段是調息（pranayama），或者說調控呼吸，目的在放鬆身體，穩定呼吸的節奏。

6 關於聖依納爵．羅亞拉發展出來的耶穌會（Jesuit）教條有利於組織生活，可以讓遵行它們的人進入心流的看法，請參考伊莎貝拉．契克森米哈伊（1986, 1988）和托斯卡諾（Toscano，1986）。

7《大英百科全書》（*Encyclopaedia Britannica*，1985, vol. 12, p. 846）簡單介紹了帕坦伽利的瑜伽。伊里亞德（Eliade，1969）則介紹得更詳盡。

第五個階段叫感官收攝（pratyahara），是從預備活動進到真正瑜伽的關鍵。操練的重點在控制感官接收的信息，收回對外界的注意力，只讓篩選過的視覺、聽覺與感覺進到意識中。在這個階段，我們已經可以看出，瑜伽的目標與這本書所描述的心流活動非常貼近，都在控制發生於我們頭腦裡的事。

接下來的三個階段講求的是完全藉由心理操練，而不是生理操練，來掌控我們的意識。這個部分雖然跟這個章節沒有直接關聯，但是為了連貫性，我們還是在這裡完整介紹，畢竟這三個心理操練的步驟也是以先前的生理操練為基礎完成的。專注（Dharana）是長時間專注在某個刺激上，它與前一階段的感官收攝相對；剛才的學習重點是不能受外在事物影響，現在要做的則是把它們留在心中。下一個階段是「冥想」（dhyana），要學會不藉助先前步驟提到的外來刺激，就可以在專注力不受干擾的狀況中達到忘我的境界。瑜伽修行的最高境界是三摩地（samadhi），冥想者必須與冥想對象合而為一，來到「自我收集」（self-collectedness）的狀態。達到這個境界的人表示，三摩地是他們一生中最美好的體驗。

瑜伽與心流非常相似，事實上，瑜伽修練的進程就像計畫周全的心流活動。兩者都強調透過全神貫注來達到喜樂、忘我，並認為訓練身體是唯一的管道。然而，有些人喜歡著重在心流與瑜伽間的差異，認為它們之間有很大的分歧，心流強調自我提升，但是瑜伽與許多東方修行一樣，強調消泯自我。瑜伽的最後階段三摩地，只是進入涅槃的門檻，進到這個境界時，自我與宇宙的力量結合，就像是河流匯入大海一樣。這麼來看，瑜伽和心流確實有著截然不同的結果。

但是這種相對的關係很可能只是表面的，而不是實質的。瑜伽修行的八個階段中，有七個階段的重點是在提升控制意識的技能，或許，隨之而來的三摩地和最後的解放並不是那麼重要。就像站在山頂上之所以有意義，是因為爬山的過程，那才是整件事真正的目標。即使到了最後的解放階段，瑜伽修行者還是必須維持對意識的掌控，就算是消泯自我的當下，如果沒有完全掌控意識，就談不上消泯自我。放掉自我的直覺、習慣和欲望是違背常理的行為，除非擁有極大的自制力，否則是辦不到的。

因此，說瑜伽是製造心流體驗最古老也最有系統的方式，一點兒也不為過。瑜伽在創造心流體驗的細節上有它獨特之處，就像其他心流活動一樣，不管是釣魚或賽車，都有屬於自己的一套方法。做為歷史上某個特定時間和地域的文化產物，瑜伽繼承了該時空環境下的特質。究竟瑜伽是不是比其他活動更適合帶來最優體驗，不能光看瑜伽本身的優點來決定，我們還要考慮它的機會成本，與其他選擇相比，瑜伽帶來的掌控能力是不是值得我們投入這麼多精神力量呢？

另一套在西方盛行的東方操練模式是武術，它底下分了許多類別，而且每年似乎都有新花樣出現，有來自中國的柔道、功夫、跆拳道、合氣道、太極拳等赤手空拳的武術，來自日本的則有劍道、弓道與忍術等。

這些武術深受道教與佛教禪宗的影響，因此也都強調控制意識的技能。相較於西方武術著重身體表現，這些東方武術多傾向提升修練者的心理與精神狀態。武士們努力的目標，是要不經思考或分析，就以迅雷不及掩耳的速度向對手出招，做最好的防衛或攻擊。達成這個目標的人表示，格鬥變成一種樂趣洋溢的藝術表演，平常以二元體驗呈現的身與心，在這時候結合成為一個和諧的意象。這麼來看，武術也可以視為一種特定形式的心流。

經由感官獲得心流：視覺樂趣

大部分人都可以接受運動、性愛，甚至瑜伽能夠帶來樂趣，但是很少人會更進一步去探索其他器官是否也具有這種無限的潛力，事實上，只要是我們的神經系統能夠辨識的資訊，都可以帶來豐富而多樣的心流體驗。

以視覺為例，它通常只被當成判斷距離的感官，免得我們一腳踩到貓，或是在找鑰匙時派上用場。眼前出現美景時，我們還是會駐足欣賞，「大飽眼福」一番，但是很少人會有系統地去開發視覺潛力，殊不知，視覺的樂趣其實無所不在。古典詩人米蘭德（Menander）將觀賞大自然的樂趣描寫得很透徹：「在我們身上揮灑陽光的太陽，星星、大海、雲朵、火花，不管你在世的時間是長是短，都不可能見識到比它們更高明的東西了。」視覺藝術[8]是培養這些技能再適合不過的場所了。下面是幾位藝術鑑賞家觀賞畫作後的感想。第一位在看了一幅非常喜愛的畫作後，有一種禪悟的感受，那是一種看了一幅視覺和諧的畫後，對秩序感的頓悟：「費城博物館裡那幅塞尚的〈沐浴者〉[9]……讓人第一眼看了就有一種美好的感受，不見得是理性的，但是就覺得整個畫面看起來是那麼的協調……就是這樣的作品，讓你突然有種對世界的頓悟。或許是發現你在這個世界扮演的角色，也許是那些夏日在河邊沐浴的人……又或許，是那種瞬時間拋開自我，明白自己與世界結合的能力……」

另一位鑑賞家則說，藝術上的心流體驗為身體帶來的悸動，就好比跳進一池冷水般。

> 當我見到一件[10]很貼近我的心、讓我讚賞的作品時，會有非常奇特的反應：不見得都是開心的，反倒像是肚子挨了一拳一樣，覺得有點作嘔，它來勢洶洶，讓我不得不想辦法讓自己冷靜下來，試著用科學一點的方式來觀賞這幅畫，不要把脆弱的觸角一下子就都伸出去……待心情平靜後，慢慢消化畫中的每個筆觸與線條，才會得到最完整的感受。當你遇上一件傑作時，你會很清楚，不只是視覺而已，你所有感官與理智都會為之一震。

會帶來這種強烈心流體驗的，不只是偉大的藝術作品。即使是平凡無奇的景色，在經過訓練的眼睛看來，也可以令人心曠神怡。一位住在芝加哥郊區，每天早上搭高架火車通勤的先生這麼說：

8 部分近代藝術心理學最有力的見解來自安海姆（Arnheim，1954, 1971, 1982）和宮布利希（Gombrich，1954, 1979），他們都強調秩序（或精神負熵）在藝術中的重要性。更多心理分析的看法，請見蓋多（Mary Gedo）的《精神分析對藝術的看法》（*Psychoanalytic Perspectives on Art*，1986, 1987, 1988）。

9 「費城博物館裡那幅塞尚的沐浴者……」摘自契克森米哈伊與羅賓森（1991）。

10 「當我見到一件……」和「不管是陰天……」摘自契克森米哈伊與羅賓森（1991）。

不管是陰天，或是萬里無雲的好天氣，當我坐在火車內由上而下看著屋脊，就會覺得這個城市真是美好。我仍然屬於這個城市，但暫時不在它當中。看著各式各樣的建築物，有些甚至已經化為廢墟了，但是它們依舊令我著迷，我還是為它們感到好奇……進辦公室時我可以說，「今天上班的途中，我穿過了精確主義畫家（precisionist）席勒（Charles Sheeler）的畫作。」因為他總是以乾淨俐落的手法來畫屋頂與街景……經常沉浸在視覺表現中的人才懂得用這種方式來看世界。就像攝影師會看著天空說，「今天的天空就像用柯達底片拍出來的，太好了，上帝，你快要跟柯達一樣厲害了。」

很明顯的，想要從視覺感官獲得這樣的樂趣，一定得經過訓練。花了許多精神能量在欣賞美麗景物和藝術作品的人，才懂得拿眼前的屋頂和席勒的畫作相比擬。其他心流活動也是如此，如果不具備必要的技能，就沒辦法在追求的過程中得到真正的樂趣。視覺的心流體驗也是如此，但和其他活動不一樣的是視覺能力唾手可得，如果放著不去開發，就太可惜了。

這聽起來與上一個章節似乎有些矛盾，先前提到瑜伽修練時，我們要把眼睛訓練出視而不見的能力，現在卻又要盡可能用眼睛去製造心流。會認為有矛盾的人，是錯把重點放在行為上，而不是最後的體驗。只要掌控權握在我們手上，看與不看都無所謂。一個人可以在清晨把所有感官全部關閉，然後下午盡情發揮視覺感官來欣賞藝術。不管是哪一種方式，都可以讓他感受到愉悅。

音樂中的心流

每一種文化都將聲音加以編排，使它變得悅耳，並藉以提升生活品質。音樂最早也最普遍的功用之一，是讓聽者專注，以培養特定情緒，所以跳舞有跳舞的音樂、婚禮有婚禮的音樂，喪禮、宗教或要展現愛國情操時，也各有配合的音樂。有些音樂讓人覺得浪漫，有些音樂讓軍人走起路來更整齊劃一。

中非伊圖里森林裡的俾格米人[11]認為，他們之所以會遭遇不幸，是供應他們所需的森林不小心睡著了。這時，部落的領導會挖出埋在土裡的神聖號角，日夜不停的吹奏，希望喚醒森林，重拾往日的美好。這種運用音樂的方法四處可見，號角的聲音或許喚不醒森林，但是那熟悉的聲音彷彿在告訴俾格米人，救兵已經在路上了，所以他們可以信心滿滿地面對未來。現今的隨身聽或音響播放的音樂也有著異曲同工之妙。人格快速成長的青少年其實非常脆弱，他們得不斷面對各種威脅，這時，音樂[12]可以發揮慰藉的作用，幫助他們重建意識上的秩序。成年人也是如此。一位警察這麼說：「工作一整天忙著逮捕犯人、還要擔心自己遭害，如果回家的路上沒有收音機陪伴，我肯定會崩潰。」

音樂是經過組織的聲音資訊，聆聽它的人心靈也會跟著重組，降低精神熵，或那些干擾我們

11 關於俾格米人的音樂用途，請見特恩布爾（Turnbull，1961）。

目標的雜訊。除了可以消除疲勞與厭倦外，如果我們用心聽，音樂還可以誘出心流體驗來。[12]

有人說，科技是增進生活品質的一大功臣，因為它讓音樂隨手可得。[13]收音機、雷射唱片、錄音帶，二十四個小時不停的放送最流行的音樂，聲音品質好得沒有話說。所以照道理，不斷聽音樂應該會讓我們的生活變得更加豐富才對，但是這個說法其實犯了行為與體驗不分的錯誤。持續聽好幾天音樂，不見得比聽一場期待已久的音樂會帶來更多的樂趣。能提高生活品質的不是聽而已，而是聆聽。我們都聽音樂，卻很少真的聽進去，也因此，很少人可以在聽音樂當中感受到心流。

跟我們提到的其他事一樣，想要音樂引發心流，就得專注聆聽。或許我們也可以這麼說，科技使音樂太過普及了，以致於大家不再懂得珍惜，這種現象其實會降低當中的樂趣。在錄音技術還沒問世以前，特別當它只用在宗教儀式時，音樂讓人心生敬畏之情。不必搬出交響樂團，光是為鄉村舞蹈伴奏的小樂團，就讓人不禁讚嘆製造那和諧樂音的技能多麼奧祕。在現場聆聽的每個人都滿懷期待，也都知道要專注的聽，因為每一場演奏都是獨一無二、無法複製的。

至今還是有些參加現場表演的聽眾，像是去搖滾音樂會的人，會抱著朝聖般的態度前往。但是像這樣一大群人一起見證同一個事件，思考並感受相同的事、處理相同資訊的狀況已經很少見了。這種集體參與會在觀眾間製造社會學家涂爾幹[14]所謂的「集體亢奮」(collective effervescence)，一種因為屬於某個團體而產生的存在感。涂爾幹認為這種感覺是宗教體驗的根基。現場表演會讓人把注意力放在音樂上，因此，聽演唱會比聽複製的音樂更容易引人進入心流。

但是硬要說聽現場音樂更有樂趣，就跟為錄製音樂辯解一樣沒意義，因為只要我們專注聽，任何聲音都有可能成為樂趣的來源。印第安雅基族（Yaqui）的巫師告訴人類學家卡洛斯・卡斯塔尼達（Carlos Castaneda）[15]，只要仔細聆聽，連樂音和樂音間的休止符都可以讓人振奮不已。

許多人收藏了大量唱片，當中也不乏經典之作，但是卻沒辦法從中獲得樂趣。他們用高級音響聽了幾回，大肆讚嘆一番後，就把這些唱片束之高閣了，直到買了更高級的音響，才會再想起它們。相反的，那些真正懂得音樂潛力的人，知道怎麼把體驗轉換成心流。首先，他們會選一段時間，就只是專心的聽音樂，用柔和的燈光、坐在最喜愛的椅子上，來讓自己更加投入。音樂都是精心挑選過的，是有目標的聽。

聽音樂一開始[16]通常只是感官體驗。這時候，我們對聲音的感受屬於生理反應，取決於先天

12《物品的意義》（*The Meaning of Things*，契克森米哈伊與洛克伯格—哈頓〔Rochberg-Halton〕，1981）提到了音樂在美國人生活中的重要性，還發現音響經常被青少年認為是家中最重要的物品。警察訪問的內容也是來自同一份研究。契克森米哈伊與拉森（1984）、拉森與庫貝（Kubey，1983）提到音樂可以幫助青少年平復情緒，凝聚同儕間的向心力。

13 **錄製的音樂讓生活更豐富**。一九六〇年代後期，美學哲學家維托（Eliso Victor）在伊利諾州森林湖學院（Lake Forest College）的一場公開講座中提出這個論點（但我並不認同）。

14 **涂爾幹**提出「集體亢奮」是宗教狂熱的前身，見《宗教生活的基本形式》（*Elementary Forms of Religious Life*，1912〔1967〕）。特納（Victor Turner）的「共同體」（communitas）則以當代觀點來看自發性社會互動的重要性（1969, 1974）。

15 **卡洛斯・卡斯塔尼達**（1971, 1974）的著作一直到十年前都還備受推崇，但是在現在的集體意識中幾乎一點影響力也沒有。這套記載他拜巫師學藝的傳奇故事的著作中，最後幾部書確實讓人覺得困惑而沒有意義，但是前四部將許多重要的觀念寫得很有趣；關於這幾本書，我們可以用義大利諺語 *Se non e vero, e ben trovato* 來形容它們，意思是「或許不是真的，但是構想很好。」

的神經系統，會對特定的和弦、長笛哀泣般的聲音、激昂的小號聲特別有感覺，也對鼓或貝斯的節奏特別敏感，有人甚至說，那是因為聽起來就像在子宮裡聽到母親的心跳聲一樣。[16]

聽音樂的下一個階段是做比擬。這個階段，聽音樂的人會根據聽到的聲音，發展出和情感或景象做聯想的技能，例如，一段悲傷的薩克斯風演奏可能讓人聯想到烏雲籠罩的草原，不由地心生畏懼，柴可夫斯基的音樂可能讓人聯想到伴隨鈴聲穿越雪地森林的雪橇。流行歌曲就更直接了，透過歌詞，將一個人的心情與故事表露無遺。

聽音樂最複雜的階段是分析。這時，聽者的專注力要從感官或敘事轉移到音樂的架構，聆聽者必須懂得樂曲的組成，以及它為什麼聽起來和諧，並且有能力評判演出和音效；對同一位作曲家不同時期的作品，或是對同一時期不同作曲家的作品具有比較的能力；可以比較樂團先後的演出，或是跟其他樂團、指揮相比。分析式的聆聽者通常會去比較同一首曲子的不同版本，或是在聽音樂前有所規劃，像是這樣子：「我們來看看名指揮家卡拉揚（Karajan）一九七五年指揮的第七號交響曲和一九六三年錄製的有什麼不同？」或是「誰的銅管比較優秀呢？是芝加哥交響樂團，還是柏林愛樂？」有了這樣的目標，聆聽者可以不斷提供回饋（像是「卡拉揚這裡的速度慢下來了」、「柏林愛樂的銅管聲音比較嘹亮，沒那麼柔和」）。一旦培養出分析性的聆聽技能，從音樂中獲得樂趣的機率將大大提升。

目前為止，我們討論的都是怎麼在聽音樂時得到心流，但是更寬闊的心流，其實發生在那些製作音樂的人身上。阿波羅的文明力量來自他的七弦琴、牧神潘的笛聲讓聽者如癡如醉、奧菲斯甚至用音樂戰勝了死亡。這些希臘神話都指出，創造和諧樂音的能力與創造更廣泛、更抽象的社會秩序和諧，也就是我們所謂的文明，是相關的。根據這個關聯性，柏拉圖[17]相信孩子們第一個該學的東西就是音樂，如果能專注在優美的律動與和諧的樂聲中，意識也會跟著變得有秩序。

我們的文化似乎愈來愈不重視讓年幼的孩子接觸音樂技能這件事，刪減學校預算時，音樂、體育與藝術總是首當其衝。見到現代教育氛圍中，這三個可以提升生活品質的基本技能竟然被視為多餘，實在教人心寒。缺乏正式接觸音樂的機會，孩子們到了青少年時期會為了彌補這樣的不足，開始投注大量的精神能量在自己的音樂中。他們自組搖滾樂團、買唱片來聽，最後卻成了次文化的俘虜，無法在當中得到讓意識變得更為複雜的機會。

就算孩子真學了音樂，往往還會出現另一個問題：太過於強調表現，而忽略了當中的體驗。督促孩子把小提琴拉好的父母，通常不會特別在意孩子在學琴的過程中是否獲得樂趣。他們只在

16 **聽音樂的進程階段**是芝加哥大學海菲茲（Michael Heifetz）經實證研究提出的，但沒有公開發表。音樂學家邁爾（Leonard Meyer，1956）在更早的時候也提出了類似的發展軌跡。

17 **柏拉圖**在《理想國》（*Republic*）的第三卷裡，就教育議題和哥哥格勞孔（Glaucon）及蘇格拉底進行討論，並提到他對音樂的看法。他認為孩童不應該接觸「哀傷」或「過度放鬆」的音樂，以免破壞他們的性格——因此，課程中不該有愛爾尼亞式（Ionian）與利底亞式（Lydian）的調式，唯一可以接受的是多利安式（Dorian）和佛里幾亞式（Phrygian）的調式，因為這些調式有其必要性和自由的張力，可以訓練青少年勇氣與節制。不管柏拉圖的音樂品味如何，總之他是很看重音樂的。下面這段話是蘇格拉底說的（Book 3, p. 401）：「所以我說，格勞孔，音樂訓練比什麼都來得重要，因為節奏與和諧的調式可以進入孩子的心靈，在那裡牢牢的生根，把他們的心靈教育得溫文儒雅。」布隆（Alan Bloom，1987, esp. pp. 68–81）認同柏拉圖的說法，並且抨擊現代音樂，因為它採用的是比較偏愛爾尼亞式與利底亞式的調式。

乎孩子的琴藝是不是好到引人注目，有沒有機會在卡內基音樂廳表演。這麼做反而會讓音樂成為精神脫序的原因，結果適得其反。父母在音樂表現上的期待，經常帶給孩子龐大的壓力，有時甚至大到可能擊垮孩子。

洛林．荷蘭德（Lorin Hollander）[18]是位鋼琴神童，他父親是名指揮家托斯卡尼尼（Toscanini）交響樂團裡的小提琴首席，同時也是個完美主義者。荷蘭德回憶起小時候獨自彈琴，總會達到幾乎忘我的境界，但是只要有嚴格的大人在旁邊，他就會嚇得不能自己。到了青少年，有一次在台上表演時，他的手突然僵硬到張不開來，這種狀況持續了好多年，某個他不自覺的潛意識機制讓他決定，不再因為父親的批評而受苦。現在，荷蘭德已經從心理因素造成的癱瘓中恢復過來了，他把大半的時間都用在幫助其他有天分的孩子以應有的方式來享受音樂。

雖說學音樂要趁早，但也永遠不嫌晚。有些音樂老師專門收成人與年長的學生，也有不少生意人年過半百了，才決定要學琴。參加合唱團或業餘的弦樂演奏，是體驗將自己的技能與他人的技能結合最愉快的方式。現在還有一些很先進的電腦軟體，讓作曲變得很容易上手，而且立刻就能試聽演出的效果。學習製造和諧的音樂不只會帶來樂趣，就像其他複雜的技能一樣，還可以讓自我變得更強大。

美味中的心流

《威廉・泰爾》（*William Tell*）等多部歌劇的作曲家羅西尼（Gioacchino Rossini）對音樂與食物間的關係特別有研究：「就像心靈需要愛來滋養一樣，腸胃也需要食慾來填飽。我們的胃就像個指揮家，引導著七情六慾的交響樂。」除了音樂之外，食物也會影響我們的心情；世上的所有美食都基於這個理由誕生。德國物理學家海因茨・邁爾—萊布尼茨寫了幾本食譜，他也用了音樂的比喻：「在家做菜的樂趣就像在客廳演奏四重奏，在頂級餐廳用餐則像在享受一場精彩的音樂會。」

美國人對料理向來不囉唆，即使二十五年前的態度，也還是吃東西就吃東西，太過講究的話，就會被認為是墮落。一直到二十年前，整個趨勢才大翻轉。現在我們有美食家、品酒家，他們認真看待味覺樂趣的態度，彷彿在信奉一個新興宗教。美食雜誌如雨後春筍般出現、超市的冷凍食品櫃充斥著各種風味獨特的料理，各大廚也紛紛上電視主持烹飪節目。上個世代的人在住家方圓百里之內，恐怕只能找到賣牛排和馬鈴薯的餐廳，還不久前，義大利或希臘料理都被視為異國風味，但是現在越南餐廳、摩洛哥餐廳與祕魯餐廳隨處可見。過去幾十年的生活型態改變中，恐怕沒有哪一件比我們對食物的態度改變更大的。

就像性愛一樣，吃[19]也被我們的神經系統視為基本的享樂。以經驗取樣方法得到的研究結果

18 洛林・荷蘭德的事蹟取材自我們在一九八五年的談話。

19 吃。經驗取樣方法指出，在美國成年人日常生活做的事中，內在動機最強的就屬吃了（葛雷夫、契克森米哈伊與吉妮諾，1983）。青少年認為吃在具正面影響的事中排名第二，僅次於和同儕互動，在內在動機方面，僅次於聽音樂、參與運動比賽與休息（契克森米哈伊與拉森，1984, p. 300）。

顯示，即使生活在高度科技化的都市社會，人們還是認為用餐時間最讓他們感到放鬆與愉快。但在現在不少文化中，攝取熱量這樣簡單的事，不僅是一種享樂，還搖身變成了可以提供樂趣的藝術。

料理這件事在歷史上的發展，也是按著其他心流活動的原則進行的。首先，一個人要把握行動機會（這裡指的是環境中的各種食材），並在這些食材上花費心思，好區別出不同食材的特性。因為這樣，我們才會發現鹽有防腐功能、蛋可以將不同食材結合在一起、大蒜的味道辛辣但具有醫療效果，而且適量使用時可以增添各種菜餚的風味。得知這些食材的特性後，開始用它們來進行實驗，試著找出最討人喜歡的組合。各種美食就是在這樣的規則下應運而生，以有限的食材創造出層出不窮的佳餚與心流體驗。

許多料理創意都是因為王公貴族過飽生厭的味蕾而起的。二十五世紀前的波斯國王居魯士[20]就是其中一位。這是文史學家色諾芬（Xenophon）的觀察，內容或許有些渲染：「就為了尋找令他滿意的飲品，人們在居魯士大帝的要求下走遍天下；不斷絞盡腦汁，為他創造美食的廚子有上萬人。」不過拿食物做實驗並不是統治階級的特權，東歐鄉下的女孩如果不能每天變化出一道湯，是沒有資格結婚的。

然而，儘管美食文化已經發揚光大，很多人還是不怎麼在意自己吃進嘴裡的東西，平白錯失一大樂趣來源。想讓生理上的攝食需求轉換成可以帶來心流的活動，我們得在食物上投注更多注意力。吃東西的人如果不假思索，就讓精心為他們準備的食物囫圇下肚，不但教人錯愕，更教人氣餒。這樣無動於衷的態度無非浪費了一場難得的體驗！培養敏銳的味蕾就像學習其他技能一樣，需要投入精神能量，而這樣的付出得到的回報，是複雜許多倍的體驗。對美食的熱愛會慢慢變成對特定一種料理產生興趣，想要了解它的歷史背景，進而學習自己動手試試看，不是單一道菜，而是那個地區的各種料理。對中東食物特別有興趣的，知道怎麼做出最好吃的鷹豆泥、去哪裡找最頂級的芝麻醬和最新鮮的茄子。偏愛威尼斯美食的，會知道哪一種香腸和玉米粥最搭、哪一種蝦最適合用來取代海螯蝦。

就像運動、性愛、視覺美感體驗等涉及身體的心流來源一樣，從味覺獲得樂趣的前提，是成為活動的主導者。如果把成為美食家或品酒師當成目標，接受的都是外在的挑戰，這件事很容易便會讓人厭倦了。真正受過訓練的味蕾可以讓人不論在品嘗或烹調時，都充滿獲得心流的機會。大家會為了擁有這樣的體驗，帶著冒險和好奇的精神去探索食物，而不是只為了展現自己的專長。

美食與性慾有一個共同點，那就是它們都有令人上癮的危險。暴食和色慾會同時被列在基督教的七原罪中，一點都不讓人感到意外。教會的創立者顯然很清楚，迷戀肉體的樂趣會荒廢精神能量。清教徒之所以不信任享樂[21]，就是一旦讓先天的慾望嘗過甜頭，人們就會想要更多，最後

20 波斯國王居魯士的事蹟取自色諾芬（431 B.C.–350 B.C.）所著的《居魯士傳》（*Cyropaedia*），這是一本虛構的小說，不過色諾芬確實是撰居魯士生平的作家中，唯一在他的軍隊服役過的人（也可參考他的另一著作《小亞細亞遠征記》〔*Anabasis*〕，英譯書名為 *The Persian Expedition*，華倫〔Warner〕譯，1965）。

21 關於清教徒與享樂，請參考杜勒斯（Foster Rhea Dulles，1965）詳細的歷史介紹、卡森（Jane Carson，1965）對維吉尼亞殖民地娛樂的介紹，以及凱利（Kelly，1982）的第五章。

為了滿足慾望，忽略了日常生活該做的事。

然而，一味的壓抑不是解決問題的辦法。當人們因為害怕而克制自己時，生命就會受到侷限。他們會變得僵硬、有防衛性，然後停止成長。只有透過有紀律的自由選擇，我們才能在合理範圍內享受生活樂趣。當一個人控制本能的慾望是出於自願，而不是礙於強迫時，他才能享受樂趣而不上癮。美食狂熱者對自己或對他人來說都是無趣的，完全不遷就口腹之慾的人也是如此。在這兩個極端中間，我們有很大的空間可以提升生活品質。

幾個宗教都把身體比喻成「神的聖殿」或是「神的器皿」，這樣的用詞就算是無神論者也可以理解。以細胞與器官構成的個體，是我們與外界溝通的工具。它就像一個探測器，上面布滿各種敏銳的裝置，可以不斷接收外來的訊息。也是透過身體，我們才能跟其他人或世界互動。這樣的關聯顯而易見，但是我們常忘了當中的樂趣。我們的生理機能已經演化成熟，只要善用感官構造，就可以讓整個身體產生和諧的共鳴。

發掘身體製造心流的潛力並不難。你不需要有特別的天賦，也不需要花大把的錢，只要找一、兩個之前被你忽略的生理機能，加以探索，就可以大大提升生活品質。當然，一個人不可能在眾多領域都達到最高的複雜性。一個好的運動員、舞者，或視覺、聽覺、味覺鑑賞者，各有所需的技能，很少有人擁有足夠的精神能量可以樣樣精通，但是只要願意多涉獵，就算是半吊子也好，都可以培養出足夠的技能，藉著身體的各種能力獲得樂趣。

CHAPTER 6

思想的心流
The Flow of Thought

生命的美好不全是由感官來的。有時候，我們接收的訊息挑戰的不是感官，而是思考的能力，最後帶出由內而發的美好體驗。大約四百年前，培根（Sir Francis Bacon）就發現好奇心——知識的種子，是單純的愉悅。就像生理機能各有潛能一樣，不同心理運作提供樂趣的方式也各不相同。

在所有追求知性的方式中，閱讀[1]是最常被提及的心流活動。解開心理的疑惑[2]則是所有追求樂趣的活動中歷史最悠久的，可說是哲學與現代科學的前身。有些人的視譜技巧高明，不需要透過演奏，光是看譜就可以得到樂趣，有時他們甚至寧願讀譜，而不要聽交響樂團演奏，因為想像出來的樂音總是比實際演出更為完美。同樣的，投入藝術鑑賞的人受作品的情感、歷史或文化背景吸引的程度，有時反而更甚於單純的視覺感受。有一位藝術鑑賞家曾這麼說：「能感動我的藝術作品……[3]背後通常有許多哲學、政治或知性上的含義……視覺表現其實是一部美麗而獨特的機器的指示牌，這部機器的功能不是將視覺元素進行重組而已，它是藝術家結合視覺與知覺創造出來的思想機器。」

欣賞一幅畫時，我們必須把它當成一部「思想機器」，而不只是一張圖，因為它蘊藏了畫者的情緒、希望與想法，還包含了當代的歷史文化精神。只要留心，在運動、飲食和性愛等帶來樂趣的生理活動中，也可以發現類似的心靈層面。硬要將心流活動劃分成生理的心流與心理的心流顯得牽強，因為任何生理活動如果要有樂趣，多少都得有心理元素參與其中。運動員都知道，想要在表現上有所突破，就得學會操練心靈，而最終得到的獎賞，包括個人成就感和自尊心提升，遠勝過健康的身體。反之亦然，大部分心理活動也有賴生理層面的協助。以下棋為例，它雖然是以腦力為主的活動，但是西洋棋高手的訓練通常還包含了跑步與游泳，因為生理狀態如果不好，就沒辦法在漫長的棋賽中貫注精神。瑜伽修行者藉著控制身體來控制意識，兩者之間的結合更是天衣無縫。

雖說大多數心流活動除了會用到肌肉與神經外，也多牽扯到我們的意志、思考和感覺，但我們還是應該將不經過身體感官，而是由心靈秩序直接帶來樂趣的活動分門別類出來。符號性是這些活動的特質，因為它們都依賴某種自然語言、數學或像是電腦語言一樣抽象的記號系統，來協助建立心理秩序。這個符號系統就像之前提到的比賽一樣，提供了有別於現實的世界，參與者可以在當中盡情發揮，而他們所做的事很可能是這個世界外的人不會明瞭的。在符號體系中，「行動」指的通常是對想法的心理操縱。

從心理活動獲得樂趣的條件，與生理活動是一樣的。這個符號世界中必須有技能、有規定，還要能得到回饋。再者，當事人必須全神貫注，在過程中適時接受與自己技能程度相當的挑戰。

現實生活中，我們的心理狀態往往比想像中來得混亂[4]，建立秩序不是件容易的事，如果沒有經過操練，也沒有外在事物迫使我們專注，要我們的心思專注個幾分鐘都有困難。有外在刺

1 **閱讀**。根據馬西米尼教授（Massimini）從世界各地搜集的面試結果，閱讀是最常被提到的心流活動，特別是漸趨現代化的傳統族群（馬西米尼、契克森米哈伊與費夫〔1988〕, pp. 74–75）。也可參考奈爾（Nell，1988）關於閱讀如何帶來樂趣的著作。

2 **心理疑惑**。荷蘭歷史學家惠欽格（Johann Huizinga，1939〔1970〕）認為科學等學科都源自猜謎遊戲。

3 **「能感動我的藝術作品……」**摘錄自契克森米哈伊與羅賓森（1991）。

激，例如看電影，或在交通繁忙的路段開車時，要集中注意力就容易多了。讀一本精彩的書也有利我們專注，但通常也是讀個幾頁，心思就要飛了，得費點力氣才能再把注意力拉回來，繼續讀下去。

我們很少注意到自己的心理控制能力竟然這麼差，那是因為我們的精神能量已經有一定的慣性了，所以思緒像是沒有間斷似的，一個接著一個。早上鬧鐘一響，我們重新恢復意識，馬上知道要走進浴室刷牙。接著，文化賦予的社會角色便擔當起思想塑造的工作，而我們就像進入無人駕駛模式般的度過一天，最後上床睡覺，放下意識。但是獨處、沒有其他事情需要我們的注意力時，心理原本雜亂無章的面貌就出現了。因為無所事事，思緒開始隨意亂竄，最後往往停留在最痛苦或是最煩惱的事上。除非知道懂得駕馭自己的思緒，否則專注力總會落在當下最苦惱的事上。這些痛苦有真實的，也有想像來的，有些是近期的不滿，也有些是長期的積怨。精神熵雖然是一種正常的意識狀態，但它既沒有用處，也不能帶來樂趣。

為了避免這種狀況，大家會急著以隨手可得的資訊來填滿心靈，只要能將注意力從這些負面情緒挪開，做什麼都好。這也解釋了為什麼許多人會花大量時間看電視[5]，即使這麼做並不能帶來多大樂趣。跟其他刺激來源，像是閱讀、與他人交談或是發展嗜好相比，電視可以不斷提供容易獲得的資訊來吸引觀看者的注意力，而且耗費的精神能量是很低的。看電視時，就不必擔心隨意漂移的心靈會迫使他們去面對不想面對的問題，也難怪有人一旦選擇用這種方式來克服精神熵，要他們放棄這習慣是難上加難。

要避免意識混沌當然有更好的選擇，那就是建立駕馭心理運作的習慣，而不是依賴看電視這種外來刺激。建立這樣的習慣需要練習，心流活動中必備的目標與規定更是不可或缺。舉例來說，做白日夢就是一個簡單操控心靈的方式，過程當中只需要將心理圖像[6]當成一連串的事件排演。然而，即使是這麼容易的事，還是有很多人無法勝任。白日夢與心理圖像權威，耶魯大學的心理學家辛格（Jerome Singer）指出，有許多小孩還是沒學會做白日夢的技能。做白日夢時，我們可以利用想像力來彌補現實世界的不愉快，進而建立情緒秩序，例如，光是想像欺負自己的人被處罰，就可以減少受挫感以及對對方的敵意。除此之外，事先演練假想的狀況，可以讓小孩（或大人）知道遇到狀況時要採取什麼最佳策略、有什麼選擇，並且想到原本沒想到的後果，以提高意識的複雜性。當然，技能夠純熟的話，做白日夢還會是一件樂趣無窮的事。

4 **我們的心理狀態往往比想像中來得混亂**。這個結論是根據幾個從經驗抽樣方法得到的證據來的。例如，青少年做的所有事中，「思考」是最缺乏內在動機的活動，也是最具負面影響和最消極的活動（契克森米哈伊與拉森，1984, p. 300）。他們表示，只有在沒有其他事做的時候——沒有外在需求加諸心靈時，他們才會思考。成年人也是如此，在沒有外在建構的活動可以做時，最不開心（庫貝〔Kubey〕與契克森米哈伊，in press）。各種感官控制的實驗也指出，缺少規則資訊輸入時，意識組織很容易瓦解。例如，喬治・米勒（George Miller）寫到：「我們的心靈因吸收訊息，所以得以存活。」（米勒，1983, p. 111）。把層面提高一點，也可以說，個體因為吸收精神負熵而得以存活（薛丁格〔Schrodinger〕，1947）。

5 **關於觀看電視**的負面特質記載於數份以經驗抽樣方法進行的研究，例如契克森米哈伊與庫貝（1981）；契克森米哈伊與拉森（1984）；契克森米哈伊、拉森與普雷史考特（Prescott，1977），契克森米哈伊與庫貝（in press），以及拉森與庫貝（1983）。

6 **心理圖像**。關於白日夢的研究，請參考辛格（Singer，1966, 1973, 1981），辛格與史威澤（Switzer，1980）。過去十年，心理圖像運動開始在美國發展。

論及有助於建立心理秩序的條件，我們會先探討記憶在當中扮演的重要角色，接著看看語言文字是怎麼製造心流體驗的，最後則是進一步介紹歷史、科學與哲學這三個符號象徵體系，一旦了解它們的運作規則，就可以掌握樂趣。值得一提的領域當然不只這些，但是這三者足以做為範例。只要願意，任何人都可以加入這些心理「遊戲」。

科學之母

希臘人將記憶擬人化，並以謨涅摩敘涅女神（Mnemosyne）代表記憶。她是九位繆斯（Muse）的母親，也是所有藝術與科學之母。我們可以將記憶視為最古老的心理技能，所有其他心理技能都因它而生，如果沒有記憶能力，根本談不上其他心理運作規則，這個世上永遠不會有邏輯，也不會有詩歌，每個世代都得重新尋找科學的基本原理。就一個物種的歷史而言，記憶的重要性勝過一切。在文字書寫系統還沒問世之前，所有學習到的資訊都必須靠著記憶傳給下一個人。對一個個體的歷史也是如此，一個人如果記不得先前經驗學習到的知識，就沒辦法建立可以整頓心靈的意識模式。就像西班牙導演路易斯．布紐爾（Luis Buñuel）所說的，「沒有記憶的生命就不能算是生命[7]。……記憶是我們之間的連結、我們的理性、我們的感覺，甚至我們的行動。少了記憶，我們什麼都不是。」

任何心理上的心流不管直接或間接，都有賴記憶成全。歷史上認為，族譜是最早出現的有組織資訊，目的在讓大家記得自己的祖先[8]，以及自己在部落或家族裡的地位。《聖經》舊約裡的前面幾卷都出現了這樣的族譜（例如〈創世記〉第十章的廿六到廿九節所寫的：「約坍生亞摩答、沙列、哈薩瑪非、耶拉、哈多蘭、烏薩、德拉、俄巴路、亞比瑪利、示巴、阿斐、哈腓拉、約巴，這都是約坍的兒子。」）在沒有其他秩序基礎的情況下，知道自己的出身、與哪些人有親戚關係，是建立社會秩序不可或缺的。在文字誕生以前，背家譜是非常重要的事，即使是今天，背得出家譜的人仍引以為樂。記憶能帶來樂趣，因為它可以幫助一個人完成目標，讓意識有秩序。我們都有過突然想起車鑰匙，或是某個遺失的東西放哪裡的小幸福。回溯幾個世紀，背出一長串長者的名字也可以帶來樂趣，因為這麼做可以讓我們在延續不斷的生命河流中，找到自己的立足點，就像一條鏈鎖中的一環，始於神祕的過去，邁向不可知的未來。雖然世系歷史在我們的文化意義已經不大，但人們還是樂於談論自己的家世淵源。

除了背誦自己的出身外，我們的祖先還得記得與環境相關的所有事實，例如哪些藥草或水果

7 「沒有記憶的生命就不能算是生命……」。參考奧立佛・薩克斯（Sacks，1970〔1987〕, p. 23）。

8 記得自己的祖先。一般而言，這件事是氏族長者的工作，有時會交由族長來做。例如：「真要說的話，美拉尼西亞的酋長……沒有管理工作、沒有功能……但是他……知道族裡的神話、傳統、聯盟和力量……從他口裡講出氏族的名字，以及代代相傳的智慧之語時，每個人的時間都因而延伸了……族長的威權取決於他獨具的特質：他本身就是氏族的道。」（里恩哈特〔Leenhardt〕，1947〔1979〕, pp. 117–18）。伊文思—普理察（Evans-Pritchard）對蘇丹努爾族（Nuer）的描述，揭示了他們得記得的親族關係之複雜程度，他們將祖先分成了最大、主要、次要和最小支系，並往上推及五代或六代錯綜複雜的關聯性（伊文思—普理察，1940〔1978〕）。

可以食用、健康原則、行為準則、繼承模式、地理知識、工藝基礎，以及智慧結晶等，這些都被編成容易記憶的諺語或韻文。在印刷還沒有盛行以前，許多人類的知識就是這樣，以像朗朗上口的兒歌般呈現。

根據荷蘭文化歷史學家約翰．惠欽格（Johann Huizinga）的看法，所有系統性知識的前身中，猜謎遊戲是最重要的。在古老的部落中，長者會藉此挑戰彼此，由某個人先唱出一首歌來提供線索，然後由另一個人來猜隱藏在當中的答案。謎語專家間的較勁可說是部落內最刺激的益智活動了。謎語的形式蘊藏邏輯規則，內容經常是老祖先們認為要保存下來的知識。有些謎語[9]很簡單，像下面這首由夏綠蒂．格斯特女爵（Lady Charlotte Guest）翻譯成英文的老威爾斯韻文：

猜猜這是誰：
洪水之前就已經存在的大能之士，
沒有骨，也沒有肉，
沒有血，也沒有脈，
沒有頭，也沒有腳……
但田野森林裡都是它的蹤影……
沒有手，也沒有足，
但遍地都布滿它的足跡，

沒有人知道它從何而來，
沒有人見得到它……

謎底是「風」。

有些德魯伊教士（druids）與吟遊詩人背誦的謎題長一點，也複雜些，巧妙的字句裡面可能蘊藏著知識的奧祕。英國詩人羅伯特・格雷夫斯（Robert Graves）認為，古老的愛爾蘭和威爾斯智者把智慧都藏在詩裡，方便大家記憶。他們經常用一些精心安排的謎語，例如用樹的名字來代表不同字母，然後以一連串樹名拼出他們要的字。一首冗長而詭異的威爾斯吟遊詩人老詩叫《樹的爭戰》，它的六十七到七十行是這麼說的：

前排的楊樹
群起騷動，
柳樹與山梨
按兵不動。

9 夏綠蒂・格斯特女爵翻譯的韻文，以及本頁的謎語都取自格雷夫斯關於詩與文學起源的名著《白之女神》（*The White Goddess*，1960）。格雷夫斯屬於那個嚴謹的學術與不羈的想像力可以共存的年代——那個C・S・路易斯（C. S. Lewis）與托爾金（R. R. Tolkien）在牛津大學裡，一邊教古典文學、一邊寫科幻小說的年代。格雷夫斯重建的創作雖然具有爭議，但是可以讓一般人對古老的思考與體驗特質有點概念，這是嚴謹的學科無法提供的。

按德魯伊的字母，楊樹代表的是F，柳樹代表S，而山梨代表L。藉著這種方式，少數懂得字母的德魯伊教士表面上好像是在唱一首講樹木彼此爭戰的歌，但事實上卻在傳達內行人才懂的訊息。當然，解謎需要的技能不只有記憶而已，專業的知識、豐富的想像力與解決問題的能力也是必備的。只不過沒有好的記憶，確實當不成優秀的解謎者，更不可能在其他心理技能上有所成就。

有人類智能紀錄以來，最令人讚賞的心理天賦就屬優秀的記憶力。我爺爺七十歲時，還可以完整背出他高中畢業前，得以希臘文背誦的英雄史詩《伊利亞德》（*Iliad*），長度有三千行。每次這麼做的時候，他就會一臉得意，朦朧的眼睛望著遠方的地平線，每個抑揚頓挫都讓他年輕了幾歲，一字一句都喚起了他當年初次學習這首詩的體驗，對他來說，背這首詩就像在進行時光之旅。對那個年代的人來說，知識和記憶還是被劃上等號的。一直到了上個世紀，文字紀錄變得廉價而普及後，記憶的重要性才大幅降低。現在，好記憶除了在玩益智遊戲時派得上用場，其餘的用處並不大。

但是完全沒有東西可以記的人，生活會過得非常的乏味。上個世紀初期的教育改革者完全忽略了這點，他們根據某些研究的結果判斷，「死背」[10]不是學習資訊或吸收資訊的有效方式。在他們的努力下，死背這件事慢慢退出了校園。如果這些改革者的用意，是指出記憶不能解決實用問題，那還有道理，但是如果掌控意識的重要性不輸給解決事情的能力，就不能說把複雜的資訊牢記在心是浪費時間。有穩定內涵的心靈總比沒有來得好，我們不該誤以為創意與背誦是互相抵觸的。某些最具獨創性的科學家，就是以可以記憶大量音樂、詩詞或歷史資料著稱。

記得住故事、詩詞、歌詞、球賽統計數據、化學式、數學運算、歷史日期、《聖經》經節和至理名言的人，比起沒這種技能的人具有優勢。他們比較不需要藉助外在環境來建立意識秩序，也比較能夠自娛，並從心靈的內涵找到意義。當大家需要電視、閱讀、交談或藥物等外在刺激，才能避免自己陷於混沌時，他們的記憶庫中滿是資訊，讓他們可以自主，更可以自足。除此之外，這樣的人也是大家心儀的夥伴，因為他總有東西可以和大家分享，進而幫助身邊的人建立意識上的秩序。

怎麼樣提升記憶的價值呢？最自然的方式就是先決定你對哪個主題特別有興趣，或許是詩詞、美食佳餚、戰爭歷史或棒球等，接著，先把注意力集中在該領域的關鍵事實和人物。有了基本概念後，就會知道哪些事是值得記的。這裡有一個重點，那就是不要覺得你必須記住一大串事實，或是有哪些事一定得記住。你可以自己決定要記住什麼，這麼做，這些資訊才會在你的掌控中，整個用心記憶的過程也才會變成一件有樂趣的事，而不是外在加諸給你的差事。對南北戰爭有興趣的人，不需要覺得非得記下所有重大行動的日期，如果只對大砲感到興趣，就只著重在那些與大砲關係重大的戰役就好。有些人會把喜歡的詩詞或語錄記在紙上，隨身帶著，覺得無聊或意氣消沉時，就拿出來看一看。知道自己喜愛的資訊隨手可得，讓他們得到一種令人驚奇的掌控

10 死背。賈瑞特（H. E. Garrett，1941）探討了造成背誦在學校消失的實驗證據；或參考蘇普斯（Suppies，1978）。證據指出，記憶沒有意義的音節不會提高記憶能力。為什麼這個結果會讓教育學者認為學生應該停止背誦有意義的文字，令人不解。

感[11]。等到這些東西存入他們記憶後，那種擁有這些知識的感受，或說與這些知識連結的感覺會更加強烈。

有一種狀況是我們不樂見的，那就是一個人在精通某個領域的資訊後，開始變得咄咄逼人。不過這種事通常只發生在想要拿記憶炫耀的人身上，如果是發自內心的動機、真正的感興趣，也渴望掌控自己的意識，而不是受控於環境，那麼這種狀況發生的機率其實不大。

心靈遊戲的規則

記憶不是塑造心靈狀態的唯一工具，如果不能將記住的事實分門別類或找出規律也是枉然。建立秩序體系最簡單的方式，就是為每個東西命名，我們發明的文字可以將互不相關的事件變成通用的類別。文字力量無遠弗屆，《聖經》〈創世記〉第一章裡，上帝說要有光，就有了光，藉著命名，他創造了白晝和夜晚、天空、大地、海洋，以及世上萬物，就這樣完成了整個創造的工作。〈約翰福音〉是這麼開始的：「宇宙被造以前，道已經存在。」這裡的「道」指的就是文字。古希臘哲學家赫拉克利特（Heraclitus）的著作留下來的殘篇斷簡中提到：「道（邏各斯，*Logos*）是永恆不變的，但是人類對它的理解始終原地踏步……」這些引言都在告訴我們，文字對掌管體驗非常重要。文字是大部分符號系統的組成元素，它讓我們方便思考，也讓我們大腦的儲存能力大為增加。少了這種整理資訊的系統，就算記憶力再怎麼好，還是會覺得意識處於一片混亂。

有了名字後，接下來還有數字與概念，最後再用規律可預期的方式將它們結合起來。西元前六世紀，古希臘哲學家畢達哥拉斯（Pythagoras）和他的學生開始著手分類整合這項艱鉅任務，希望找到可以將天文學、幾何學、音樂與算術結合的共通法則。不意外的，他們的工作很難和宗教脫離關係，因為雙方的目標非常相似：想要找出方法來表達宇宙的結構。兩千年後的天文學家克卜勒與物理學家牛頓依舊在追求相同的事。

理論思想從來沒有完全失去它古老謎語般的意象特性。西元前四世紀的阿爾庫塔斯（Archytas）[12]是位哲學家，同時也是塔蘭托城邦（Tarentum，位於現在的南義大利）的最高統帥，他曾以自問自答證明了宇宙是沒有邊界的：「如果宇宙有邊界，那麼假設一個人站在宇宙的邊界上，將一根長矛向外拋，會發生什麼事呢？」如果有邊界，那根長矛會掉出去，消失在宇宙外的空間，所以照這個說法，宇宙應該是沒有邊界的。阿爾庫塔斯的推論聽起來很粗糙，但是想想愛因斯坦為了證明相對論，提議在車速不同的火車上看時鐘走的速度會不會跟著改變，不也是一樣的思考實驗？

除了故事與謎題外，所有文化都慢慢發展出以幾何表示與形式證法（formal proofs）等更有系統的規則來結合資訊。利用這些公式，我們可以描述星星的移動、準確預測季節循環，並正確地

11 **掌控記憶**。記憶就像做夢一樣，都不是自我意志可以控制的事——我們不可能喚起一件不記得的事，把它放進意識裡。但是如果願意多花些心力，記憶是可以大幅改善的。只要懂得方法與原則，就可以建立促進記憶的方法，來幫助我們記住那些容易忘掉的事。史景遷（Spence，1984）探討了上古與文藝復興時期的人採用的方法。

12 關於**阿爾庫塔斯**的思考實驗，請參考喬治．德．桑提拉納（de Santillana，1961〔1970〕, p. 63）。

為地球做圖。抽象的知識演變成我們現在所知的實驗科學，都是拜這些規則所賜。

這裡有件很重要但我們經常忽略的事：哲學與科學的誕生與蓬勃發展，都是因為思考是一件令人愉悅的事。如果這些思想家不傾心於演繹推論與數字所建立的意識秩序，就不會有我們現在所知的數學與物理學科。

然而，當今大部分的文化發展理論都不認同這個說法。堅信各種物質決定論的歷史學家認為，一個人的思想主要是賴以維生的工作塑造的。根據他們的說法，算術和幾何會發展起來[13]，是因為位在大河流域，如底格里斯河、幼發拉底河、印度河、長江與尼羅河的「水利文明」需要利用它們來獲得精確的天文知識與灌溉科技。對這些歷史學家來說，人類所有的創造都因外來的力量而生。這些外來力量包括戰爭、人口壓力、擴張領土的野心、市場狀態、科技需求或階級鬥爭等。

外在力量可以決定眾多觀念中哪些是重要的，但是沒辦法解釋它們的生成[14]。例如原子能的發展與運用，曾經讓德國和英國、美國間的生死之鬥變本加厲，但核分裂的科學基礎與戰爭是毫不相干的，它是太平盛世研究出來的知識，或許是歐洲物理學家把酒言歡的產物，最後經由哥本哈根的某家啤酒廠傳遞給波耳（Niels Bohr）的觀念。

偉大思想家們的動力，是沉浸在思考中得到的樂趣，而不是物質上的報酬。德謨克利特[15]是古代最具獨創性的思想家之一，深受他老家阿布德拉的同胞（Abderite）愛戴，但是他們完全不懂德謨克利特在做什麼。有一次，他們看德謨克利特一動也不動地陷入沉思，覺得事情不大尋常，以為他生病了，於是就請古希臘名醫希波克拉底（Hippocrates）去看看他們的聖人怎麼了。希波克拉底不但是名醫，還很有智慧。看完後，他請大家放心，他們的聖人非常清醒，他不是瘋了，而是陶醉在思考的心流中。

德謨克利特留下來的文字片段，描述了操練思考是多麼有意義的事：「思考美麗的事物或一個新鮮的想法，讓我有一種神聖的感動。」；「幸福不存在於力量和金錢中，它藏在正義與各種事中。」；「與其擁有整個波斯帝國，我寧願發掘真理。」也難怪與他同時期的哲學家說他的生性樂觀，「德謨克利特常說，快樂與自信可以消除一個人內心的恐懼，沒有什麼可以勝過它們。」換句話說，他的人生之所以充滿樂趣，是因為他知道怎麼掌控意識。

德謨克利特不是唯一陶醉在心流的思想家。人們經常認為哲學家「心不在焉」，意思是他們偶爾會全心投入最喜愛的知識領域，沉浸在以符號呈現的世界，而有和現實生活脫節的情形。牛頓就曾經把手表當成雞蛋丟進沸水去煮，一手還握著雞蛋計時，想必是把所有精神能量都投入抽

13 **算術和幾何的發展**。魏復格（Wittfogel，1957）以科學（以及政治）唯物主義的觀點，對古老的灌溉技術發展做了精彩的介紹。

14 **新文化產物**的誕生多因為樂趣而非需求的說法，來自契克森米哈伊（1988）。就連使用金屬這樣基本的技術也是如此：「世界幾個地區都有這種情形，特別是冶金術的發明，在青銅等金屬成為實用物品之前，最初的用途都只是新潮漂亮、可以展現的材料……大部分情況下，早期冶金的目的，都是因為它的產物吸引人，可以做為象徵或個人的裝飾品，並利用這種方式來吸引名聲或提高聲望。」倫弗瑞（Renfrew，1986, pp. 144, 146）。惠欽格（Huizinga，1939〔1970〕）認為宗教、法律、政府與軍事力量一開始也是玩樂性質，或是一種遊戲，後來才慢慢變得嚴肅而制式化。韋伯（Weber，1930〔1958〕）也指出，資本主義最初是一種企業家玩的冒險遊戲，隨著作法因慣例和法律變得僵化，最後成了「鐵籠」。

15 **關於德謨克利特的軼事**，請參考德．桑提拉納（de Santillana1961〔1970〕, pp. 142ff.）。

象思考中，以致沒有餘力去管現實世界的事了。我的重點是，把玩思想是很有樂趣的事，不管是哲學或新興的科學思想，都源自於尋找描述現實的新方法時的樂趣。每一個人都擁有讓思考產生樂趣的工具，學校和圖書館裡的書籍記錄了五花八門的知識。一個人一旦熟悉了詩詞的韻律或微積分的規則，就可以不再那麼倚賴外界的刺激。不管外界發生什麼事，他都自有一連串有秩序的想法。學會怎麼運用符號系統的人，就像心靈裡擁有一個自給自足、可以隨身攜帶的世界。

有時候，這種內化的符號世界甚至可以挽救生命。據說，冰島[16]的詩人密度比任何國家都要高，是因為他們的生存環境特別惡劣，只好靠背誦長篇史詩來維持意識秩序。幾個世紀下來，冰島人不但把祖先寫的史詩保存了下來，還添加了新詩句。在與世隔絕的寒夜中，他們無視外頭呼嘯不止的凜風，在簡陋的小屋裡圍著爐火吟詩。假設他們什麼都不做，光坐著聽北風作弄人的咆哮，內心恐怕很快就會被恐懼與絕望填滿。但是藉著有條不紊的格律與韻律，再以口說意象的方式將生活事件融入其中，他們成功掌控了自己的體驗。在狂亂的暴風雪裡，他們創造了有風格、有意義的詩歌。這些史詩對冰島人的幫助有多大呢？少了這些史詩，他們還能存活嗎？我們沒有確切的答案，但是又有誰有這個膽量去挑戰呢？

類似的情形也發生在文明突然被剝奪、身處極端逆境的人身上，像是先前提到的集中營或極地考察隊的生還者。外在環境殘酷不已時，內在的符號系統就成了救贖，這時具備心靈規則的人就可以發揮他們的優勢，詩人、數學家、音樂家、歷史學家與《聖經》學者比其他人更能在驚濤駭浪中穩住陣腳。就某個程度來說，種田的農夫和森林裡的伐木工人也有類似的支持系統，只不過他們具備的知識不是用抽象符號表示的，而是藉由跟實際環境互動，才掌控得了意識。

但願我們都不會遇上非得使用符號技能的狀況，但是具備一套心靈運作規則對日常生活也有很大的幫助。缺少內建符號系統的人，很容易成為媒體的俘虜。他們很容易受蠱惑、也很容易被安撫，所以賣東西的人都視他們為肥羊。如果有人倚靠電視、藥物或草率的政治或宗教救贖，那也是因為他們實在沒有其他方法；缺乏內在規則，很容易就會被那些自稱有答案的人收服了。無法供應自己資訊的心靈，只能漫無目標的隨意漂浮。每一個人都有權力決定自己的秩序是要由無法掌控的外界決定，還是藉由本身擁有的技能與知識來建立。

文字遊戲

怎麼樣才能精通以代號表示的系統呢？這得看你有興趣探索的是哪個領域。我們已經討論過最原始、也最基本的文字使用規則。現今的文字依舊提供複雜程度各異的機會，讓人們進入心流。填字遊戲就是一個看起來沒什麼了不起，卻極具代表性的例子，它形式上與古老的字謎很相似，許多人會用它打發時間。不需要花錢，還可以隨身攜帶，只要挑選的題目難易適中，不管是新手老手都可以找到適合自己的挑戰，從中獲得樂趣。解出答案帶給人的成就感，讓在機場苦候的乘

16 關於冰島人的英勇事蹟，請見強生（Skuli Johnson，1930）的收集。

客、搭火車通勤的上班族，或是星期天找事消磨時間的人都有機會體會微微的心流。但是如果一個人把填字謎當成唯一任務，就又回到對外來刺激的倚賴，在這裡是幫報章雜誌的字謎專家們提供的挑戰。真想要在這遊戲自主的話，自己設計填字謎是比較好的選擇。這麼做，玩家就能不受限於外來形式，自由的發揮，得到的樂趣也更為顯著。設計填字謎並不困難，我認識一位八歲的孩子在玩過幾次《紐約時報》的字謎後，就開始設計自己的字謎，成果令人驚艷。當然，就像任何值得培養的技能一樣，初學者最初得投入大量精神能量。

另一個利用語言文字來增添生活趣味，而且更具潛力的活動，是談話的藝術。經過兩個世紀的功利主義影響，讓我們深信說話的主要目的是傳遞有用的訊息。因此，現代人講求以簡明扼要的溝通方式傳達實用知識，其餘的都是浪費時間。也因為這樣，大家愈來愈不懂得怎麼跟別人談沒有直接利害關係或專業以外的內容。我們當中很少人可以體會阿里（Caliph Ali Ben Ali）[17]所寫的：「一段絕妙的談話，可以讓人彷彿置身伊甸園。」這是多麼大的遺憾，因為談話的主要目的不是在把事情講完而已，而是在提升我們的生活品質。

兩位最具影響力的現象社會學家彼得．柏格（Peter Berger）與湯瑪士．陸克曼（Thomas Luckmann）曾經寫過，我們藉由談話來確認自身和所處世界的關聯[18]。早上出門遇見熟人時，我們會說「今天天氣真好！」但我們不是真的想聊天氣，也沒這個必要，因為天氣如何顯而易見。我們真正想表達的，其實是背後沒說出來的事，像是告訴對方我知道他的存在，而且我對他是友善的。除此之外，這句話也重申了我們在文化中的一個互動規則，那就是與人接觸時，談論天氣是個很安全的選擇。最後，藉由強調天氣「好」，點出了一個我們都有的價值觀，那就是大家都喜愛美好的事物。所以，這樣一句不經意的問候，就可以讓我的朋友維持心理秩序。當他回我，「是啊，天氣真好！」時，他也維持了我的心理秩序。柏格與陸克曼指出，要是缺少了這樣的經常提醒，人們很快就會對他們生活的世界產生懷疑。我們的寒暄問暖，收音機和電視機傳來的閒聊，都在向我們確保一切安好，事情還是一如既往。

可惜的是，很多時候談話在這裡就結束了。只要選字合宜、句子的組合也恰當，就能為聽者帶來大大的滿足。用詞遣字與口語流暢之所以是商業主管成功的重要條件，並不只是功利性的緣故而已。一段好的談話可以豐富人與人間的互動，更是每個人都學得來的技能。

教導小孩文字潛力的方法之一，是讓他們從小玩文字遊戲。雙關語對大人來說可能是很初級的幽默，卻是訓練孩子控制語言很好的練習。我們必須做的，就是跟孩子對話時多加留意，只要有機會用到具有雙重意義的字，就假裝不懂現在指的是什麼意思。

孩子第一次聽到「我的喉嚨有隻青蛙」[19]時會有些困惑，事實上，對他們解釋這句話真正的意義時，甚至會造成小小的創傷，但是不用多久，孩子們就可以領悟了，不但聽得懂，自己也會講起雙關語，讓對話變得更生動有趣。這麼做，讓他們學習怎麼藉由控制語言得到樂趣，等他們

17 譯註：先知穆罕默德的堂弟及女婿，在公元六五六年至六六一年間統治阿拉伯帝國。
18 關於談話如何維持符號性的世界，請見柏格（Berger）與陸克曼（Luckmann，1967）。
19 譯註：指喉嚨沙啞。

長大後，也許有機會重拾失落的談話藝術。

使用語言最有創意的方式，就是我們先前提過好幾次的詩詞。詩句可以讓心靈以最簡潔而多變的方式保留體驗，也是塑造意識的好方法。每天晚上讀點詩對心靈的作用，就好比每天鍛鍊身體可以維持健康一樣。不一定要讀很「偉大」的詩，至少一開始不需要。也不一定要讀完一整首詩。重點是找出特別感動你的一段文字或一句話，有時候甚至只要一個字，就足以打開一扇窗，讓你對世界有了新的看法，從而展開一趟內心旅程。

我要再次強調，沒有人應該當個被動的消費者。只要學習並稍加訓練，再加上一點毅力，每個人都可以用詩句來掌控經歷。就像來自紐約的詩人及社會改革家肯尼斯．柯赫（Kenneth Koch）說的，不管是貧民窟的孩子或養老院的婦人，只要經過一點訓練，都有能力寫出美麗動人的詩句[20]。擁有這樣的技能，無疑可以提升他們的生命。他們不但可以從中獲得樂趣，還可以在過程中大大提高自尊。

寫散文也有類似的幫助，雖然缺少了格律與韻律，卻是比較容易上手的技能。（話雖如此，寫一篇好散文絕對不比寫一首好詩容易。）

現今世界已經逐漸忽略書寫的習慣了，有太多其他溝通媒體可以取代它了。電話、錄音機、電腦與傳真機等，都比書寫來得有效率。如果書寫的目的只是傳遞資訊，那它被淘汰也是應該的。但書寫的重點不在傳遞資訊，而是在創造資訊。過去，受過教育的人利用日記與書信將他們的經驗用文字記錄下來，並利用這個機會反省過去這一天的生活。維多利亞時期留下來大量內容鉅細靡遺的信件，都是人們藉由書寫，協助受生活隨機事件打亂的意識回歸秩序的例子。在寫下來之前，日記或信件上的東西都不存在，它們是透過寫作的過程中，緩慢思考沉澱衍生出來的觀念。

還不久之前，當業餘詩人或散文作家都是可以被接受的。但是現在，如果寫作沒有金錢做為報酬（不管多麼微薄），就會被認為是浪費時間。一個過了二十歲的人如果還沉迷於寫詩，卻得不到一張支票做為肯定，是抬不起頭的。確實，如果沒有天賦，卻硬要期待自己寫出偉大的作品而名利雙收，前途確實堪憂。但是為了內在因素而寫就絕對不是浪費。首先，書寫提供我們的大腦一種有紀律的表達方式。將過去的事件和體驗寫下來，可以方便將來回顧。它是一種分析了解體驗的方式，一種利用自我溝通建立起秩序的管道。

常有人說，寫詩、寫劇的人比較容易有嚴重的憂鬱或其他情緒失調[21]。或許，他們之所以會

20 關於貧民窟的孩子或養老院的老人即使不受正規教育都能寫詩，參見柯赫（Koch，1970, 1977）。

21 **寫作和憂鬱**。至少從浪漫時期（Romantic era）開始，各類藝術家就被認為是「受到折磨」或「受惡魔驅使」的。有足夠的證據指出，許多現代藝術家和作家都有程度不一的抑鬱或強迫症狀（見阿爾瓦雷斯〔Alvarez，1973〕，伯曼〔Berman，1988〕，契克森米哈伊〔1988〕，以及馬遜〔Matson，1980〕），不少著作也都提到躁狂抑鬱與文學創作之間的關係（安卓森〔Andreasen，1987〕，理查斯〔Richards〕等，1988）。然而，這種精神熵與藝術創意間的關係，很可能只是特定文化期待或藝術家尷尬的角色結構造成的，並非真的跟藝術或創意有關。換句話說，因為是藝術家，就得承受文化環境帶來的不安全感、漠視與嘲笑，以及缺乏與他人共通的表達象徵，這些負面條件都可能帶來精神上的影響。一五五〇年，瓦薩里（Vasari）開始擔心，當時年輕藝術家的性格受到矯飾主義（Mannerism，巴洛克風格與浪漫風格的前身）的影響，讓他們有一種「野蠻而瘋狂」的性格，使他們具有先前藝術家沒有的「古怪和詭異」（瓦薩里，1550〔1959〕, p. 232）。更早之前，例如數千年的古埃及文明時期或中世紀，藝術家的身心顯然是健康而愉快的（豪瑟〔Hauser〕，1951）。當然，近代也有許多藝術家，包括巴哈、歌德、狄更斯或韋瓦第等，可以為創意與精神症狀間的關聯做反證。

成為全職文字工作者，是因為受精神痼困擾的程度超過其他人，於是把書寫當成一種療癒過程，希望從種種困惑中理出一點頭緒，也找到一些秩序。全心投入文字世界，讓現實世界中的煩惱從心裡面徹底消抹，或許是他們經歷心流的唯一方式。然而，跟所有心流活動一樣，寫作要是上了癮，也會產生問題：它會讓寫作的人把自己侷限在狹隘的體驗中，失去用其他方法處理問題的能力。但如果書寫掌控的只是體驗，而不是我們的心靈，絕對是讓我們受用無窮的工具。

親近歷史

希臘神話中，記憶是文化之母，而她的長女「宣告者」（The Proclaimer）克里歐（Clio）則司掌歷史，負責將過去的事件有秩序地記錄下來。雖然歷史不像邏輯、詩詞或是數學等可以帶來樂趣的活動，有清楚的規則，但是不可逆的事件發生順序，也算是提供了一套毫不含糊的架構。觀察、記錄並保存人生中大小事的記憶，是最古老、也最滿足人心的意識整理方式。

從某個角度來看，每個人都是自己的歷史學家，因著個人的情緒力量，孩童時期的記憶[22]在決定我們會成為什麼樣的大人、心靈如何運作上，扮演著重要的角色。我們可以說，精神分析就是在幫助病人整理童年時期紊亂的歷史。到了年老時，梳理過去這件事再度變得很重要。德國心理學家艾瑞克森（Erik Erikson）認為，人類在生命週期的最後階段會追求一種「完善」，也就是把自己生命中達成或未達成的事，串成一個有意義而且只屬於他的故事。歷史學家湯瑪士．卡萊爾

（Thomas Carlyle）也說，「歷史是匯集眾多個人傳記精髓的結果。」

記住過往不但是創造並保有個人身分的唯一方法，也可以是很有樂趣的過程。有些人選擇寫日記、拍照或攝影，也有人收集具紀念價值的東西，把整個屋子布置得像個家庭博物館[23]似的，雖然來訪的客人不見得知道這些東西有什麼歷史涵義，像是客廳裡那幅畫是男主人和女主人在墨西哥度蜜月時買的，所以意義非凡；走道上的一塊地毯是無價之寶，因為那是鍾愛的祖母送的；休息室裡那張破舊的沙發之所以捨不得丟，因為孩子的媽當年就是坐在上頭餵孩子喝奶的。

擁有過去的紀錄，對提升生活品質很有幫助。它讓我們的意識暫且擺脫「當下」的暴政，再度造訪過去。我們可以選擇保留那些特別愉快與有意義的事件，來「創造」有助於我們面對未來的過去。當然，這樣的過去不見得完全真實，記憶中的過去本來就不可能百分之百真實，我們會不斷編輯它，重點是我們對這樣的編輯是不是擁有創造性的控制權。

大部分的人都不知道，原來自己一直扮演著業餘歷史學家的角色。但是一旦發現將事件按時間排列，是有意識的生物必須做的事，而且還是件有樂趣的事時，我們就可以把它做得好一點。

22 **記得個人的過去**。多少受到了艾瑞克森為希特勒、高爾基（Gorki）、路德與甘地（1950, 1958, 1969）的生平撰寫心理傳記的影響，「個人敘事」在人生發展心理學中開始受到重視（見柯勒〔Cohler，1982〕，佛里曼〔Freeman，1989〕，格根〔Gergen〕與格根〔1983, 1984〕；麥克亞當斯〔McAdams，1985〕，羅賓森〔Robinson，1988〕，沙賓〔Sarbin，1986〕，以及薛福爾〔Schafer，1980〕），這個觀點認為，預測一個人的未來最好的方法，就從他如何看待自己的過去著手。

23 **每個家都是個博物館**。契克森米哈伊與洛克伯格—哈頓（Rochberg-Halton，1981）訪問了芝加哥地區，超過三百位三代同堂的家庭成員，請他們指出家中最喜愛的物品，並解釋這些物品為什麼特別珍貴。

想讓歷史成為一種心流活動有幾個層次，對個人來說，最直接的就是寫日記，再來是為家族做紀錄，而且回溯到愈久以前愈好。有些人會將興趣擴及所屬的族群，搜集起相關的書籍或紀錄。如果願意再多付出點心力，還可以寫下自己對過去的印象，成為「名符其實」的業餘歷史學家。

還有些人是對他們居住的社群歷史有興趣，可能只是個小區域，也可能是整個國家，於是開始閱讀相關書籍、參觀博物館，或是加入歷史學會。也有人對過去的某個主題特別感興趣，我有一位住在加拿大西部曠野的朋友，就深受「早期工業建築」的吸引，他先累積了足夠的相關知識，接著開始實地拜訪偏僻的鋸木廠、鑄造場、荒廢的火車站等。這些別人不屑一顧的垃圾堆，都因為他預先擁有的知識，搖身一變成為值得細細品味鑑賞的地方。

我們經常把歷史看為一堆沉悶、非背下來不可的日期，或是過去的學者為隨自己高興所寫的編年史，是個我們可以忍受卻無法愛上的領域；它是一門必修學科，但是我們讀起它來卻心不甘、情不願。如果是這種情況，歷史對於改善我們的生活品質便一點兒幫助都沒有。這種由外界控制的知識學起來百般無奈，更毫無樂趣可言。但是如果能找出自己對過去的哪個觀點特別感興趣，然後主動去追求，把焦點放在個人覺得有意義的資料或細節上，用自己的方式來記錄發現，那麼學習歷史就可以變成不折不扣的心流體驗了。

科學中的喜悅

讀完上一節，你還是不懂為什麼有人想成為業餘歷史學家嗎？如果把重點轉到另一個領域，看看一般人成為業餘科學家的機會又如何呢？我們都曾耳聞，現今科學已經發展成一種極為制度化的活動，只有大規模的單位才做得來，若不是擁有設備完善的實驗室、鉅額的預算與大型研究團隊，是不可能走在生物、化學或物理潮流尖端的。沒有錯，如果你研究科學的目標是獲得諾貝爾獎、擠進競爭激烈的專業領域，或是得到同儕認同，那麼你確實別無選擇，只能以極度專業而昂貴的方式來研究科學。

事實上，這種資金密集、裝配線般的科學研究，並不是「專業」科學成功的要件。雖然科技代言人要我們相信，突破性的科學只會來自受過嚴謹訓練的科學家團隊，他們在狹窄的領域裡鑽研，並擁有最複雜先進的設備可以測試新想法，但事實卻非如此。偉大的發現絕不是擁有龐大資金的單位才能達成。他們在測試新理論時或許比較吃香，但不見得能產生有創意的想法。就像德謨克利特雖然只是坐在市集裡，還是可以有源源不絕的新點子。只要喜歡把玩新興的想法，就有機會踏出已知的知識界線，進入沒有人涉獵過的領域探索。

即使是「正規」（非「革命性」或創新）科學，要是不能帶來樂趣，科學家大概也不會有什麼成就可言。在《科學革命的結構》（*The Structure of Scientific Revolutions*）這本書中，作者湯瑪士・孔恩（Thomas Kuhn）[24]列出了幾個科學之所以「迷人」的地方。首先，「它讓人們將注意力集中在幾個範圍小卻艱深的問題上，迫使科學家深入而仔細地探討自然界中令人難以想像的問題。」這樣的專注是在「規範合理的尋求步驟及解答過程」的規則下建立的。孔恩指出，投身「正規」科學的人不會以扭轉知識、追求真理，或是改善人類生活為動機。相反的，「帶給他們挑戰的是一種信念，覺得自己只要擁有足夠技能，就可以成功解決一個還沒有人能解答的問題。」他也說，「正規研究的模式之所以令人嚮往……在於它的結果雖然可以預期……但追求的過程卻充滿不確定……成功的人證明自己是解謎高手，謎題帶來的挑戰則是驅使他不斷向前的重要因素。」難怪科學家經常與英國物理學家保羅．狄拉克（P. A. M. Dirac）有同樣的感受。一九二〇年代，他在解釋量子力學的發展時曾這麼說道：「這是一場遊戲，非常有趣的遊戲。」孔恩提到的科學魅力，就像猜謎、攀岩、航海或下棋等心流活動的吸引力一樣。

如果來自工作的知性挑戰是「正規」科學家的動力，那麼致力突破現有理論模式的「革命性」科學家更需要以樂趣做後盾不可。一生充滿傳奇色彩的印裔美國天體物理學家蘇布拉馬尼安．錢卓塞卡（Subrahhmanyan Chandrasekhar）就是個很好的例子。年輕的他在一九三三年離開印度，從加爾各答搭乘一艘緩吞吞的船到英格蘭，他寫的星體演化模型後來成了黑洞理論的基礎，但是他的想法實在太另類了，有很長一段時間科學界都不接受。好不容易才獲得芝加哥大學聘僱，在那裡默默地繼續他的研究。有一則軼事很能闡述他對工作的執著。一九五〇年代，錢卓塞卡住在威斯康辛州的威廉斯灣（Williams Bay），也就是學校的主要天文觀測台所在地，與主校園距離約八十英里。那個冬天，他開了一堂天體物理的進階討論課程，但是只有兩個學生選修，大家都認為錢卓塞卡會取消這門課，以免還得長距離通車。沒想到他沒有這麼做，所以每個星期有兩天，他會開車行過鄉間小路到芝加哥去上課。幾年後，那兩個學生先後得了諾貝爾物理學獎。原本每當提起這個故事，大家總為這位教授本身沒有獲獎而感到遺憾，但很快他們就不再扼腕，因為在一九八三年，錢卓塞卡也得到了諾貝爾物理學獎。

經常是在這種低調不張揚的情況下，有人持續專注鑽研他們的理論，最後終於為我們的思想帶來了突破[25]。超導體理論可說是過去幾年最風光的發現了。這個理論最初的實驗與原理，是物理學家卡爾．米勒（K. Alex Muller）與柏諾茲（J. Georg Bednorz）這兩位在瑞士蘇黎世的ＩＢＭ實驗

24 這裡的四處引文分別節錄自孔恩所著的《科學革命的結構》（1962）的第二四、三八、三八和三六頁。心流理論最令人振奮的承諾，是它可以解釋為什麼特定想法、實踐和產物會被接受，而其他的會被忽略或遺忘——就目前的狀況，想法、制度與文化歷史幾乎完全由經濟決定論定奪。除此之外，探討人類歷史如何受不同活動帶來或預期帶來的樂趣影響，也是一種啟發。伊莎貝拉．契克森米哈伊（1988）分析了十六、十七世紀的耶穌會成功的原因，開啟了這方向的研究。

25 **突破**。如果我們說，心流體驗「對你有好處」，可以幫助你達成科學或其他形式的成功，就違背了這本書的中心思想。我們必須一再重申，心流的重點在提升體驗的品質，樂趣比名利來得重要。但是，要大家對成功的人做起事時比較開心一事視而不見，未免過於虛偽。雖說我們知道事情的關聯性不只有因果關係一種，但這或許代表樂在工作的人比較能把事情做好。多年前，石里克（Maurice Schlick，1934）曾指出樂趣對於維持科學創意很重要。最近一份研究中，葛里斯曼（B. Eugene Griessman）訪問了一群很有成就的人士，其中包括發現雙股螺旋的克瑞可（Francis H. C. Crick）、漢克．阿倫（Hank Aaron）、茱麗．安德魯絲（Julie Andrews）與泰德．透納（Ted Turner）等。當中的十五位知名人士填了一份問卷調查，內容將包括創造力、能力、知識程度等在內的三十三種個人特質，依對成功的重要性進行排列，最後支持度最高的是「樂在工作」（在滿分十分下，達到九．八六分）（葛里斯曼，1987, pp.294–295）。拉森（Larson，1985, 1988）的研究也指出心流與成功的關聯。其中一份研究，他要高中生做一份為期一個月的寫作功課，結果發現，認為這份作業無聊的學生，寫出來的文章讓專業英文老師覺得無聊，焦慮的學生寫出來的文章斷斷續續，讓人摸不著頭緒；但喜歡這項作業的學生寫出來的文章讓人讀起來愉快。很明顯的，一個人在經歷心流時做出來的產品，會讓其他人也感覺到它的價值。

室研究出來的。這地方雖不是科學聖地，但絕對稱不上科學聖地。有好幾年他們不讓任何人參與研究，原因不是怕實驗被抄襲，而是怕同儕取笑，因為他們的想法實在太瘋狂了。最後，他們在一九八七年獲頒諾貝爾物理學獎。同年的生物學獎得主是利根川進（Susumu Tonegawa）[26]，他的太太形容他是那種「特立獨行的人」，特別喜愛相撲，因為就像他的工作一樣，這項運動靠的是個人的努力，不是團隊表現。所以說，說非得要有高級實驗室與龐大研究團隊顯然是誇大。要在科學上有所突破，靠的是個人的心智。

科學家的專業世界不是這裡要談論的重點。「重大科學」絕對會持續發展，或說應該發展得下去，看看自從核分裂實驗造成轟動之後，大家在這個議題上投注多少資源就知道。我們這裡要考慮的是業餘的科學，是一般人藉著觀察或記錄自然現象的法則，就可以獲得樂趣的科學。別忘了，曾有長達幾個世紀，科學家是把他們的工作當成興趣的，他們之所以從事科學，是因為被自己發明的東西深深吸引，而不是為了工作，更不是因為從政府申請到花不完的經費。

哥白尼在波蘭的佛勞恩堡（Frauenburg）大教堂擔任教士時，完成了劃時代的天體運行論。天文學對他的神職工作毫無幫助，但他一生中得到最大的回報，就是這個系統帶來的美感，那種簡約之美不是舊有繁瑣的托勒密模型（Ptolemaic model）可以相比的。伽利略原本學的是醫學，但是找出各種固體重心的樂趣使得他不斷往更危險的實驗裡鑽。牛頓的幾個重大發現，都是一六六五年自劍橋大學畢業不久後成形的。那時學校因為瘟疫被迫關閉，牛頓只好回鄉下去，那安逸而無趣的兩年期間，他只好致力研究萬有引力理論來打發時間。被譽為近代化學之父的拉瓦吉耶

（Antoine Laurent Lavoisier）在法國革命前，是任職政府稅務單位的公務員，還曾經參與農業改革與社會計畫，但是他真正嚮往的，卻是簡練而經典的實驗。賈法尼（Luigi Galvani）完成了肌肉與神經如何傳遞電能的基礎研究，進而發明了電池，但他終其一生從事的工作卻是醫生。孟德爾也是位神職人員，誰料想得到他種花蒔草的興趣，最後竟奠定了遺傳學的基礎。第一位獲頒科學諾貝爾獎的美國人麥可森（Albert A. Michelson）離世前，有人問他為什麼花這麼多時間研究光速，他回答是「因為好玩。」最後，別忘了愛因斯坦是在瑞典專利局擔任職員時，寫出了他最具影響力的論文。上述這些例子，還有許多沒有提及的偉大科學家，都不因為自己非「專業」或缺乏金援而中斷他們的思考，而是單純因著樂趣，做自己喜歡的事。

現今的狀態有很大的差別嗎？沒有博士學位的人、不在大型研究中心工作的人，難道就沒機會在科學進展上貢獻一己之力嗎？或是，這是那些成功的研究機構無意間塑造出來的想法？這些問題很難回答，特別是究竟什麼才是「科學」，也是在壟斷中獲得最大利益的研究單位決定的。

一個只是把科學當成興趣的外行人，當然不可能花數十億元購買超級對撞機（supercollider）或核磁共振光譜儀來做實驗，但這些領域不是科學的全部。讓科學變得有趣的心理結構是每個人都具有的。它需要的是好奇心、敏銳的觀察力、有方法的做紀錄，並設法從得到的結果中找出規律。除此之外，還要具備些人文素養，願意從過去的研究人員得到的結果中學習，也要願意對沒

26 與利根川進的太太的訪談出現在《今日美國》（*USA Today*，Oct. 13, 1987, p. 2A）。

有事實支持的信念存疑，甚至有開放的胸襟放棄這樣的信念。

廣義的看，世界上的業餘科學家遠比我們想像的多。有些人鑽研健康[27]，有時是因為自己或家人受某種疾病所苦，於是盡可能的研究這個疾病。也有人追隨孟德爾的腳步，試著為家畜配種或是孕育新的花卉品種。還有人在院子裡架設望遠鏡，認真尋找天文學家看過的景象。無師自通的地質學家走遍曠野搜集礦石、愛上仙人掌的人在沙漠中尋覓新品種，相信還有成千上萬人對機械的了解已經逼近專業科學的境界了。

很多人之所以停止發展技能，是因為他們認為自己永遠不可能跟那些天才、「專業」的科學家一樣好，所以不用太看重自己的嗜好。但是從事科學最棒的理由，是它可以讓追求者的心靈恢復秩序。如果我們是用心流，而不是以功成名就來評斷它的價值，那麼科學帶給生活品質的貢獻絕對超出我們的想像。

愛上智慧

「哲學」的原意是「對智慧的喜愛」，這份愛，讓人願意花一輩子去追求。要現代哲學家承認他們的專業竟是這樣天真的概念，肯定會引來一陣尷尬。今天的哲學家擁有各樣的專長，有的專精解構主義（deconstructionism），有的專精邏輯實證主義（logical positivism）、早期康德、晚期黑格爾，有知識論者（epistemologist），也有存在主義者（existentialist），總之，就是別跟他們談智慧。許多人

文機構的命運也是如此，成立初衷都是為了解決某個人類共同的問題，但是經過幾個世代後，機構本身的重要性反而凌駕於成立宗旨之上。例如，現代國家建立軍隊的目的是要抵禦敵人，但是不久後，軍隊也有了自己的需求、自己的政治，到頭來，最成功的軍人並不是那些最有能力保衛國家的，而是最會爭取經費的。

業餘哲學家有別於專業哲學家，他們不用擔心學派間的歷史競爭、期刊的政治文化，或是同行間的嫉妒。他們可以把心思全放在基本問題上。找出基本問題，是這些業餘科學家的第一個任務。看看自己感興趣的，是過去那些偉大的思想家提出的「存在」理論呢？或是對什麼是「善」、什麼是「美」比較感興趣呢？

就像各門學問一樣，在決定好追求哪個領域後，接下來就要知道大家對這個領域有什麼看法。藉由閱讀、談話與聆聽，便可以略知這個領域的最新發展是什麼。再強調一次，從一開始就掌握自己的學習方向非常重要。假如你感覺被迫非得讀某一本書或走哪個方向不可，學習是不會有成效的。相反的，要是你順著內心指引的方向，那麼學習過程將會既輕鬆又愉快。

當一個人的哲學偏好[28]變得清楚，就算業餘，也會想要繼續深究下去。對真實的基本特徵有

27 塔富（Allen Tough，1978）針對成年人在空閒時間學習的東西進行調查，發現內容五花八門；也可參考葛羅斯（Gross，1982）。其中，健康是一般人持續關心學習的議題。發現家人的健康有異狀（通常是媽媽發現的），在詢問醫生後，問題即時改善的事件時有所聞。例如盧薛（Berton Roueche，1988）指出，一位新英格蘭地區的婦人注意到她的孩子跟幾個朋友同時出現膝蓋關節炎疼痛，覺得事情不單純而通報醫生，最後促使研究人員「發現了」一種由蜱傳播，會威脅生命的萊姆病（Lyme）。

興趣的人，或許會傾向本體論（ontology），而讀起吳爾夫（Christian von Wolff，德國哲學家）、康德、胡塞爾（Husserl，奧地利哲學家，現象學之父）與海德格（Heidegger，德國哲學家）的著作。喜歡探討是非對錯的人可能會對倫理學有興趣，想要更深入認識亞里斯多德、阿奎那（Aquinas，義大利中世紀哲學家與神學家）、斯賓諾沙（Benedict Spinoza，荷蘭哲學家，西方近代哲學史重要的理性主義者）與尼采。喜歡追求美的事物的人，可能會對鮑姆嘉登（Alexander Baumgarten，德國哲學家）、克羅齊（Benedetto Croce，義大利文藝評論家）、桑塔耶納（Santayana，西班牙裔美國哲學家）與柯林伍德（Collingwood，英國哲學家）等美學哲學家的理論有興趣。雖然說專門化是培養複雜思考的必經之路，但是要明白，專門化的目的只是在幫助我們的思緒更清楚，不是最終的目標。很不幸的，許多認真的思想家費盡苦心，想要成為著名的學者，到頭來卻忘了他們最初是為何而學。[28]

不管哪個學科都一樣，當一個人的學習達到某個境界時，他的身分就會從被動的消費者晉升到主動的生產者。將自己的見解寫下來，期待有一天後人會帶著敬畏的心來讀它們，這樣妄自尊大的態度已經為人類帶來太多麻煩了。但如果記下來是為了釐清個人遇到的問題，回應內在的挑戰，然後試著寫下各種讓自己的體驗變得更有意義的可能性，這位業餘哲學家就學會了怎麼從最困難、但也最值得的人生問題中找到樂趣。

業餘與專業

有些人喜歡專門化，把所有精力投注在單一種活動，希望達到幾近專業的水準。他們看不起技不如他們，或是不像他們那麼投入的人。也有人喜歡涉獵各種活動，他們不期待自己成為專業，只希望在各種活動中都能獲得樂趣。

有兩個詞可以反映一個人投入生理或心理活動的程度，那就是「業餘者」與「愛好者」。這些詞現在聽起來有點貶低的意思，彷彿是在說這個人不夠認真，訂的標準達不及專業。業餘這個字的英文是amateur，是從拉丁文的*amare*，也就是「愛」這個動詞來的，指的是一個人喜愛自己所做的事。另一個用來表示業餘的英文字是dilettante，同樣也是拉丁文來的，原文的*dele tare*指的是「樂在其中」，一樣在表明一個人喜愛自己所做的事。這些詞最早的意思都是著重在體驗，

28 自作主張，將偉大哲學家的著作列成一份「閱讀清單」似乎不敬，但光是提他們的名字，卻不給任何參考資料又顯得冒犯專業，所以，以下是各個哲學領域的重要著作，供大家參考。關於本體論，可以閱讀吳爾夫的《理性的觀念》（*Vernunftige Gedanken*）、康德的《純粹理性批判》（*Critique of Pure Reason*）、胡塞爾的《純粹現象學通論》（*Ideas: General Introduction to Pure Phenomenology*），以及海德格的《存有與時間》（*Being and Time*，1962）；在讀後面這兩本之前，可以先讀柯哈克（Kohak，1978）與科拉科夫斯基（Kolakowski，1987）對胡塞爾的介紹，以及史坦納（George Steiner，1978〔1987〕）對胡塞爾的介紹。倫理學方面，必讀的是亞里斯多德的《尼各馬科倫理學》（*Nicomachean Ethics*）；阿奎那的《神學大全》（*Summa Theologica*）中，關於人類行為、習慣，以及積極與沉思的生活的論文；斯賓諾沙的《倫理學》（*Ethics*）；以及尼采的《善惡的彼岸》（*Beyond Good and Evil*）與《道德系譜學》（*Genealogy of Morals*）。美學方面有鮑姆嘉登的〈詩歌的反響〉（*Reflections on Poetry*）、克羅齊的《美學》（*Aesthetics*）、桑塔耶納的《美感》（*The Sense of Beauty*），以及柯林伍德的《美的原理》（*The Principles of Art*）。由阿德勒（Mortimer Adler）編輯、大英百科全書公司（Encyclopaedia Britannica）出版的《西方世界經典名著》（*Great Books of the Western World*）共有五十四冊，是認識這些影響力深遠的思想家的入門——特別是前兩冊的主題索引，總結了之後提及的所有觀念，對業餘哲學家特別實用。

而不是成果；它們描述的是一個人在做事過程中得到的回饋，而不是最終達成什麼成就。但是我們現在對體驗的價值的看法，就像這兩個字一樣，已經不同了。曾幾何時，當業餘的詩人或科學家是件令人欣羨的事，因為這代表他們的生活由於參與這些活動而提升。但是現在行為的重要性已經逐漸超過了主觀的感受；大家現在追求的是成功、成就，是展現出來的品質，而不是體驗的品質。也因為這樣，被稱為業餘成了一件不光彩的事，即使它帶來的樂趣比什麼都重要。

確實，業餘學習比專業學術容易出錯，特別是學習者忘了學習的初衷時。另外，別有用心的人可能會為了自己的利益製造偽科學，他們表現的行為和有內在學習動機的業餘者難以區別。舉例來說，對種族起源的歷史感興趣，可能會扭曲成尋找自己的種族比其他種族優越的證據。德國的納粹運動就把人類學、歷史學、解剖學、語言學、生物學和哲學捏造成了雅利安（Aryan）種族優越理論。雖然專業學者也半信半疑地參與了這勾當，但是起初的靈感來自業餘者，採用的不是科學手法，而是政治手法。

前蘇聯的當權者不根據實驗證據，執意要以共產者的意識形態來種植玉米，使得他們的生物學整整落後了一個世代。生物學家李科森（Lysenko）[29]認為將穀物種植在寒冷的氣候，可以增強它們的韌性，孕育更堅忍的後代，這在外行人聽來是不錯的主意，特別是扯上列寧主義的教條後。很不幸的，政治的發展未必能套用在玉米的生長，李科森的努力帶來的是數十年的饑荒。

業餘愛好者的名聲會在過去這些年搞砸，主要是因為他們沒有將內在與外在目標區隔開來。業餘者如果假裝自己懂的跟專業者一樣多，將來一定會出問題。業餘科學家的目標不該是跟專業科學家在他們的地盤上較勁，而是要利用符號性的學科來發展心理技能，建立意識秩序。只要焦點對了，業餘學術研究也會有自己的一片天地，在這方面的成效甚至超過專業學術研究。但是業餘者如果忘了初衷，只想利用知識來吹捧自己，或是爭取物質上的利益，他們就只是東施般拙劣的模仿者。一個外行、沒有受過科學方法中懷疑與相互評斷訓練的人，帶著自己的偏見進到這個知識領域，最後背棄真理的情況很可能比那些腐敗的學者更無情、更極端。

終生學習的挑戰

這一章的目的是在檢視各種可以帶來樂趣的心理活動。我們的心靈提供行動機會的量與質完全不輸給我們的肉體。不論性別、種族、教育程度或社會階層，每個人都可以充分利用肢體與感官來控制心理，同樣的，記憶、語言、邏輯與因果規則的應用也是如此。

很多人一離開學校後就放棄了學習，因為外在為動機的教育實在是不堪的回憶。長達十多年，專注力深受老師、教科書操控，大夥兒都等不及畢業那天到來，可以恢復自由身。

但是就算放棄了符號性技能，一個人還是不會真正得到自由。他的想法有可能受鄰居的意見、報紙上的社論、電視節目左右，被「專家」牽著鼻子走。理想狀況下，受外在強迫的教育結

29 梅德威德夫（Medvedev，1971）對李科森根據列寧主義教條制訂的農業策略有詳細的描述。也可參考勒庫特（Lecourt，1977）。

束了，就應該開始以內在為動機的學習。這時候的學習已經不再是為了成績、學位或是找工作了，而是去了解發生在自己周遭的事，為自己的人生體驗找到個人意義。這麼做，得到的將是深刻的喜樂，就像柏拉圖在《斐利布斯》（*Philebus*）裡描寫蘇格拉底門徒一樣：「初嘗到這泉水滋味的年輕人，心中的雀躍就像挖到智慧的寶藏一樣，興奮不已。他挑選某個論述，將所有相關的思想匯集起來，接著，再將它拆解開來，細細思索。一開始先自己摸索，之後請教別人、向身邊每一個願意聽的人請益，不管對方比自己年輕或年長都好，就連父母也不錯過……」

經過了二十四個世紀，還是沒有哪個對初嘗心理心流的描述，比柏拉圖這段話更為生動。

CHAPTER 7

工作中的心流
Work as Flow

就像許多動物一樣，我們的生命中有一大半的時間花在求生：維持身體所需熱量的食物不會憑空出現在餐桌上，房子車子也不會自己組裝起來。對於一個人究竟得花多少時間工作[1]，並沒有嚴格的規定。最早以採集狩獵維生的祖先們，與他們現今住在非洲或澳洲曠野的後代一樣，一天大概只花三到五個小時工作，這些工作包括覓食、棲身、製作衣服和工具；剩餘的時間他們就用來閒聊、休息或跳舞。與他們極端相反的，是十九世紀的產業工人。他們經常被迫一個星期六天、一天二十四個小時待在嚴峻的工廠或危險的礦坑裡工作。

不只工作量不同，工作性質也大不相同。有一句古老的義大利諺語說：「工作可以使人變得尊貴，也可以把人變成禽獸。」這句充滿諷刺的話或許是想一語道盡各種工作性質，但我們也可以把它理解為：需要複雜技能而且可自由完成的工作，能提升人的複雜性；另一方面，不需要技能而且被迫完成的工作，則會帶來精神熵。腦神經外科醫師在一塵不染的手術房裡手術是工作，奴役工人在泥濘中跋涉也是工作。但是外科醫師每天都有學習新事物的機會，知道事情在自己的掌控中，也知道自己可以完成困難的任務。而奴役工人被迫重複做著令人精疲力盡的勞力工作，唯一學到的，是自己有多麼無助。

工作是件既普遍、差異又大的事，因此問一個人工作是否為他帶來樂趣，得到的答案很可能南轅北轍。蘇格蘭評論家湯瑪士．卡萊爾（Thomas Carlyle）曾說，「找到自己屬意的工作是件幸福的事，其他別無所求了。」這句話頗有道理。佛洛伊德也支持這樣的看法。有人問他什麼事能使他感到幸福，他給了個簡短而明智的答案：「工作與愛。」的確，如果一個人在工作以及與他人的關係上都擁有心流，那麼他的生命品質絕對能提升。這一章，我們將探討工作如何引發心流，下一章我們則將進入佛洛伊德提到的另一個主題——從人與人的相處中獲得樂趣。

自得其樂的工作者

亞當因為野心而受到上帝懲罰，在世上的日子必終身勞苦。《聖經》〈創世記〉第三章第十七節的這段記載，反映了大多數文化（特別是那些已經達到「文明」複雜性的文化）對工作的看法——那是個大家千方百計想逃離的魔咒。沒錯，宇宙確實運行得不是很有效率，我們必須花很多能量來滿足基本需求與願望。如果我們可以不在乎吃什麼、是不是有美麗堅固的房子可住、買不買得起最新的科技產品，不介意過著喀拉哈里沙漠遊牧民族般的生活，那麼工作負擔就不會這麼大了。當我們花愈多精神能量追求物質目標，就會進而產生更多（物質）目標，要實現它們也就更加困難了。於是我們只好投入更多勞力、心力與體力，以及更多自然資源，才能滿足自己欲求不滿的期待。歷史上還有許多時候，生活在「文明」社會的大量邊緣人必須犧牲自己的生活樂趣，

1 關於史前時代的人工作的時間，請參考薩林斯（Marshall Sahlins，1972）的著作，以及理查・李（Lee，1975）的估算。關於中世紀的歐洲人的工作模式，見勒果夫（Le Goff，1980）與勒・華・拉杜里（Le Roy Ladurie，1979）。關於工業革命前後的典型英國工人工作模式，見湯普森（E. P. Thompson，1963）。克拉克（Clark，1919）和豪爾（Howell，1986）則探討了公共部門的女性工人角色上的改變。

好實現極少數人的夢想。那些讓文明國家淩駕原始國家的成就，舉凡金字塔、萬里長城、泰姬瑪哈陵，各大寺廟、宮殿和水壩，多是奴隸被迫實現統治者的野心所建的。也難怪工作會變得如此聲名狼籍。

我們絕對尊重《聖經》，但還是不得不說，工作不見得都不愉快。或許辛苦，或說至少比什麼都不用做來得辛苦，但是有充分證據指出，工作也可以樂趣橫生，有時甚至是人生中最有樂趣的部分。

有些文化發展的結果，讓從事生產的人每天都像在體驗心流。也有些團體雖然得面臨工作與家庭生活的挑戰，卻依舊和樂融融。阿爾卑斯山上，沒有經歷工業革命洗禮的村落，就保有這樣的社區。幾名義大利心理學家很好奇在「傳統」農業生活型態下工作是什麼體驗，於是在馬西米尼教授與費夫博士（Antonella Delle Fave）帶領下拜訪了一些村民，做了詳盡的分享。

其中最教人驚奇的特色，是他們的工作和休閒幾乎沒有區別。你可以說他們一天工作十六個小時，也可以說他們沒在工作。其中一名受訪者是七十六歲的瑟拉菲娜．薇儂（Serafina Vinon）[2]，她來自義大利阿爾卑斯山瓦萊達奧斯塔區（Val d'Aosta）的小村落崔恩塔斯（Pont Trentaz）。她每天早上五點擠牛奶，接著準備早餐、打掃房屋，然後看天氣狀況和時節而定，有時帶牛群到草原吃草、有時照顧果園或紡紗。夏天，她會花幾個星期在高處草原剪乾草，把它們捆起來後頂在頭上，走幾英里的路帶回穀倉。直接走回穀倉能省下很多時間，但她喜歡走沒有走過的路線，避免山坡地受到侵蝕。晚上她會看看書、講故事給曾孫聽。每個星期都有好幾個朋友來她家開派對，她偶爾會在派對上演奏手風琴。

瑟拉菲娜認識山裡的每一棵樹、每一塊石頭、每一個角落，彷彿它們是老朋友一樣。家族的傳說與這片土地息息相關，可以追溯到幾個世紀前：一四七三年，瘟疫疫情逐漸趨緩，某個夜晚，村裡僅存的那一名女子拿著火把站在這座石橋上，與村裡最後一名男子碰面了。他們相互扶持，最後結婚，成了這個家族的祖先。那片覆盆莓田園是她祖母失蹤的地方，當時她還只是個小女孩。一九二四年發生的一場暴風雪中，魔王手握長叉站在這顆石頭上，揚言要傷害安德魯叔叔。

研究者問瑟拉菲娜，生活中她感到最有樂趣的事是什麼，她毫不猶豫的回答：擠牛奶、領牛群去吃草、修剪果樹、紡紗……也就是說，那些她賴以維生的差事最能為她帶來樂趣。她說：「這些事令我非常滿足。享受大自然、與人聊天、和動物作伴……我喜歡和所有生物交談，植物、小鳥、花草、動物都好，大自然的一切都是我的陪伴；天天看著它變化讓人覺得清新而快樂，只可惜我最後還是累了，得回家休息。……就算要忙的事很多，我還是覺得一切無比美好。」

問她如果擁有無限的時間與世上所有的財富，她想要做什麼時，瑟拉菲娜笑了——她把剛才講的那些事又說了一次：擠牛奶、領牛群去吃草、修剪果樹、紡紗。瑟拉菲娜不是沒有接觸過都市生活提供的選項，她偶爾也看電視、讀雜誌。她有許多年輕親戚住在大城市，過著舒適的生活，有車子、各種電器與富有異國情調的假期。但是那種追求潮流的時尚生活一點兒也不吸引她；她

2 瑟拉菲娜．薇儂是費夫與馬西米尼（1988）研究的對象。她所說的「這些事帶給我莫大的滿足……」出現在其第二〇三頁。

對自己現在這樣感到既滿足又安適。

研究人員還訪問了崔恩塔斯年紀最大的十位居民（介於六十六到八十二歲），所有人的反應都和瑟拉菲娜一樣。沒有人明顯區隔工作和休閒，大家都認為工作是心流體驗的主要來源。就算給他們選擇，也沒有人願意減少工作。

訪問他們的下一代時，大部分人還是抱持著相同的生活態度。然而，到了孫子輩（年紀在二十到三十三歲間），對工作的典型看法就開始出現了：可以的話，他們會選擇工作少一點，花更多時間從事休閒娛樂，像是看書、運動、旅行、觀賞最新的表演等。年紀是世代間的主要差異之一；年輕人比較容易對自身狀態感到不滿，想要尋求改變，也比較無法忍受例行公事的束縛。但是這裡的分歧反映出傳統生活方式已逐步衰微，如今人們認為，工作與個人身分和最重要的目標未必相連結。有些年輕人年紀大一點時，對工作的看法可能會變得跟瑟拉菲娜一致，但大部分的人不會。相反的，工作和休閒之間的隔閡會愈來愈大，工作成了不可避免而無奈，休閒活動或許有趣，卻少有複雜性。

在阿爾卑斯山上的村落生活並不容易。為了克服每天的困難、生存下去，大家得通曉各樣技能，有些純粹是苦力、特殊的技藝，也可能是保護或推展一個特殊的語言、歌曲、藝術創作或是複雜的傳統。但是文化的發展結果，卻讓他們覺得這些挑戰具有樂趣。大家沒有因為必須努力工作而覺得受到壓抑，就像七十歲的吉莉安娜說的：「我覺得很自由[3]，就算在工作中還是覺得很自在，因為我在做自己想做的事。今天沒完成，那就明天繼續。我沒有上司，我自己就是老闆。

我擁有自由，也一直為我的自由而奮鬥。」

當然，不是所有工業化前的文化都這麼詩情畫意。在許多狩獵與耕種的社會，生命其實非常辛苦、殘酷而短暫。事實上，距離崔恩塔斯不遠的幾個阿爾卑斯山村落，就被外國旅客形容為飽受饑荒、疾病與缺乏知識之苦。想要在人類的目標與環境資源中取得和諧、找到完美的生活方式，就像蓋了間大教堂並要求走進去的人都要充滿敬畏一樣困難。我們不能因為看到一個成功案例，就以為所有工業化前的社會都是這樣。同樣的道理，即使只有一個成功案例，也足以證明工作不見得比休閒時間來得無趣。

那麼都市裡，工作與生活關係不那麼密切的工人又是如何呢？瑟拉菲娜的態度不只見於傳統農村中，在工業時代混亂的生活中，我們偶爾也能找到以這種態度生活的人。喬・克拉瑪（Joe Kramer）就是一例。他是我們早期研究心流體驗的對象。喬的年紀六十出頭，是南芝加哥一家鐵路車輛組裝廠的焊接工人。他和兩百位同伴一起在三個偌大、陰暗的廠房中工作，重達幾千公噸的鋼板懸吊在軌道上移動，在一陣火花中被焊接到載貨車的底盤。夏天時，這地方就像烤爐一樣，冬天則有凜冽寒風直灌進來。金屬敲擊的聲音很大，要提高嗓門對著耳朵喊，對方才聽得到你說話。

喬五歲時搬到美國，小學四年級就輟學了。他已經在這個工廠工作三十多年，但從來沒有想要晉升領班。他拒絕過幾次升遷機會，理由是他只喜歡當個單純的焊接工人，當主管讓他很不自

3「我覺得很自由……」這段話出處同前註。

在。雖然他是工廠裡最基層的人員，但大家公認他才是整個工廠最重要的人。就連老闆也說，要是多幾個像喬這樣的員工，他的工廠肯定會成為同業中的佼佼者。和他共事的同仁則說，要是沒有喬，工廠不如直接關閉算了。

喬的名聲這麼好，原因很簡單：他精熟工廠裡的所有操作階段，只要有人有需要，他都可以幫忙。再者，他會修理各式各樣的機器，包括大型的機械起重機，到微小的電子顯示器。但喬最讓人驚訝的不是他具備這些能力，而是他樂於做這些事。他沒有受過任何相關訓練，問他怎麼懂得修理這些複雜的引擎和設備時，他很誠懇的回答，他從小就喜歡各種機械，特別是壞掉的機械：「像是我媽媽故障的烤麵包機，我會問自己：『如果我是這台故障的烤麵包機，會是哪裡出錯了呢？』」接著，他開始拆解那台麵包機，找出壞掉的地方，把它修好。從那時起，他就藉由「將心比心」來學習修復愈來愈複雜困難的機械。這種迷戀新發現的樂趣從來沒有離開過他；即使喬已經接近退休年齡，依舊對每天的工作充滿熱忱。

喬從來不是只能藉工作挑戰來肯定自己的工作狂。他在家裡做的事比起他在工廠做的還教人佩服。他和妻子住在城市外郊一間樸素的平房，過去幾年來，他們陸續買下房子兩旁的空地。他在空地上精心打造了一座石造花園，有露台、步道，還種了數百種植物與花卉。在裝設地下灑水器時喬有個想法：有沒有辦法讓它們製造彩虹呢？他開始找噴出的水滴夠細的灑水器，但就是找不到，最後索性自己設計了一個，用家中地下室裡的車床把它做了出來。現在，下班後他可以坐在後陽台，只要按個開關就可以將十幾道水霧化為彩虹。

但是喬發現這座小伊甸園還有個美中不足的地方。由於他白天幾乎都在工作，回到家時太陽已經要下山了，製造出來的彩虹顏色不夠鮮豔。於是喬又回到製圖板上想辦法，最後找到了令人讚賞的解決方案。他發現泛光燈涵蓋足夠的太陽光譜，很適合用來製造彩虹，於是他把它們不著痕跡的安裝在灑水器旁。這次，他準備周全了。即使是半夜，他只要按兩個開關，就可以讓他的屋子被水、光和色彩環繞。

喬擁有的是一種很難得的「自得其樂的性格」，即使在最貧瘠的環境，像是幾近沒有人性的工作環境或雜草叢生的荒地，他還是能夠製造心流。在整個鐵路車輛工廠，喬是唯一把工作當成挑戰機會的人。我們訪問的其他焊接工人都把工作視為負擔，巴不得立刻擺脫它。工作一結束，這些人就迫不急待前往工廠附近的酒吧，喝啤酒和同事閒聊，好忘卻一天下來的煩悶，接著回家坐在電視機前，與老婆鬥鬥嘴、喝更多的啤酒，就這樣，這一天——跟前一天沒什麼兩樣——也就過了。

有人可能認為，說喬的生活方式優於他的同僚，是不可取的「菁英理論」。再怎麼樣，那些去酒吧的人也過得很開心啊，憑什麼說在後院製造彩虹是比較好的消遣呢？從文化相對論的觀點來看，這樣的批判似乎有道理。但是如果我們明白，樂趣會隨活動的複雜程度漸增[4]，就不會太

4　**發展與複雜性**。雖然大部分發展心理學都堅決不涉及價值（或許實質上並非如此，但至少是這樣聲稱的），但是克拉克大學心理系在探討人類發展時，一直是有強烈的價值取向的（例如卡普蘭〔Kaplan，1983〕；韋爾納〔Werner，1957〕；韋爾納與卡普蘭〔1956〕。方向相同的近期著作，請見羅賓森（Robinson，1988），佛里曼（Freeman）與羅賓森（in press）。

認真看待這種激進的相對論了。那些像喬一樣懂得運用或轉變周圍機會的人，顯然要比那些認為自己無力改變現實環境而放逐自己的人，更能掌握體驗的品質。

過去，許多宗教與哲學系統也都提過，將工作當成心流活動，是最能實現人類潛能的方式。在以基督教為主要世界觀的中世紀，人們認為只要以榮耀神為目標，削馬鈴薯跟蓋教堂一樣重要。馬克思則認為，不論男女，都得藉著生產活動來建構自己的存在；如果不藉著工作，就無法創造「人性」。工作不只可以改造環境（像是在河上築橋，或是將荒蕪之地開墾成良田），更可以改造一個人，把原本只受本能驅使的生物，變成有意識、有目標、有技能的人類。

兩千三百年前，道家的莊子用了個非常有趣的例子，以「遊」這個觀念解釋了心流現象。莊子說的「遊」是指正確的生活方式，或說求「道」，有時也翻譯成「漫遊」、「未著地的行走」、「游水」、「飛行」或「流動」。這種生活方式完全不考慮外在回饋，是絕對自發而全然投入的，簡單的說，就是一種完全自成目標的體驗。

在《莊子內篇—養生主》中，他以一名謙遜廚師的寓言解釋了「遊」的生活方式。台灣與香港學生的課本仍常出現這個故事，標題叫「庖丁解牛」。庖是廚師的意思，丁是這廚師的名字，他是魏文惠王宮裡的御廚，負責宰殺的工作。

故事翻譯成白話文是這樣的：

有一個叫做丁的廚師正在幫文惠王殺牛。他手掌觸及的地方，肩膀倚靠的地方，腳踩的地方，以及膝蓋頂的地方，都嘩嘩作響，進刀豁豁有音律，既合乎〈湯時〉《桑林》舞樂的節拍，又合乎

（堯時）《經首》樂曲的節奏。

文惠王看了丁的流動（或遊）般的技術讚嘆不已，於是誇起他的技術。但是丁說：「我靠的不是技術，而是超越技術的道。」接著，丁解釋了他怎麼達到這種超然的境界：因為殺牛的經驗多了，讓他對牛的身體構造有一種難以解釋的直覺感受，現在分解牛隻才會如行雲流水一般：「我現在殺牛不憑藉感官和認知，而是用心神會，交由心靈主導。」

從丁的解釋聽來，「遊」與心流像是不同過程的結果。事實上，有些評論家[5]著重兩者的差異，指出心流是意識掌控挑戰的結果，「遊」則是放棄掌控意識的結果。根據這個看法，他們把心流當成「西方」尋求最優體驗的範例，作法是改變客觀環境（提升技能來面對挑戰），「遊」則是「東方」的範例，作法是完全捨棄客觀環境，只追求心靈樂趣與超越現實。

但要怎麼樣超越現實並得到心靈樂趣呢？在同一個寓言中，莊子用一個含義深遠，但各家解讀觀點截然不同的答案，回答了這個問題。美國翻譯家伯頓．華森（Burton Watson）的詮釋如下：「然而[6]，每當遇到比較複雜而不好處理的部位，我就會提高警戒，告訴自己要小心謹慎，目光要專注，下刀要緩慢，運刀要細膩，直到整塊肉豁然一聲，像土石一樣落在地上。我握著刀，看

5 有些評論家認為心流只適用於描述西方人的心靈狀態，但這種觀念絕對需要調整。這裡說的心流與遊之間的差異是由孫（Sun，1987）提出的。契克森米哈伊與契克森米哈伊（1988）提供了大量證據希望說服有疑慮的人，心流體驗也存在於非西方國家，而且大家對它的描述如出一轍。

6「然而……」。節錄自華森（1964, p. 97）。韋利（Waley，1939, p. 39）不認為這段話描述的是「遊」，而是「遊」的反面；葛拉姆（葛蘭德〔Crandall，1983〕引述）與華森（1964）認為這裡描述的是庖丁自己摸索出來的解牛方式，所以指的就是「遊」。

著令人滿意的成果，久久不能自已，最後才將刀子擦乾淨，收起來。」

較早期的一些學者認為這段話描述的，是技術平庸、還不懂「遊」的解牛者。但是近期的翻譯家，包括華森與英國漢學家葛拉姆（Graham）都認為，這裡描述的是庖丁個人解牛的方法。就我對心流體驗的認識，我相信後者才是正確的。它點出了即使已經擁有一定的技巧，「遊」的出現還是有賴於出現新挑戰（如上述的「複雜」與「不好處理」），以及發展新技能（小心謹慎，目光要專注……運刀要細膩）。

換句話說，要達到「遊」的最高境界，靠的不是超人的能力，而是在環境中尋找行動機會，然後全心投入，假以時日，一旦練就出純熟的技巧，就會產生超凡脫俗、出神入化的結果。偉大的小提琴家、數學家的表現，也經常讓人覺得不可思議，這都是藉著不斷提高挑戰並磨練技能的結果。如果我的解讀是對的，那麼西方的心流與東方的「遊」其實是相通的，雙方文化的至高喜悅來源是相同的。文惠王的廚師就是個很好的例子，即使從事的是平凡低下的工作，他還是可以在他人認為不可能的地方找到心流。這個經驗帶給人的震撼如此強烈，以致於在二十三個世紀前，大家已徹底研究了它的動態。

阿爾卑斯山上的老太太、芝加哥的焊接工人，以及中國古代這位謎樣的廚師有個共通點：他們從事的都不是光鮮亮麗的工作、都很辛苦，而且在大多數人看來都是無聊、重複、沒有意義的，但他們卻能把這些工作轉換成具有複雜性的活動：先找到別人看不到的行動機會、專注在上頭，接著在互動中失去自我，最後，以更強大的自我呈現。在這樣的運作下，工作就會變得有樂趣，也因為投注了個人的精神能量，會覺得工作是自由的選擇，不再有逼不得已的感受。

自成目標的工作

瑟拉菲娜、喬與丁在個性上都有種自得其樂的特質。即使工作環境充滿了限制，他們卻能將限制轉換成機會，在當中展現自由和創意，這就是一種讓工作變得豐富有趣的方法。當然，你也可以試著換工作，直到找到就連不具自得其樂性格的人也很容易感受心流的工作。當工作愈像遊戲——有變化、有適當而具彈性的挑戰、有明確目標和立即的回饋——就愈能帶來樂趣。這跟工作者本身的發展層次沒有關係。

狩獵是個很好的例子，這份「工作」的本質具備了心流活動的各項特徵。過去曾有幾十萬年的時間，捕捉獵物是人類最主要的生產活動。現在，人們雖然不太需要從事這件事，但仍有許多人對狩獵樂趣不減，於是把它當成興趣。釣魚也是如此。這些田園野趣讓人能感受到最早期的「工作」帶給人的自由和心流般的感受。住在亞利桑那州的年輕納瓦霍印第安人[7]表示，騎馬跟在羊群後面走，是他們做過最有樂趣的事了。與狩獵或牧羊相比，要在農耕中獲得樂趣稍微困難一點。因為農耕是在定點進行、工作內容一再重複，而且需要一段時間才能看到成果。春天種下的種子，

7 納瓦霍印第安人。馬西米尼教授在一九八四及一九八五年間的夏天做的訪問。

得經過幾個月才會結果，因此比起狩獵，想要在農耕中感受樂趣，就得把時間範圍拉長許多。狩獵的人隨時可以改變狩獵目標與方法，但農夫每年就只有幾次機會可以選擇要種什麼作物、種在哪，以及要種多少。為了有好的收成，農夫必須做長期準備，很多時候還得看天公作不作美。也難怪遊牧民族或狩獵部落在被迫定居從事農耕時，有很多人寧願死，也不願意接受看來這麼無趣的生活。當然，也有很多農夫終究在工作中找到了不是那麼容易察覺的機會，而樂在其中。

十八世紀以前，農家在空閒時從事的家庭手工就是提供心流的活動。例如英國織布工人[8]會在家裡擺幾部織布機，全家一起工作。工作時間與生產目標都是根據自己的狀況決定的。天氣好時就暫停織布，改到果園或菜園去工作。開心的時候就一邊織、一邊哼著歌，每完成一件作品，大家就喝點酒慶祝一下。

儘管工業化帶來了各種好處，但有些地方還存在這種作法，維持著貼近人性的生產步調。馬西米尼教授帶著研究團隊去訪問了北義大利比耶拉省（Biella）的織布工，他們的工作模式和傳說中兩個世紀前的英國織布工很類似。依家裡的人手而定，每戶人家擁有兩部到十部織布機，早上可能是由爸爸監控這些機器，當他要去森林採香菇或到溪邊去釣魚時，就換兒子來顧。兒子覺得無聊了，就由媽媽接手。

訪談中，每個家庭成員都認為織布是最有樂趣的事，勝過旅遊、去舞廳跳舞、釣魚，當然也勝過看電視。織布的樂趣，在於它會不斷帶來挑戰。每個人都可以設計自己的圖樣，一個圖樣織膩了就換另一種。所有家庭成員都能決定要織什麼、去哪裡買材料、要織多少，最後在哪裡販售。

有些家庭有遠在日本、澳洲的顧客。他們會不時到各地的生產中心，看看有沒有值得學習的新技術，或是價格實惠的設備。

但是隨著第一部動力織布機問世，在大部分的西方國家，這種有利於心流發展的愜意安排已經無情的結束了，取而代之的是集中式的工廠生產。到了十八世紀中葉，英國的家庭手工業已經無力與工廠的大量生產競爭。家人被迫拆散，工人必須離開家，大規模進駐醜陋又有害身體健康的廠房，按著嚴格的時間表，從日出工作到日落。年僅七歲的孩子就得跟對他們默不關心，甚至會剝削他們的大人一起工作到筋疲力盡。就算工作過去留給人任何樂趣，也在第一波工業化熱潮中被破壞殆盡了。

現在，我們進入了全新的後工業時代，有人說工作會再次變得友善：典型的上班族坐在舒適的控制室裡，只要盯著電腦螢幕、操控按鈕就可以，「真正的」工作交給那些精明的機器人來處理就可以了。事實上，大部分的人已經不再從事實際生產，而是換到「服務部」，這在幾個世代前的農夫或工人聽來，就像嬌生慣養的休閒活動。他們上位有管理者與專業人士，這些人會擁有比較多自由決定自己想做什麼。

所以，工作可以殘酷無聊，也可以刺激有趣。我們從一七四〇年代的英國看到，不過短短幾十年，整體工作環境就從大致上愉快變成了夢魘。科技發展，從過去的水車、犁，到蒸汽引擎，

8 十七、十八世紀的英國織布工人生活描述於湯普森（E. P. Thompson，1963）。

再到電，甚至矽晶片的發展，對於工作是不是能帶來樂趣，有很大的影響。公共土地私有化、廢除奴隸制度、廢除學徒制度，以及每週工時與基本工資的規定等，也帶來很大衝擊。我們愈早知道工作體驗的品質可以受自我意志改變，就可以愈早改善這占據人生一大部分的要事。只可惜，大部分的人仍選擇相信工作永遠是「亞當的詛咒」，永無翻身之日。

理論上，只要按著心流模式進行，所有工作都能帶來樂趣。令人遺憾的是，就那些對工作性質有決定權的人而言，工作究竟有沒有樂趣不是最重要的事。管理階層首重的考慮絕對是生產，工會領袖想的盡是安全、保障和工資。在他們看來，這些事情跟心流的產生是有衝突的。這是相當可惜的事，因為員工若能從工作獲得樂趣，受益的其實不只他們自己，工作效率也會隨之提高，這麼一來其他目標也會跟著實現。

不過，別期待所有工作都能變得像遊戲，讓每個人樂在其中。就算外在環境完全處於最佳狀態，也沒有人保證一定能產生心流。因為認定什麼事情是行動機會是主觀的，此外個人能力也有影響，很多時候即使是一份很有潛力的好工作，仍有人感到不滿。

以外科醫師[9]為例，很少工作得承擔這麼大的責任，或被賦予這麼高的地位。如果挑戰與技能是擁有樂趣的重要元素，那麼所有外科醫師工作時理應興致高張才是。確實有許多外科醫師覺得工作讓他們上癮，認為生命中沒有哪件事帶給他們的樂趣可以與工作相提並論，任何跟工作無關的事，不管是到加勒比海岸度假、聽一場歌劇，對他們來說都在浪費時間。

但不是所有外科醫師都有同樣的熱忱。有外科醫師甚至因為覺得工作無趣，沾染上了酗酒或賭博，或是尋求其他刺激好忘卻工作的苦悶。為什麼同樣的職業，可以帶給人這樣截然不同的觀感呢？原因之一，是那些以優渥薪水為目標的醫師很快就會對重複性工作內容感到無趣。有些外科醫生的工作永遠在割盲腸或切扁桃腺，有些人的專業竟然是穿耳洞，這樣的工作或許帶來了豐厚收入，但很難讓人獲得樂趣。有些外科醫生則全然相反，他們不斷追求新挑戰，想嘗試最新的手術方式，直到他們達不到自己預設的目標為止。這些不斷向前衝的外科醫師有時也會心力交瘁，但原因和那些只執行例行手術的醫師相反，他們感到疲憊，是因為完成了一次不可能的任務，但找不到複製它的方法。

那些樂在工作的外科醫師，通常會選擇在有機會嘗試最新技術，而且能從事研究與教學的醫院服務。金錢、名望、救人，都是他們喜愛這份工作的原因，但最吸引他們的，還是這份工作的本質。對他們來說，手術本身有一種獨特之處，他們所描述的感覺，跟運動員、藝術家，或是文惠王的庖丁所說的心流體驗，十分相像。

最好的解釋是：外科手術擁有心流活動應該具備的所有特質。例如，外科醫師的目標非常明確。內科醫師處理的問題與部位通常不是那麼清楚，心理醫師遇到的問題和解決方式就更晦澀不明了，但外科醫師的任務卻是清楚明白的：切除這個腫瘤、接好這根骨頭，或是讓這個器官恢復跳動。任務完成後，將切口縫合起來，便可以心滿意足地轉而處理下一位病人了。

9 關於外科醫師的心流訪問是由漢彌爾頓（Jean Hamilton）做的，並記載於她與伊莎貝拉・契克森米哈伊的著作（米哈里・契克森米哈伊，1975, pp. 123–39）。

外科手術給的回饋是立即而且持續不斷的。只要腔室裡不再出血，就代表手術順利；接著看可不可以切除病變的組織，或是接好骨頭；最後，看傷口縫合是不是順利，整個過程中，外科醫師都很清楚手術進行的狀況，就算失敗也知道是哪裡失敗，以及是什麼原因造成的。就因為這樣，大部分外科醫師都認為，他們做的事比起任何醫學分科，甚至世上的任何工作，都來得有趣。

再從另一個層面來看，外科手術也絕對不缺挑戰。有一位外科醫師表示[10]：「我得到的是智能上的樂趣——就像棋手，或是研究美索不達米亞古文化的學者……這項技藝本身就很有趣，像木工一樣有趣……會得到一種解決難題後的滿足感。」另一位說：「這份工作帶給人很大的滿足，特別是有點困難時，最讓人興奮。修好東西、放回正確位置，恢復它應有的樣子，讓一切恰到好處，都給人一種愉快的感受，特別是一群人合作無間時，那更是充滿美感。」

後面這段話指出，手術的挑戰不限於外科醫師個人的表現，它是由幾個人共同合作完成。很多外科醫師表示，身為訓練有素、工作和諧又有效率的團體中的一員，是令人開心的事。當然，事情永遠有進步的空間，你永遠可以精益求精。一位眼科外科醫師說道，「操作精準而細密的儀器是一種藝術的展現……重點在於手術是否精確執行，並體現美感。」另一位外科醫師也說，「注意細節很重要，要講求乾淨俐落與技術效率。我不喜歡不必要的動作，所以會盡可能做好周全的準備，像是想好針的握法、下針的位置和縫線的種類等等，要讓一切看起來既輕鬆又完美。」

做手術時必須心無雜念，完全專注在手術過程。就好比手術室是舞台，而外科醫師是演員一樣，所有鎂光燈的焦點都在他身上。手術前，他得做好各種準備，消毒、殺菌，然後換上手術服

——就像即將上場比賽的運動員或主持儀式典禮的神父。除了原有的目的，這些例行工作也讓主角把自己和日常生活區隔開來，好將注意力放在即將進行的事上。有外科醫師說，在做重大手術前，他們會把自己調整到「自動駕駛模式」，吃特定的早餐、穿特定的衣服，走特定的路線上班。這麼做不是出於迷信，而是採取習慣性行為可以讓他們更專注在接下來要面對的挑戰。

外科醫師很幸運，不只因為他們薪水優渥、備受尊崇，還因為他們有一份按著心流活動藍圖走的工作。但即使具備這些優勢，仍有外科醫師認為工作無聊透頂，或是為了追求不可及的權力和名望而想不開。這告訴我們，即使工作性質符合心流條件，也不保證做這件事的人一定能從中找到樂趣。一個人對工作滿不滿意，還取決於他是不是具有自得其樂的個性。焊接工人喬在大家認為無法帶來心流的工作環境中，仍能樂在其中。而有些外科醫師從事的雖然是為心流打造的行業，卻厭惡自己的工作。

想要透過工作來提升生活品質，有兩個互補策略是不可或缺的。一方面要調整工作，讓它盡可能貼近心流活動的樣式，像是打獵、家庭編織或手術。另一方面要調整個人：培養自得其樂的個性，學習尋找行動機會、重視自己的技能、設定可行的目標，就像瑟拉菲娜、喬或庖丁一樣。這兩個策略單獨存在沒辦法讓工作變得更有樂趣，但是一旦互相結合，就可以締造意想不到的最優體驗。

10 前兩段引述記載於契克森米哈伊（1975），p. 129，後兩段來自p. 136。

工作與心流的悖論

拿生活在不同時期、處於不同文化的人做比較，很容易明白工作對生活品質有多大的影響。但我們還是有必要仔細檢討發生在當中的細節。中國古代的廚師、阿爾卑斯山上的農人、外科醫師和焊接工人，都讓我們看到了工作的潛能，但這些工作畢竟不是一般現代人從事的。現代人究竟從事什麼樣的工作呢？

研究過程中，我們經常發現人們對於自己賴以維生的工作，有一種奇怪的內在衝突。有些人表示，他們曾在工作上得到自身經歷過最正面的體驗。這樣的反應讓我們以為他們願意工作，而且對工作有很高的動機，但事實上，即使對工作感覺良好，可以的話，他們還是會選擇不要工作，也就是說，他們的工作意願是低的。反之亦然，他們應該盡情享受好不容易得到的休閒時間的，但大家的興致卻出奇的低；雖然如此，他們還是巴不得能有更多的休閒時間。

究竟人們是在工作過程，還是在休閒時間比較容易體會心流呢？在某一次研究中，我們利用經驗取樣方法來解答這問題[11]。超過一百位受測的男女全職工作者，佩戴了我們給的電子呼叫器一個星期，期間我們每天會不定時呼叫他們八次，請他們記錄當時在做的事，以及當下的心情。此外他們還得在一個一到十分的量表上，記下當下遇到的挑戰程度，以及他們用了多少技能。

當一個人標示的挑戰程度與技能使用程度都在周平均值以上，我們就當他當時是處於心流狀態。一個人一星期大概給了四十四份回應，我們總共收回四千八百多份。採用我們所訂的標準，這些回應中大約有百分之三十三屬於「處於心流狀態」，也就是說，他們面對的挑戰和技能使用程度都高於平均值。當然，用這種方式來定義心流不是很嚴謹。如果我們要觀察的是極度複雜的心流體驗（挑戰與技能都發揮到極點），那麼這些回應中稱得上心流的大概不到百分之一。這裡使用的方法有點像是用不同倍率的顯微鏡在看心流，由於倍率不同，看到的細節也不一樣。

如我們所預期的，一個人處於心流的時間愈多，他的整體經驗品質就愈好。經常處於心流的人比較容易出現「堅強」、「有活力」、「有創意」、「專注」和「積極進取」的感受。但出乎我們意料之外的是，心流通常發生在工作期間，鮮少發生在休閒時刻。

如果受測者確實是在工作時收到訊號（我們發現上班時，真正在工作的時間約只有四分之三，其餘的四分之一是在做白日夢、聊八卦，或是做自己的事），處於心流的機率大約是百分之五十四。也就是說，上班時，他們有一半的時間覺得面對的挑戰高於平均值，用到的技能也高於平均值。相反的，在休閒時間，像是在看書、看電視、和朋友相聚或到餐廳吃飯時，他們處於心流的機率只有百分之十八。休閒時間的這種反應屬於典型的冷漠（apathy），也就是挑戰和技能使用的程度都低於平均值。在這種狀態下，人們容易感到消極、軟弱、無趣或不滿。工作時，有百分之十六的反應落在冷漠區間；在休閒時間，則是百分之五十二以上。

如大家預期的，管理階級比較常在工作時擁有心流（六四％），一般職員大概是五一％，而

11 以經驗取樣方法調查美國工人在工作當中與休閒時間感受到心流的頻率，記載於契克森米哈伊與拉斐爾（LeFevre，1987, 1989）、拉斐爾（1988）。

藍領階級的工人則是四七%。藍領階級比較常在休閒時間感受心流(二〇%),其次是一般雇員(一六%),再來才是主管階級(一五%)。但即使是組裝線上的工人,工作時間處於心流的機率還是比休閒時間高了兩倍(分別是四七%與二〇%)。但藍領階級的工人比管理階層容易在工作上出現冷漠(分別是二三%與一一%),相反的,管理階層在休閒時間出現冷漠的機率則比藍領階級來得高(六一%與四六%的差別)。

不管是工作或休閒時間,大家都認為自己處於心流時,比沒處於心流時來得正面。在挑戰和技能都高的時候,他們覺得比較開心、樂觀,也比較堅強、活躍;他們比較專注;覺得更有創意、更滿足。這些體驗品質的差異在統計上都是顯著的,在不同類型的工作之間,差不多也是這樣。

這個傾向只有一個例外。記錄回應的冊子上有下列問題:「你寧願現在是在做其他事嗎?」一樣要受測者以一分到十分來作答。我們用這個分數來推論一個人做事當下的積極程度。結果這個分數通常在工作時間比較高,也就是大家在工作時,比較會寧願自己在做別的事,而這個現象跟他們是不是處於心流狀態是無關的。換句話說,就算一個人在工作時進入心流狀態,他的動機還是低的,相反的,就算體驗品質比較差,大家在休閒時間的動機還是比較高。

因此出現了這麼個矛盾的現象:人們在遇到挑戰、需要技能時,會覺得比較快樂、強大、有創造力和滿足感。休閒中的人會覺得沒有什麼可以做、身上的技能派不上用場,因而容易感到難過、軟弱、無趣與不滿。然而,他們還是希望休閒時間可以多一點、工作時間少一點。

這樣的矛盾有什麼意義呢?有幾個可能的解釋,但以下這個結論似乎是必然的:一提到工作，大家就會忽略感官上的證據，無視當下的感受，而是以文化上根深柢固的刻板印象來看待它，認為工作是被迫的、受約束的，而且會侵犯自由，應該盡可能避免。

也有人說，雖然工作中可以遇到心流、獲得樂趣，但人沒辦法長時間面臨高度挑戰。大家需要回家恢復，不管坐在沙發上看電視有沒有樂趣，就是非得這麼做不可。但是對照實際案例的結果並不同意這個觀點。崔恩塔斯的農人工作時間比一般人更長、更辛苦，每天面臨的挑戰、所需的專注力也更高，但他們工作時不會寧願在做其他的事，工作結束後，他們也不會一味的放鬆，而會找有挑戰性的休閒活動來度過空閒時間。

這些結果指出，我們周圍有許多人之所以冷漠，不是因為心理或生理太過疲憊。問題其實出在現代人與工作之間的關係，以及他怎麼看待目標與工作間的關係。

當我們認為自己的注意力是投注在與心意相違的事，就會覺得自己在浪費精神能量。我們會認為這事是為別人而做，與自己的目標不相干，花時間做這種事無異於浪費生命。很多人把工作認定為不得不做的事，是外在給予的負擔，是生命所欠的債。因此即使工作當下的體驗是正面的，他們也不會多加重視，因為這對他們的長期目標沒什麼貢獻。

這裡要強調，「不滿」[12]是一種相對的感受。一九七二到一九七八年間美國一項全國性大規模調查指出，只有百分之三的美國人對自己的工作表示非常不滿意，表示非常滿意的則占了百分之

12 **不滿**。工人低滿意度的資料來自一九七二到一九七八年間，於十五個國家進行的調查，並在一九八〇年進行綜合分析的結果；見阿蓋爾（Argyle，1987, p. 32）。

五十二——在工業化國家中名列前茅。一個人可以喜愛他的工作，但仍對其中某些部分感到不滿，並試著改善那些不完美的部分。在我們的研究中[13]發現，美國人不滿工作的三個主要原因，都跟典型的體驗品質有關——雖然就如我們提過的，他們工作時的體驗品質往往優於休閒時。（不同於一般認定，薪水等物質考量通常不是他們最關心的事。）第一個原因，或許是最重要的不滿，是他們覺得工作缺乏變化與挑戰。這對很多人來說都可能是個問題，但在工作內容一成不變的低層員工最為常見。第二個原因是與其他人，特別是與上司間的衝突。第三個是過於疲累：壓力太大、沒有時間思考自己的事或是陪伴家人，這問題特別容易出現在高階主管與經理人身上。

這些抱怨的理由雖然充分，但講的都是可以藉由調整個人主觀意識帶來改變的狀況。以缺乏變化與挑戰為例，從某個角度來看，它們的確是工作的本質，但只要改變看待機會的標準，就會帶來不同結果。就像在別人看來索然無味、毫無意義的事，在庖丁、瑟拉菲娜和喬看來卻是絕佳挑戰。真正決定工作是不是有變化的，不是實際的工作內容，而是個人看待事情的角度。

對工作的其他不滿也是如此。與同事或上司相處或許不容易，但只要願意付出心力，多半可以解決。很多時候，工作上的衝突是其中一方怕沒有面子，因此產生防禦心造成的。為了證明自己的能力，就認為別人應該怎麼對待自己，並且強烈期待別人照著他的想法去做。然而事情很少如願以償，因為其他人也有強烈期待別人達成的目標。打破這種僵局最好的辦法，或許是試著實現自己的目標的同時，也幫助上司或同儕完成他們的目標。比起只顧好自己的利益，這麼做顯得不夠直接、又浪費時間，但長期而言卻最不容易失敗。

最後，壓力與緊張顯然是最多人對工作的主觀看法，因此也是最需要我們以意識控制的。壓力只有在我們經歷到它時才會存在；是由極端的客觀環境直接造成的。同樣程度的壓力能擊潰某人，但對另一個人來說卻是樂意面對的挑戰。紓解壓力的方法很多：可以針對工作內容做更好的組織、責任分配，或跟同事和上司溝通，也可以試著從工作外的條件著手，例如改善家庭生活、休閒模式，或進行靜坐之類的內在修煉。

這些零碎的解決方法或許可以帶來幫助，但要徹底解決工作壓力，應該要把它包含在改善整體體驗品質的策略中。當然，說比做來得容易。想要這麼做，必須啟動精神能量，將它全部投注在個人設定的目標上，無視其他可能導致分心的事。我們在第九章還會提到更多應付外來壓力的方式。這裡我們要探討的，是休閒時間對整體生活品質有何貢獻，或是沒有做到什麼貢獻。

虛度的空閒時間

就如先前提到的，大家在上班時會迫不及待的想回家，趕快享受得來不易的空閒時間，但事實上，他們根本不知道回家要做什麼。更諷刺的是，比起休閒時間，他們在工作中獲得樂趣的機會其實比較高[14]，原因在於工作就像心流活動一樣，有目標、有規則、有挑戰，這些條件會讓人

13 在我們的研究中。除了經驗取樣方法外，我也使用了自己在一九八四到一九八八年間收集到的大約四百名，來自全美各地、不同公司的主管的資料。他們都參加了芝加哥大學進修教育部舉辦的魏爾管理研討會（Vail Management Seminars）。

更投入，全神貫注而渾然忘我。相反的，面對缺乏架構的空閒時間，我們需要花更多努力，才能把它塑造成可以帶來樂趣的模式。

需要技能的嗜好、有目標與限制的習慣、個人興趣，特別是和內在修煉有關的活動，都有助於讓休閒時間有它該有的樣子——提供重建的機會。但整體來說，人們還是錯過了許多在休閒時間享受樂趣的機會，情況比工作時間來得嚴重。六十多年前，偉大的美國社會學家羅伯特．帕克（Robert Park）就說過：「我認為虛度休閒時間，是美國人對生命最大的浪費。」

龐大的休閒工業[15]於幾個世代前興起，期待用充滿樂趣的活動填滿大家的空閒。然而，我們並沒有因為這樣，就善加用生理與心理資源去體歷心流，而是把大好時光拿來看球員打球。我們不製作音樂，而只是聽聽大明星發行的白金唱片。我們不創作藝術，只會關心拍賣會上標價最高的畫作。我們不把信念付諸實行，而只是把時間拿來看演員在虛假的冒險中出生入死，或從事些貌似有意義的活動。

這種間接體驗的參與，或許可以暫時填補光陰虛擲的空虛，但與實際參與挑戰所需的注意力相比，有著天壤之別。發揮技能得到的心流體驗可以使人成長，但被動式的娛樂對人徒勞無益。集結起來，我們每年都浪費了數百萬年的人類意識。這些能量原本可以用在複雜的目標，提供有樂趣的成長，現在卻拿來浪費在模仿事實的刺激上。不管是大眾休閒、大眾文化，甚至是高尚的文化，如果只是消極參與，或是為了外在因素（例如想要炫耀自己的地位）而參與，對心靈來說都像寄生蟲。牠們拚命吸取我們的精神能量，但絲毫不提供任何實質回饋，到最後我們只是更疲憊、更沮喪。

除非握有掌控權，否則不管工作或休閒都會讓人大失所望。大部分的工作與絕大多數的休閒活動——特別是只需要被動消費的大眾媒體——都不是為了讓我們開心或變得更強大而設計的。它們都是某些人賺錢的工具。如果我們任憑它們予取予求，將會被榨乾，僅留下空殼。但是就像生活中的任何事，工作和休閒也可以依自己的需求調整。那些樂在工作又不浪費空閒時間的人，最能感受到人生的價值。提倡休閒的布萊特比爾（C. K. Brightbill）教授說，「未來不屬於那些受了教育的人，而是屬於懂得善用休閒時間的人。」

14 **工作比較容易帶來樂趣**。心理學家和精神科醫生很早就注意到，休閒時間對很多人來說可能是個問題。例如精神病學研究促進小組（Group for the Advancement of Psychiatry）在一九五八年發表的一份報告，就直接以「對很多美國人來說，休閒時間是危險的。」做結尾。葛辛（Gussen，1967）在探討了一些因為無法適應休閒時間而導致的精神病症後，也做了同樣的結論。以電視來掩飾休閒時間的危險也被注意到了，康拉德（Conrad，1982, p. 108）寫道：「科技革命的初衷是要節省時間，縮短工時；但是消費主義的最新發展卻是浪費我們節省下來的時間，而受它委託執行這項任務的，正是電視……」

15 **休閒工業**。我們很難評估休閒活動帶來的經濟價值，因為以休憩為目的的聯邦土地價值、家中或是公共場所被規劃為休閒目的的空間價值，都是難以估計的。一九八〇年，美國人直接花在休閒活動的金額約一千六百億美元，如果將通貨膨脹考慮進去，大概是一九七〇年的兩倍。每個家庭直接花在休閒活動的金額，大概占總收入的百分之五（凱利〔Kelly〕，1982, p. 9）。

CHAPTER

8

獨處和與他人相處的樂趣

Enjoying Solitude and Other People

心流研究一再指出，生活品質取決於兩個因素：我們的工作體驗，以及我們與他人的關係。關於我們究竟是什麼樣的人，最詳盡的資料來自那些與我們有互動的人，以及我們成就工作的方式。自我就是在這兩種情境下定義的，正如佛洛伊德為幸福所開的處方「愛與工作」。上一章，我們討論了工作帶來心流的潛能；現在我們要探討與家人朋友的關係，看看他們是否也能成為樂趣的來源。

「是否有人陪伴」對體驗品質有很大的影響。與生俱來的本能讓我們把人看得比世上任何東西都重要。人可以讓我們的生命充滿樂趣，也可以使生命痛苦不堪，與他人的互動是決定我們幸福與否的關鍵因素[1]。如果能讓與他人的相處更貼近心流體驗，我們的生活品質將大幅提升。

但另一方面，我們也注重隱私，經常想要有獨處的時刻。只是事情總不如所願，當我們真的獲得獨處的機會，反而覺得沒什麼挑戰，不知道做什麼好。對於某些人，孤獨甚至會帶來失去感知、迷失方向的感覺。然而，人必須學習忍受獨處，甚至樂於獨處，否則很難完成需要專注的事。基於這個理由，我們必須學會不藉助任何外物就可以控制意識。

獨處和與他人相處間的衝突

所有我們害怕的事當中，被孤立於人際圈外絕對名列前茅。人類是社交動物，得要有人陪伴，我們才會覺得完整。在很多史前時代的文化中，獨處是令人非常無法忍受的事，讓人避之惟恐不及；唯一在獨處時還能處之泰然的，只有女巫和巫師。不少社會，包括澳洲原住民、亞米希（Amish）農村和西點軍校等，都把與眾人隔離當成最嚴重的制裁。遭隔離的人會先變得憂鬱，接著開始懷疑自己的存在。在某些社會，被放逐最終的結果就是死亡：遭到放逐的人最後會認為自己肯定是死了，因為再也沒有人關心他了；漸漸的，他自己也不關心自己的身體，終致死亡。拉丁文的「活著」是「*inter hominem esse*」，意思是在人群當中[2]，「死亡」是「*inter hominem esse desinere*」，意思是不在人群中。對羅馬帝國的公民來說，被放逐到城外是僅次於立即被殺的懲罰；不管他原本是什麼有頭有臉的人物，一旦被禁止與同儕互動，對大家來說就像是個隱形人。現代的紐約人如果因故不得不離開紐約，也會有這種感受。

大城市提供的頻繁互動就像一種舒緩劑，能讓在城中生活的人享受其中，即使這互動不見得都愉快，有時甚至有危險。第五大道的人群中可能有搶劫犯、有怪胎，但大家還是精神奕奕、信心滿滿。因為只要周圍有人，就可以讓人覺得充滿活力。

社會科學調查的結果，做了這個放諸四海皆準的結論——人們在有家人和朋友陪伴時[3]，最

1 **與他人互動的重要性**。所有經驗取樣方法的研究結果都顯示，一個人的體驗品質會因為周圍有人陪伴而提高，也會因著獨處而變差，即使是他自己選擇獨處的（拉森與契克森米哈伊〔1978, 1980〕；拉森、契克森米哈伊與葛雷夫〔1980〕）。關於人們如何、以及為什麼會依賴大眾意見來肯定自己的信念，請見諾爾—紐曼（Elisabeth Noelle-Neumann，1984）。海德格（Martin Heidegger，1962）則是從哲學的觀點來分析我們對「他人」的持續性依賴。相關概念請見顧里（Charles Cooley，1902）的「類化的他人」（generalized other）或是佛洛伊德的「超我」。

2 **在人群當中**。這個部分的內容來自漢娜・鄂蘭在《人的條件》（*The Human Condition*，1958）中對公共與個人領域進行的討論。

感到快樂。在談到整天下來什麼事最能改善情緒時，最常得到的答案不外乎「與開心的人在一起」、「有人對我說的話感興趣」、「與朋友在一起」、「有人發現我很性感」。鬱鬱寡歡的人的一大特徵，就是他們很少提及遇到上述情形。能提供支持的社交網絡可紓解壓力：生病或遭遇其他不幸的人，如果有其他人給予情感支持，通常比較不會被擊倒。[3]

毫無疑問的，我們天生就喜歡找人作伴。或許有一天，行為遺傳學家會在我們的染色體中，找到導致我們獨處時會渾身不自在的化學結構。我們有充分的理由解釋，這個特性為何會在演化過程中保存下來。懂得合作的動物比較占優勢，在同伴的互相照應下，牠們有比較好的生存機率。以生活在大草原上的狒狒[4]為例，牠們需要彼此守護，才能躲過獵豹與鬣狗的攻擊。要是離開了群體，生存下來的機會可說微乎其微。同樣的情形肯定也發生在我們的祖先身上，讓懂得合群成了生存的重要特徵。隨著人類適應愈來愈倚賴文化，有更多事讓我們發現群體生活有多重要。當我們的生存愈來愈倚靠知識而不是直覺，互相分享學習到的知識就變得很重要；這時選擇獨處的人就像傻瓜（idiot）一樣——這個字在希臘文中的意思正是「獨處的人」，也就是不向其他人學習的人。

但很矛盾的是，古老的智慧也警惕我們「他人是地獄」。印度教哲人與基督教隱士都曾經為了追求和平，選擇遠離紛嚷的人群。當我們檢視個人最痛苦的經驗，就會發現群居生活也有黑暗的一面：所有至痛的體驗都牽扯到人際關係。工作上，有不公平的老闆、粗魯的顧客破壞我們的心情。在家裡，有漠不關心的另一半、不知感恩的孩子，什麼都要管的公婆也是憂鬱的主要來源。

所以說，帶給我們最多快樂的是人，導致最深的痛苦的，也是人，我們該如何理解這情形呢？

要理解這個顯而易見的矛盾並不難。人際關係就像我們在意的任何事，順利時令我們快樂不已，出問題時則會讓我們沮喪萬分。在我們必須處理的外在環境因素中，人是最具彈性[5]、也最變化多端的一環。由於我們亟需別人的情感與認同，極為在意別人對待我們的方式，所以同一個人可以在早上讓你歡欣雀躍，到了晚上卻令你苦不堪言。

因此學會與他人相處，一定能大大提升生活品質。那些讀或寫「如何贏得友誼」、「如何影響他人」之類書籍的人，都懂這個道理。商業主管期盼更懂得溝通[6]，好成為更有效率的經理人，初入社交圈的人讀禮儀方面的書[7]，希望自己可以獲得圈內人的接納與讚賞。這些顧慮都反映一

3 **他人的陪伴**。這裡我們再度引用上述的隨機取樣方法研究結果。與他人互動可以讓人的心情改善一整天是見於理文森（Lewinsohn）與葛雷夫（Graf，1973），理文森與利貝特（Libet，1972），麥克費拉米（MacPhillamy）與理文森（1974），以及理文森等人（1982）。理文森與他的研究團隊發展出一種以最愉快的活動和互動進行臨床心理治療的方式。如果有人想要把心流發展成一種治療方式——義大利米蘭大學的醫學院已經開始朝這個方向進行了——可以採取這種方式：增加最優體驗發生的頻率與強度，而不是（或只是）降低不好的體驗發生的機率。

4 **狒狒**。斯涂爾特．阿爾特曼（Stuart Altmann，1970）與珍妮．阿爾特曼（Jeanne Altmann，1970, 1980）比任何人都清楚這些靈長動物間的社會關係。他們的研究指出，社交能力對這些靈長動物生存的重要性，可以用來解釋人類的社交「直覺」是怎麼發展來的。

5 **人類是有彈性的**。梅爾斯（Patrick Mayers）以經驗取樣方法收集資料所寫的博士論文（1978）發現，青少年可以在一天內，把和朋友互動同時列為最有樂趣、最讓人緊張、也最無聊的經驗。其他活動不太會發生這種狀況，大部分活動要不是永遠無聊，就是永遠有趣。成年人也有相同的現象。

6 **關於溝通技巧對經營效率的影響**，請見魏爾（Vail program，參考第七章註13）。好的溝通技巧是中階主管最希望擁有的能力。

種外在動機，希望自己有能力操控他人。但是身旁的人之所以重要，不在於他們可以幫助我們實現目標，而是當我們珍視他們的本質時，他們會是最豐沛的幸福泉源。[7]

也因為人際關係特有的彈性，我們可以把不愉快的互動變得可以容忍，甚至令人興奮。我們對一個關係的定義或理解，會大為影響對待彼此的方式以及當下的感受。舉個例子：某天下午放學，我當時十二歲的兒子馬克決定經由一處非常荒涼的公園，抄近路回家。在公園裡，他遇到了三個來自附近貧民窟、塊頭高大的年輕人。其中一人說：「別動，否則他就拿槍殺了你。」同時示意馬克看一個手放在口袋裡的夥伴。最後，他們拿走了馬克所有的東西——一些零錢和一隻破舊的手表。「現在繼續走，別跑，也不准回頭。」

於是馬克繼續往回家的方向走，他們三人則掉頭從另一個方向離開。但馬克走了幾步後就回過頭追他們，喊著：「我想跟你們談談！」「走開，」他們回他，但馬克還是追上他們了，還問他們可不可以把手表還給他。他向他們解釋那隻手表並不值錢，但是對他意義重大：「你們知道嗎？那是我爸媽送我的生日禮物。」那三個人氣壞了，但最後決定投票表決，看該不該把手表還給馬克。結果兩票對一票，馬克很得意的拿回那隻舊手表，不過錢還是全被拿走了。當然，他的爸媽經過了好一陣子心情才平復。

在大人看來，馬克簡直是笨蛋，就算對那隻爛表有感情，也不該冒這麼大的風險。不過這事件道出了很重要的一點：社會情境可以因重新定義的規則而改變。馬克不自視為「受害者」，也不把攻擊他的人當成「搶匪」，而是可以講理的人，會對他與家人間的感情有同理心。他這麼做的結果，將一件搶案變成了（就某種程度來說）民主而理性的決定。這個案例中，運氣好是他達成目的的主因：搶匪那天可能醉了，或是超乎理智範圍，否則馬克可能會受到嚴重傷害。但是有一點仍舊不變：人與人之間的關係是可以改變的[8]，如果其中一方有適當的技能，就可望推翻原本的規則。

在我們深入探討如何藉著塑造人際關係進入最優體驗前，容我先岔開話題，談談獨處。只有了解獨處對心理的影響，才會明白為什麼有人陪伴是幸福不可或缺的條件。成年人醒著的時候，有三分之一的時間是獨處的，但是除了不喜歡，我們對這一大截生命所知甚少。

獨處的痛苦[9]

大部分人獨處時，都會感到一種無法忍受的空虛，特別是沒有事做的時候。不管是青少年、

7 **關於禮儀的書籍**。這類書籍中，有許多令人不可置信的地方，像是鮑德瑞奇（Letitia Baldrige）在《現代人完全社交手冊》（*Complete Guide to a Great Social Life*）裡頭提到，「奉承是一種非常有效的手法……」或是「參加派對的客人如果穿著講究，可以讓主人感到驕傲，因為他們散發出成功的味道。」這些建議講的或許是事實，但實在過於虛偽。（可以拿後面這個建議跟包斯威爾（Boswell）在《山謬・強森傳》（*Life of Samuel Johnson*）中，一七七六年三月二七日的記載做比較：「一套好的衣服只對那些想利用它贏得他人尊重的人，才有它的價值。」）也可參考《新聞週刊》（*Newsweek*，Oct. 5, 1987, p. 90）。

8 **人與人的關係是可以改變的**。這是社會學和人類學所謂象徵性互動的基本原則之一（見高夫曼〔Goffman，1969, 1974〕；薩特斯〔Suttles，1972〕），也是家庭治療的基礎，見賈克生（Jackson，1957），貝特森（Bateson，1978），包溫（Bowen，1978），以及霍夫曼（Hoffman，1981）。

成年人或老人都表示，他們一生最糟的體驗都發生在獨處時。所有活動都一樣，有人一同參與時，總是比較有樂趣。不管是在組裝線上工作，或是在家看電視，有人作伴會比獨自一人更讓人開心、振奮而有活力。不過獨自工作或看電視，還不是最讓人沮喪的，讓人情緒最糟的，是獨自一人不知道要做什麼時。在我們研究的對象當中，獨居又沒有上教堂習慣的人，星期日早上[10]的情緒會是整個星期的最低潮，由於沒有任何事需要費心，他們便不知道要做什麼。一個星期的其餘時間，我們的精神能量都被外在的例行事務，像是工作、購物、喜歡的電視節目等占據了，但是到了星期日早上，吃完早餐、翻完報紙後呢？對很多人來說，無所事事的這幾個小時非常難熬。一般來說要到中午，我們才會做好某種決定：割個草、找個朋友，或是看場足球賽。這時目標感回來了，注意力也找到了新目標。

為什麼獨處會帶給人這麼負面的體驗呢？根本原因還是在由內在控制心理並不容易。我們需要外在目標、外在刺激與外在的回饋，來讓注意力有個方向。缺乏外在訊息時，我們的注意力會開始游走，思緒也會變得混亂，最後導致第二章所提到的「精神熵」。

一個典型的青少年獨處時可能會開始想：「女朋友現在不知道在做什麼？我這裡長了一顆痘痘嗎？數學作業不知道寫不寫得完？昨天和我起衝突那群人，今天不知道會不會找我算帳？」總歸一句話，無所事事時，負面想法會不斷浮現，直教我們的心靈無法招架。除非這名青少年學會控制意識，否則這種情形到成年還是不會改變，到時要擔心的事包括感情問題、健康、投資、家人與工作等。這些擔心總在我們身邊圍繞，伺機行動，一逮到我們用不著注意力、心靈稍微鬆懈時，就一股腦兒的襲擊過來。

電視會被大家視為寶貝就是這個原因。雖然看電視[11]不是正向體驗——大家看電視時心情通常是消極、軟弱，相當煩躁、甚至難過的——但閃爍的螢幕多少為我們的意識提供點秩序。可預期的劇情、熟悉的角色，甚至一再出現的廣告，都提供了讓人心安的刺激，引導我們的注意力進入可以控制、有範圍限制的環境中。跟電視互動時，心靈可以暫時不受個人擔憂影響，從電視螢幕而來的資訊讓我們暫時拋開不愉快的想法。當然，用這種方式避免負面情緒是揮霍，因為在那之後我們不會有太多收穫。

有些人會用更激烈的手段處理獨處的恐懼，像是吸毒，或是訴諸強迫性行為，比方說不斷打掃房子或沉溺於性愛。在化學藥物的作用下，人可以暫時拋下指揮精神能量的責任，什麼事都不做，任憑藥物影響，不管發生什麼事，都在我們掌控之外了。就像看電視一樣，藥物讓我們暫時不用面對令人沮喪的想法。雖然酒精和某些藥物也能營造最優體驗，但這些體驗的複雜性都不高。除非像在某些傳統社會，使用藥物時必須配合高度技能的繁文縟節，否則藥物的作用其實是

9 無法承受的孤寂。見第八章註1。

10 星期日早上。早在上個世紀初期，維也納的心理分析師就注意到，精神崩潰特別容易發生在星期日（費倫齊〔Ferenczi，1950〕），但是他們認為的理由比我們這裡假設的要更複雜。

11 關於看電視的文獻相當多，我們沒有篇幅可以在這裡做總結。由於這個現象涉及的範圍之廣，以及對社會和經濟的影響之大，大家在討論的時候，很難保持科學的客觀性。有些研究人員堅決認為看電視有它的好處，但是也有科學家認為，看電視只會讓人變得消極與不滿。不用說，本書的作者當然是屬於第二類。

在降低我們的行事能力，以及對自身行為能力的判斷，直到兩者取得平衡。那也會是一種愉快的境界，但卻是誤導，因為真正的樂趣還是有賴挑戰機會和與它相稱的行動能力。

不過有人強烈反對這說法。過去二十多年來，不斷有人提出藥物可以「擴展意識」[12]，提高創造力。但證據指出，雖然化學藥物確實能改變意識內容與組織，但沒辦法擴展或強化對意識功能的控制。想要完成任何有創意的事，這樣的控制能力是少不了的。所以，精神藥物雖然可以提供正常感官經歷不到的精神體驗，但並不會增加我們掌控這些感官的效率。

許多現代藝術家喜歡使用迷幻藥，希望這麼一來可以像英國詩人柯立芝（Samuel Coleridge）吸了鴉片一樣，寫出《忽必烈汗》（*Kubla Khan*）[13]那樣充滿神祕色彩的大作。但他們最終都會發現，不管哪一種藝術創作都需要清醒的頭腦。在藥物影響下創作出來的作品，通常顯得膚淺而過度放縱，缺少好作品應有的複雜性。受化學藥物改變的意識，可能會出現不尋常的畫面、想法與感受，成為藝術家恢復清醒後可以使用的題材。但這麼做有它的危險，如果我們的心靈對藥物產生了依賴，到頭來很可能會失去控制它的能力。

性愛也是大家為了逃避孤獨，而將外在秩序強加在我們的思想、「消磨時間」的一種方式，從這方面來看，它與看電視可說是同一類行為。性愛影片和缺乏人性的性行為，都是從人類與生俱來的生殖行為衍生而來，沉浸在這類歡愉中可以讓人忘卻不愉快的念頭。但這行為和看電視一樣沒有建樹，無法增進意識的複雜性。

性虐待、冒險活動、賭博等乍看之下與歡愉相反的行為，也是如此。人們不需要什麼技能就能在這些活動中找到痛苦、恐懼，它們可以帶來快感，因為就算是疼痛，也好過於完全失焦的混沌狀態。不管是情緒上或生理上殘害自己，都能讓人專注在某一件事上，就算痛苦，至少還保有掌控感，因為這痛苦是自找的。

一個人是否能掌控經驗品質，最大考驗是在獨處、沒有任何外在事物需要集中注意力時。相較之下，投入工作、與朋友相處，在戲院或演唱會上盡興都要簡單多了。當我們什麼都沒有，只剩下一個人時，可以做些什麼事呢？夜幕低垂時，我是否瘋狂的找事情來轉移注意力呢？什麼樣的事是既有樂趣，又可以促進自我成長的？

為自己在空閒時間找個需要專注力、可以增進技能、發展自我的活動，這可不是看電視打發時間或吸食迷幻藥可以相比擬的。或許我們可以把它們視為消弭混沌與抵抗焦慮兩種不同管道，前者會帶來自我成長，後者純粹在讓大腦維持運作。不太容易覺得無聊，不需要經常藉助有利自己的外在環境來獲得樂趣的人，就是通過了創意人生的考驗了。

學習獨處，而不是逃避，是年幼時期很重要的功課。無法與自己相處的青少年[14]，成年時就

12 **藥物無法擴張意識**。這是根據過去二十五年的面談結果所做的結論（蓋哲爾〔Getzels〕與契克森米哈伊，1965, 1976；契克森米哈伊、蓋哲爾與卡恩〔Kahn，1984〕）。雖然藝術家喜歡頌讚藥物誘發的體驗，但我目前還沒有聽說過哪件有創意的作品（或至少是藝術家本身認為的好作品）完全是在藥物的影響之下完成的。

13 **柯立芝的**《忽必烈汗》是講到藥物可以激發一個人的創意時，最常被提到的例子。柯立芝宣稱他在受鴉片影響的狀態下寫出《忽必烈汗》，但是施奈德（Schneider，1953）質疑事情是不是真的如此，並以柯立芝的幾份草稿做為證據，指出吸鴉片是為了迎合十九世紀初期讀者對浪漫風格的偏好，而捏造出來的故事。

無法完成需要更慎重的心理準備才能承受的工作。家中有青少年的父母肯定對這一幕很熟悉：孩子放學回到家，把書本丟到房間，從冰箱拿出點心，接著就開始跟朋友講電話。電話沒什麼好講了，就打開電視。如果有幸他們翻開了書本，也不持久。讀書代表需要專注在複雜的資訊上，即使是最自律的人，也會很快就想把書本拋到一旁，把注意力轉到愉快一點的意念上。問題是愉快的意念不會隨傳隨到。我們大腦裡裝的，往往是恰好相反的東西，於是陰暗的幻影開始占據結構紊亂的大腦，青少年擔心的，無非是自己的外表、人際關係或前途。為了驅逐這些念頭，他只好找其他事來占據意識。讀書起不了作用，因為它本身就太難了。青少年願意做任何事來讓心思擺脫這種處境，只要不耗費太多精神能量就好。而他們最常用的方式，就是我們再熟悉不過的音樂、電視，或是能一起打發時間的朋友。

這幾十年來，我們的文化對資訊科技的倚賴也愈來愈大。為了在這樣的環境生存，我們必須熟悉抽象的符號語言。幾個世代前，不會讀書或寫字的人也能找到收入不錯並且有一定尊嚴的工作。不管是農夫、鐵匠或小販，都能藉由當學徒跟著師傅學得謀生的技能，最後擁有不錯的生活，未必要精通抽象的符號語言。但是現在，即使是最簡單的工作，都需要讀得懂文字說明，複雜一點的職業還需要學習專門知識，過程非常不容易，而且只能自己來。

沒能學會控制自己意識的青少年，長大了很容易不學無術，缺乏在競爭激烈、資訊掛帥的環境生存所需的複雜技能。更重要的是，他們永遠不知道怎麼從生活中獲得樂趣，更無法養成在挑戰中培養成長潛力的好習慣。

學習在獨處中尋找機會不只是青少年的課題。很不幸的，很多成年人到了二、三十歲，頂多四十歲時，就覺得自己有資格輕鬆過日子，不需要再刻意改變習慣了。他們認為自己已經付出過代價，也有足夠技能求得溫飽，應該可以開啟巡航定速模式了。這些人用最低限度的內在紀律過生活，勢必年復一年累積他們的精神熵。事業發展令人失望、身體健康亮起紅燈，浮浮載載的人生不斷累積負面訊息，一步步吞噬原本平靜的心。要怎麼樣才能避免這些問題呢？一個人如果不學習在獨處時掌控注意力，就會轉向較不費力的外來解決方式，像是藥物、娛樂、刺激等，任何可以麻痺心靈或讓心靈轉移注意力的事物。

這種退縮的反應沒辦法領人前進。想要在感受生命樂趣的同時有所成長，就必須在人生無可避免產生精神熵的時候，創造高它一等的秩序。這代表遇到困難時不該退縮或逃避，而該把它視為學習與提升技能的機會。例如，發現身體機能隨著年紀增長而退化時，就試著把想要征服外在

14 我們對有才能的青少年進行研究，發現他們之所以沒辦法發展技能，並不是因為他們有認知上的障礙，而是因為他們無法接受獨處，以致於被願意努力學習與練習的同儕拋在後頭（首先提出這個觀點的是中村〔Nakamura，1988〕和羅賓森〔Robinson，1986〕）。在羅賓森的報告中，他將資質相同的高中數學課學生依主觀與客觀條件，分為高中最後一年還在修數學，以及不再修數學的學生。結果發現，那些還在修數學的學生在學校外，會花百分之十五醒著的時間在學習，百分之六的時間在休閒活動（例如彈奏樂器、運動），以及百分之十四在缺乏結構的活動，像是跟朋友相聚等社交活動。那些沒有繼續學習數學的人則分別是百分之五、百分之二，以及百分之二十六。每一個百分點大約相當於每個星期花一個小時在這件事上。也就是說，還在修數學的學生每個星期花在學習的時間，要比他們花在社交的時間多了一個小時，而沒有持續修數學的學生花在社交的時間，要比花在讀書的時間多了二十一個小時。如果一名青少年非得有同儕相伴不可時，能夠發展出複雜技能的機會就非常渺茫了。

世界的能量內化，開始探討更深層的內心世界，例如開始讀法國意識流作家普魯斯特（Proust）的作品、學棋藝、養蘭花、關心鄰居、思考信仰問題——如果認為這些事值得你追求。但是倘若不是之前就養成習慣，懂得善用獨處的好處，就很難達成這些目標。

這樣的習慣當然愈早培養愈好，但也永遠不嫌遲。在前面幾章，我們分別談到生理與心理引發心流的方式。當一個人可以不受外在環境影響、隨時進入心流時，就表示已經學會掌控生活的品質了。

馴服孤獨

只要有規則就會有例外，雖然絕大多數的人都不喜歡獨處，但有些人卻寧願選擇孤獨。培根（Francis Bacon）曾引用一句諺語：「喜歡獨處的人要不是怪獸，就是神。」說神是有點誇張了，但一個人想要在獨處時感到樂趣，確實要有一套自己的心理途徑，才能不依賴其他人、工作、電視、電影院、餐廳或圖書館等文明事物的協助，就達到心流。桃樂絲[15]就是這樣，她的故事非常有趣。她住在明尼蘇達州與加拿大邊界上的一座小島，四周只有森林和湖環繞。她原本在大城市當護士，先生過世、孩子長大後，才搬來這裡。為期三個月的夏天，在湖上划獨木舟釣魚的人會停下來和她聊聊天，但在漫長的冬天，她完全孤零零的。一開始，桃樂絲會在木屋的窗戶掛上厚厚的窗簾，因為早上一起床就見到狼群把鼻子貼在窗戶上、饞涎欲滴地看著她的模樣，實在太可怕了。

就像其他獨自住在曠野中的人一樣，桃樂絲的生活環境很有個人風格。到處都是她種的花、花園飾品，還有散落一地的工具。絕大部分的樹上都釘了標示牌，上頭寫了不怎麼高明的打油詩、或是些老掉牙的笑話，還有指示屋子與廁所方向的卡通圖畫。對都市的訪客來說，這個小島的布置只能以庸俗來形容，但這就是桃樂絲喜愛的品味，這些「垃圾」打造出她熟悉的環境，讓她感覺心安。她將獨特的個人風格帶進這荒郊野外，創造了自己的文明，在這一片混亂當中，有她的目標，有她的喜好。

比起空間安排，時間安排或許更為重要。桃樂絲非常嚴謹地持守每天的作息：早上五點起床看看母雞是不是下蛋了、擠羊奶、劈柴、準備早餐、盥洗、縫補衣服、釣魚等等。就像殖民時期在異地孤獨生活的英國人一樣。桃樂絲知道，想要駕馭陌生環境，她得建立一套自己的秩序，讓它凌駕環境之上。漫長的夜裡，她要不是看書，就是寫文章。她的兩間木屋牆上擺滿了各種主題的書籍。偶爾她會出門去採買，夏天則因為有漁夫往來，變化會多一點。桃樂絲喜歡與人互動，但她更喜歡在自己的世界中扮演主導者。[15]

人有能力單獨生活，但前提是必須先找到控制注意力的方式，才不會讓精神熵毀壞了心靈。蘇珊・布契（Susan Butcher）[16]從事狗的育種與訓練工作，她曾在北極參加過雪橇比賽，賽程長達十一天。除了駕雪橇外，這期間她還必須躲避麋鹿和野狼的攻擊。幾年前，她從麻薩諸塞州搬到

15 桃樂絲的生活方式是根據她的個人經驗所寫的。
16 關於蘇珊・布契的事蹟，請見《紐約客》（*The New Yorker*，Oct. 5, 1987, pp. 34–35）。

阿拉斯加，單獨居住在距離（人口六十二人的）曼利村約二十五英里的地方。結婚前，她也是自己住的，那時養了一百五十隻哈士奇，每天光是照顧那些狗就占去她十六個小時，加上獵食，她根本沒有時間覺得孤獨。她認得每一隻狗，喊得出每一隻狗的名字，也知道牠的父母親、祖父母是誰。她知道每一隻狗的脾氣、好惡、飲食習慣，以及健康狀況。蘇珊表示，這是她最想要、無可取代的生活方式。她的例行工作需要她無時無刻的注意力，因此她的整個生命就像一場川流不止的心流。

一位喜歡獨自駕駛帆船橫跨大洋的朋友分享了一段故事，內容描述獨行的航海者為了保持心靈專注所做的努力。某一次在大西洋上向東航行，就在抵達距離葡萄牙約八百英里的亞速爾群島（Azores）時，他見到另一艘小船往相反方向行駛。已經有好些日子，他除了一片汪洋大海之外，沒有見到任何人影了，這個千載難逢的機會讓他很興奮。於是，兩艘船在海面上相逢了。另一艘船上的駕駛正在刷洗甲板，上頭覆蓋了一層黃黃黏黏的東西，還發出一陣臭味。「你的船怎麼會弄得這麼髒？」我的朋友用這句話開場。「就一堆壞掉的雞蛋弄的，」那人聳聳肩，這麼回答。我朋友不懂，為什麼一艘在海上航行的船會有這麼多壞雞蛋，還弄得整艘船都是。那人回答，「船上的冰箱壞了，所以蛋臭了。連著幾天沒有風，我閒得發慌，想說與其把這些蛋扔到海裡，不如把它們砸在甲板上，事後再來清理。我原本想過幾天再清，這樣會比較麻煩，但沒想到味道這麼難聞。」在正常狀況下，獨行的航海員有許多事要忙，成敗與否端看他們掌控船隻的技術，以及對海面的狀況是否夠警覺。就是這種隨時得保有的專注力和可行的目標，讓航海成了極富樂趣的事。但是一旦遇到沒有風的日子，他們就得費一番勁，才能幫自己找到挑戰。

藉著這種沒必要又大費周章的方法來排解寂寞，與利用看電視或使用藥物塑造出來的心理狀態，又有什麼差別呢？可能有人會說，像桃樂絲這樣的隱居者也是在逃避「現實」，和吸毒的人沒什麼兩樣。確實，雙方都希望把孤獨時不愉快的想法或感受拋諸腦後，不讓精神熵有機可趁，但是看待孤獨的態度不同，結局就不一樣。如果一個人獨處的目的，是想完成他人在場時無法達成的任務，就不會覺得寂寞，反而會享受這種獨處，希望在當中學到新技能。相反的，如果一個人不把獨處視為機會，而是千方百計想逃避它，那麼獨處就只會帶來恐慌，讓人想要採取一些對自我複雜性無益的方式，去轉移注意力。養一大群狗、駕著雪橇在極地森林裡奔馳，這跟嘩眾取寵的花花公子或吸古柯鹼的人相比，顯得原始許多，但是就精神結構上來說，前者比後者複雜多了。這種以歡愉為目的的生活方式，只能依附以努力工作與樂趣為基礎的複雜文化共生。一旦這個文化無法或不願意繼續支持這些不事生產的享樂主義者，這群缺乏技能與訓練的人就會發現自己無助不堪，而不知所措。

並不是說想要學習掌控意識，就得搬到阿拉斯加過著獵捕麋鹿的生活。任何環境都可以練就心流活動。有些人需要置身曠野或獨自在大海上航行，但大部分的人還是習慣四周有人群喧囂、與人有互動。然而，不管住在阿拉斯加北邊或是曼哈頓南部，獨處是每個人都可能面對的問題，除非學習從中獲得樂趣，否則將得花大半輩子拚命逃避它。

心流與家庭

一個人一生的經歷中，與家人的關係往往是最深刻、也最具意義的。許多事業有成的人都認同先後擔任福特汽車與克萊斯勒汽車總裁的李．艾科卡（Lee Iacocca）這句話：「我有成功而美好的事業，但是和我的家庭相比，它實在不足為道。」

人出生成為家庭的一員，在親屬團體[17]的陪伴下度過一生，自古皆然。家庭的大小與組成可以有很大的變化，但每個人都對家人有種特殊的親密感，與親人的互動也比跟外人來得密切。社會生物學家指出，這種家族忠誠度與兩個人共享的基因量成正比。因為這樣，手足間互相幫助的程度會比表兄弟間高一倍。所以，我們對親人的特殊感覺其實是一種生物機制，目的在確保與自己同種的基因得以保存並複製。

親人間的情感依附之所以存在，肯定有它強烈的生物因素。多虧有了這樣的內建機制，讓成年哺乳類覺得對年幼的後代有撫育責任，年幼的後代也對成年的哺乳類有依賴感，這些成熟緩慢的動物才得以生存下來。也因為這樣，嬰孩與照顧者之間的情感連結特別強烈。但是隨著文化與時代不同，實際發展出的家庭關係要比我們想像中的複雜多了。

舉例來說，一夫一妻制或是一夫多妻制、父系或是母系的社會，都對丈夫、妻子和孩子的日常體驗有重大影響。就算採取特定繼承模式，結構不明顯的家庭，一樣有它的影響力。一直到一個世紀前左右，德國還是由許多小公國組成，大家各有各的繼承法規，有些規定財產全部由長子繼承[18]，有些則是由所有兒子平分繼承。究竟採用哪一種繼承法看似偶然，但結果卻為經濟帶來深遠的影響（由長子繼承會導致資本集中，進而發展出工業化；平均分配會導致產業分裂，工業發展落後）。而跟我們的討論較切題的，是手足間的關係在長子繼承的文化與財產平均分配的社會很不一樣。兄弟姊妹對彼此的感受、期待，以及他們之間的權利與責任，都與家族系統的型態關係極深。就像上面這個例子，遺傳天性讓我們對家庭成員有依附感，但這依附感的程度與方向也受文化環境所影響。

由於家庭是我們第一個接觸的社交環境，往往也是最重要的一個，所以一個人是不是能從親人之間的互動獲得樂趣，對他的生活品質有決定性的影響。即使生物學與文化將一個人與他的親人緊緊相扣，但每個人對親人的感受仍有很大的不同。有些家庭是溫暖、相互扶持的，有些則充滿了挑戰與要求，還有些家庭總為彼此帶來威脅，有些則是無聊得令人難以忍受。親人間發生謀殺事件的機率遠高於非親人間。過去人們認為虐童和亂倫的性侵是背離常規的罕見事件，現在則發現其機率遠比我們過去以為的要高。文藝復興時期的英格蘭劇作家約翰·佛萊契（John Fletcher）曾說，「我們愛的人最能傷害我們。」家庭可以為人帶來極大的快樂，也可以讓人背負無法承受

17 **親屬團體**。李維史陀（Levi-Strauss）的《親屬關係的基本結構》（*Les Structures elementaires de la Parente*，1947〔1969〕）是描述家庭文明化對人類的影響最有力的論述。社會生物學的說法是由威廉·漢彌爾頓（Hamilton，1964）、崔弗斯（Trivers，1972）、亞歷山大（Alexander，1974），以及愛德華·威爾森（E. O. Wilson，1975）率先提出。

18 **長子繼承權**。關於歐洲遺產繼承模式帶來的影響，請見哈巴谷（Habakkuk，1955）；在法國的影響請見皮茲（Pitts，1964）；在奧地利與德國的影響，請見米特羅爾（Mitterauer）與賽德（Sieder，1983）。

的重擔。究竟會往哪個方向發展，有很大部分取決於家庭成員彼此的關係，特別是他們對彼此的目標投注了多少精神能量。

每段關係都需要重整注意力的方向，並重新定位目標。兩個人想要一起出門，就得接受獨自出門不會有的一些限制，雙方的時間得配合，計畫也要修正。即使是吃晚餐約會這麼簡單的事，都有許多事情需要妥協，包括時間、地點、吃什麼等等。有時候，雙方還得對遇到的事有相近的情緒反應——如果男生非常喜歡某部電影，但女生卻討厭，這段關係恐怕無法維持太久。當雙方決定把注意力放在對方身上，彼此都得改變習慣；這麼一來，他們的意識模式也得跟著改變。論及婚嫁需要的，就是徹底而永久的調整使用注意力的習慣。有了小孩之後，父母雙方得再次適應，這次要顧及的是嬰兒的需要：睡眠時間得改變、外出次數會變少、太太可能得放棄工作、他們可能得開始為孩子存教育基金。

這些調整可能很辛苦，甚至讓人深感挫折。但假設一個人開始了一段關係，卻不打算調整自己的目標，那麼新的互動模式將與舊有期待模式產生衝突，接下來發生的許多事都會使他的意識變得混亂。單身漢可能會把買跑車、每年冬天到加勒比海灘度假擺在第一位。等到他決定結婚生子了，才發現這個目標和先前的目標是不相容的。他買不起瑪莎拉蒂了，巴哈馬度假也告吹了。除非他調整舊有目標，否則這樣的挫折將不斷累積，在他內心產生精神熵。但如果他願意改變目標，他的自我也會跟著改變，因為自我原本就是個人目標的整合。這麼看來，感情關係勢必會使人改變自我。

一直到幾十年前，家人通常是不會分開的，有許多外來因素讓父母與孩子被迫延續他們之間的關係。如果說離婚在過去較為罕見，並不是因為那年代的夫妻比較相愛，而是因為丈夫需要有人幫他煮飯、打掃房子，妻子需要有人提供經濟來源，而孩子需要父母雙方才有得吃、睡，並做好踏入社會的準備。老一輩的人努力向年輕人傳講「家庭價值」，甚至用宗教與道德觀念來包裝它，就是明白它的重要性，希望大家都學會認真看待它，力保家庭的完整。然而很多時候，這些道德規範會被視為一種外在逼迫，在這樣的外在約束下，不管是丈夫、妻子或孩子，都只能選擇隱忍不發。這種情況下的家庭雖然完整，裡面卻是暗潮洶湧，充滿衝突與怨恨。今天有愈來愈多家庭瓦解，原因之一就是維繫婚姻的外來理由逐漸消失了。至於離婚率逐年提高，比較可能是勞動市場改變，讓婦女有更多就業機會，可以開創經濟來源，對丈夫來說，家庭電器也讓生活愈來愈方便，倒不是我們的愛變少或道德標準降低了。

但是，外在因素不該是夫妻維持婚姻，或是家人應該住在一起的原因。許多獲得喜樂或成長的機會，是只有在家庭生活中才體驗得到的，而且這些內在的回報從沒有減少過；事實上，它們很可能比過去任何時期還容易得到。假設為了生活方便而住在一起的傳統家庭已經開始衰微，那麼因為樂趣而廝守的家庭就在增加中。當然，外在力量還是比內在力量強得多，所以接下來還會有一段時間，家庭是漸趨瓦解的。但比起那些勉強生活在一起的家庭，這樣的家庭更能幫助成員發展充實的自我。

關於人類的天性究竟是濫交、多配偶制或是單一配偶制，以及文化演變下發展出來的一夫一妻制[19]是不是最好的家庭組織形式，一直以來眾說紛紜。這些問題的重點都放在塑造婚姻的外在條件。就這方面來看，婚姻的形式或許應該由哪一種模式最能確保人類生存來決定。即使是同一物種，也會因為所處環境而有不同的關係模式。以長嘴沼澤鷦鷯[20]為例，生長在華盛頓州的鷦鷯是一夫多妻制，因為當地的沼澤狀態懸殊很大，雌鷦鷯會受少數擁有大片領域的雄鷦鷯吸引，運氣差的雄鷦鷯只好一輩子打光棍。可是同一種類的鷦鷯在喬治亞州卻是一夫一妻制，倒不是因為當地持守傳統基督教信仰，而是所有沼澤區能提供的食物來源等狀態大致相同，所以每隻雄鷦鷯都能吸引到一隻雌鷦鷯共度舒適的生活。

人類的家庭型態也受到類似的環境壓力影響。就外在因素來看，我們之所以採取一夫一妻制，是因為所處的科技社會以貨幣經濟為基礎，時代的考驗也證明這是頗為方便的安排。但我們真正要考量的問題，不是人類是不是「天生」就是一夫一妻制的生物，而是我們願不願意接受一夫一妻制。回答這個問題前，我們得先看看各種選擇的後果。

我們經常把婚姻當成自由的終結者，有些人甚至視他們的另一半為「枷鎖」。家庭生活意味著束縛與責任，會阻撓一個人的行動自由與對目標的追求。這樣的說法沒有錯，特別是對那些為圖方便而結婚的人來說。但是我們忘了，這些規範和責任基本上跟一場遊戲裡的規則與限制沒有兩樣。它們的目的都是在篩選過多的可能性，好讓我們將注意力放在特定範圍的選擇上。

羅馬共和國晚期的哲學家西塞羅（Cicero）[21]曾寫道，如果想要擁有完全的自由，就必須屈就於特定一套法律之下。換句話說，要先接受限制才能獲得解放。舉例來說，如果有人下定決心，不管遇到任何困難、阻礙，或未來會不會遇到更吸引人的選擇，他都要將所有精神能量投注在一夫一妻制下的婚姻，那麼他就不需要承受追求最大感情回饋所帶來的壓力。出於自願對傳統婚姻許下承諾，而不是被迫接受傳統，就不會花心思想著自己是不是娶對人或嫁錯人。這麼一來，就能釋出大量能量，我們可以用這些能量去生活，而不是去思索要過什麼樣的生活。

如果接受了傳統的婚姻形式，這包含一夫一妻制的婚姻、互動密切的孩子、親屬與社群，接下來就要考慮怎麼讓家庭生活變成心流活動。因為不這麼做的話，無聊與挫折便會趁虛而入，一旦缺少強烈的外來因素支持，家庭可能會很快瓦解。

一個家庭要能提供心流，必須找到它存在的目標。光是外在因素，像是「大家都結婚了」、「結婚生子是天經地義的事」，或是「兩個人一起生活比較便宜」這類理由是不夠的。這類態度或許會讓人有組織家庭的衝動，甚至維持家庭關係，但沒有辦法讓家庭生活變得有樂趣。父母與孩子需要有正向目標，才能為共同的事務付出精神能量。

19 **一夫一妻制**。有社會生物學家認為一夫一妻制有絕對的優勢。假設手足間互相幫忙的程度與他們共同具有的基因量成正比，那麼一夫一妻制下生的孩子，會比不同父母生的孩子更能彼此扶持。在這種選擇壓力下，一夫一妻制的家庭會得到比較多協助，比較容易存活。再從生物學轉到文化層面來解釋，很明顯的，一夫一妻制的家庭可以提供孩子較好的心理及經濟資源。單就經濟上來看，連續式一夫一妻制（先後與不同人結婚，但始終保持一夫一妻制的生活方式）在收入或財產的重新分配上不是特別有效率。關於單親家庭的經濟等其他困境，請參考海瑟靈頓（Hetherington，1979）、麥克蘭納（McLanahan，1988），以及泰斯曼（Tessman，1978）。

20 關於沼澤鷦鷯的配偶制度請參考《大英百科全書》（*Encyclopaedia Britannica*，1985, vol. 14, p. 701）。

21 **西塞羅**對自由的評論印在我七年級時的日記作業本上，我一直找不到它的來源，希望不要是虛構的。

這些目標可能很籠統或很長遠，像是特定生活模式——蓋一間心目中理想的房子、讓孩子受最好的教育，或是在世俗化的現代社會裡奉行有信仰的生活。想要利用這些目標來提升家庭成員的複雜性[22]，一個家庭必須分化與整合兼具。分化代表每個人都受鼓勵發展個人獨一無二的特質，將個人技能發揮到極點、訂立個人目標。整合是指確保發生在一個成員的事要對其他成員產生影響。例如孩子為自己在學校的表現感到驕傲，其他成員都應該表示關心，並以他為榮。如果媽媽累了，或是心情不好，其他成員應該協助她，為她加油打氣。在整合良好的家庭中，大家會把彼此的目標都當一回事。

除了長期目標，持續擁有短期目標也是必要的。這可能包括一些簡單的任務，像是買沙發、野餐、安排度假，或是在星期天下午玩一場桌遊。除非家人有共同目標，否則連聚在一起都有困難，更別提共同營造樂趣了。這裡再次點出分化與整合的重要性：共同目標必須盡可能貼近個人目標。如果瑞克想去看摩托車越野賽，艾莉卡想要去水族館，那就看看是不是可以一個週末去看越野賽，另一個週末去水族館。這種安排的好處，是艾莉卡或許會覺得摩托車越野賽有趣，而瑞克也有機會欣賞水族館的魚，如果各做各的就不可能有這樣的收穫。

就像其他心流活動，家庭活動也應該有清楚的回饋。在這方面，最簡單的就是保持溝通管道暢通。如果先生不知道太太為了什麼事心煩，或太太也不過問先生的事，彼此就都沒機會舒緩無法避免的壓力。再次強調，就像個人體驗一樣，精神熵也是群體生活的基本狀態。除非大家願意在彼此的關係上投注精神能量，否則必然會有衝突，因為個人目標肯定與其他家庭成員的目標不同。缺乏良好溝通會逐漸加深曲解，最後關係也就瓦解了。

我們也可以用回饋來判斷家庭目標是否得以實現。我太太和我過去認為，每幾個月就應該找個星期天帶孩子去動物園，因為那富有教育意義，而且每個人都能玩得很開心。但是當我們最大的孩子十歲時，我們就不再這麼做了，因為看到動物關在牢籠裡讓他非常不好受。我們的孩子遲早會開始覺得家庭活動很「白痴」。這時邀他們一起做事反而會得到反效果，所以大部分家長會就此罷手，讓孩子追求同儕文化。這時該做的，其實是找個新活動讓全家人繼續參與，或許比較困難，但相對的收穫也會更豐富。

就像任何心流活動一樣，是否能在挑戰與技能間取得平衡，是從社交關係獲得樂趣的關鍵，對家庭生活更是如此。一對男女剛開始互相吸引時，行動機會顯而易見。自古以來，「我追得到她嗎？」、「我釣得到他嗎？」就是男女生得面對的最基本挑戰。根據雙方的技能，有時會遇到些更複雜的挑戰，包括弄清楚對方是怎麼樣的人、喜歡看什麼樣的電影、對時事有什麼看法，是不是有意願發展一段「有意義的關係」。接著，他們會一起做些有趣的事，例如一同出遊、參加派對，事後分享心得等。

一段時間後，雙方對彼此的認識已經足夠，所有顯而易見的挑戰都體驗過了，該嘗試的事也都嘗試過了，對方的反應都在預料之中，性愛也失去了新鮮感。這時，兩人的關係很可能變成無

22 **家庭複雜性**。根據裴傑斯（Pagels，1988）對複雜性的定義，我們可以說一個現有互動難以描述、未來互動難以預測的家庭，要比容易描述與預測的家庭複雜性要高。這個評估標準得到的結果跟以分化與整合評估出來的複雜性結果差異不大。

趣的例行公事，雙方在一起只是為圖個方便，既沒樂趣，複雜性也沒有成長。想要再次體驗關係中的心流，尋找新挑戰是唯一方法。

做法可以很簡單，像是改變飲食、睡眠或購物習慣。雙方可以試著製造新話題、造訪新地方或是結交新朋友。最重要的，是關注對方的複雜性，期許可以比交往初期更深層的認識對方，當歲月帶來無法避免的改變，以同情和憐憫支持對方。一段複雜的關係遲早會面臨這個大問題：雙方是不是可以廝守終身。來到這個階段就會出現一系列全新挑戰：共同養育一個家庭、孩子長大後參與更廣大的社區事務、一起共事。當然，這些事需要投入大量時間與精力，但最後得到的體驗品質絕對值得。

與孩子之間的關係也是如此，需要不斷提高挑戰與技能。孩子年紀還小時，光是看著他們成長——第一次綻放笑容、說了第一句話、跨出第一步、第一張塗鴉——就足以帶給父母無比樂趣。孩子在技能上的每一次躍進，都成了充滿喜樂的挑戰，父母也以樂於提供孩子更多行動機會做為回應。從搖籃到玩具床，從遊樂場到幼稚園，父母不斷在孩子與環境間的挑戰與技能尋找平衡點。但是到了青春期早期，許多父母招架不住了。這時，大部分的家長會出於禮貌選擇忽視孩子的生活，假裝一切都很好，明知事實可能不是如此，但只能這麼期待著。

青少年的生理已經臻於成熟，具有生殖能力了，大部分社會也都認為他們可以為自己的行為負責，應當得到該有的認同了。但現今的社會環境卻沒辦法提供這些青少年與他們的技能相稱的挑戰，以致他們只好在大人許可的範圍外尋找行動機會。最後他們找到的出口往往是蓄意破壞公物、少年犯罪、吸毒與玩玩的性行為。在現有條件下，父母也很難彌補文化上造成的機會欠缺。這方面，住在郊區的有錢人[23]和住在貧民窟的窮苦人家相比，好不到哪裡去。在你周遭，一名身強體壯、精力充沛、頭腦聰明的十五歲孩子能做什麼事呢？仔細想想這問題你會發現，我們能提供的活動都過於矯揉造作或太過簡單，或對青少年的想像力來說根本不夠刺激。這也是為什麼有些學校很看重運動，因為與其他事相比，運動提供了鍛鍊與展現技能最具體的機會。

不過，家庭還是可以做些事來改善這種機會遍尋不著的窘境。過去，年輕人會離家一陣子去當學徒，或到遠處的城鎮探索新挑戰。年紀稍大一點的孩子還是有些類似的機會，他們會離家去念大學。但是從十二歲到十七歲這五年左右，問題還是沒有解決：這年紀的孩子究竟可以找到哪些有意義的挑戰呢？如果父母在家會從事可以理解而複雜的活動，事情會容易得多。家中有喜歡玩音樂、烹飪、閱讀、園藝、木工或在車庫修引擎的父母，孩子通常也會有樣學樣，喜歡這類活動帶來的挑戰，將注意力投入在其中，從這些有助他們成長的活動獲得樂趣。如果父母多和孩子談談[24]自己的夢想——即使是沒有實現的夢想——也能讓孩子有野心想突破自己，不以現狀自

23 **郊區的青少年**。人類學家亨利（Jules Henry，1965）很深入地描寫了一個世代前，孩子在郊區成長的景況。近期一點，蓋瑞．史瓦茲（Schwartz，1987）分別就青少年的體驗自由與自尊，在六個美國中西部的社區進行比較，結果發現社區與社區間有極大的差異，意味著我們在探討與青少年有關的議題時，必須避免以偏概全。

24 **父母多和孩子談談**。我們在一所非常優秀的郊區中學進行的研究發現，青少年醒著的時間雖然有一二．七％是和父母在一起的，但是與父親單獨相處的時間每天平均只有五分鐘，而且其中有一半是花在一起看電視（契克森米哈伊與拉森，1984, p. 73）。很難想像這麼短的時間能有什麼深入的溝通。雖說質比量重要，但是在某種程度上，量是會影響質的。

滿。再不，把孩子當大人、當朋友，談談自己的工作或對時事的想法，也能幫助他們培養思考能力。但是如果父親在家時只知道喝啤酒、看電視，孩子自然會認為大人無聊無趣，於是轉向同儕去找樂趣。

在貧窮點的社區，少年幫派就足以為男孩子帶來許多真實的挑戰。逞凶鬥惡、飆車示威等，都可以提供這些年輕人與他們的技能相稱的具體機會。但是生活環境富庶的孩子就少了這些行動機會了。他們從事的活動，包括上學、娛樂、打工等，都在大人的管控下，少有自由發揮的空間。由於技能與創造力缺乏有意義的出口，有些孩子只好選擇不斷參加派對、開車兜風、口出惡言、吸毒或是自戀式的內省，來證明他們的存在。不管有意或無意，許多年輕女孩覺得懷孕[25]是證明自己是個大人的唯一方式，絲毫不考慮這麼做會帶來什麼危險或不良後果。如何改造環境，讓我們的孩子獲得足夠挑戰，是現代青少年父母的當務之急。光是叫家中的青少年起身做點有意義的事是沒有用的，做個好榜樣，同時提供他們具體機會，才是解決之道。如果沒辦法做到這兩點，就不能怪青少年用自己的方式解決問題了。

如果家裡能提供青少年接納、控制與自信，就可以紓解他們生活中的壓力。想要親子關係具備這些特質，家中成員必須互相信任，彼此接納。沒有人應該為了自己是不是受喜愛、受歡迎，有沒有達到其他家人的期待而提心吊膽。有諺語說，「愛從來不需要說『抱歉』」，或是「家永遠展開雙臂歡迎你」。在家人眼中找到自己的價值，可以讓人有冒險的勇氣；裹足不前通常是害怕不受認同造成的。當一個人知道不管發生什麼事，家都會提供他感情上的避風港，他就更能放手發展自己的潛能。

無條件的接納對孩子來說最為重要。如果孩子一沒達到期望，父母就以不愛他做為威脅，那麼孩子的天真無邪就會逐漸被長期焦慮取代。但是當孩子感受到父母會致力給予他幸福，他就能無後顧之憂、放寬心去探索世界，否則他們就得花一部分精神能量來保護自己，真正可以運用的就更少了。早期的情緒安全感對建立孩子的自得其樂性格很重要，少了它，一個人很難長時間放下自我，去好好體驗心流。

當然，無條件的愛並不是說這樣的關係是毫無準則、犯錯時不必付出代價的。當違反規則不需要冒任何風險，這些規則就毫無意義、就不能帶來樂趣。孩子必須知道父母還是對他們有所期待，不遵守規則是要承擔後果的。但他們也要明白，不管發生什麼事，父母對他們的愛無庸置疑。

一個家庭如果有共同目標，溝通管道能保持暢通，同時又可在信任中提供逐漸擴展的行動機會，那麼人生就可以變成一場充滿樂趣的心流活動[26]。家庭成員會主動關注團體的關係，有時甚至到了忘我的境界，在這個結合不同意識而擁有共同目標的複雜體系中，充分感受到樂趣。[26]

現代人最常見的錯覺，是以為家庭生活會自己找到出路，處理它最好的方式就是盡量放鬆，

25 **年輕女孩懷孕**。美國青少女懷孕、墮胎和生育的比例，領先其他已發展國家。每一年，在一千位年紀十五到十九歲的女孩子中，有九十六名懷孕。排名第二的法國，每一千位女孩中有四十三位懷孕，參見莫爾（Mall，1985）。未婚懷孕的人數在一九六〇年到一九八〇年間增加了一倍，參見辛姆伯格（Schiamberg，1988, p. 718）。以這種速率發展，推測現今十四歲的女孩子中，有百分之四十的人會在二十歲之前懷孕（瓦利斯等〔Wallis et al.〕，1985）。

26 **提供心流的家庭**。凱文．拉森德（Rathunde，1988）探討了有助孩子發展自得其樂性格的家庭應有的特徵。

任由它發展就好。尤其是男人，特別容易以這種說法來安慰自己。他們在事業上打拚很辛苦，需要付出龐大心力，所以回到家後只想放鬆，認為家人不會有什麼重大需求，甚至可以說，他們對家庭的整合有種幾近迷信的信心。直到有一天一切都太晚了——太太開始酗酒、孩子形同陌路——才將他一棒打醒，發現家庭與任何合資企業一樣，也需要不斷投入精神能量才能生存。

小喇叭樂手想要演奏出好音樂，不能荒廢練習。運動員如果不經常跑步，體力就會開始變差，沒辦法在跑步中享受樂趣。每一位公司主管都知道，只要疏於管理，公司營運就會開始走下坡。所有事情都一樣，一旦我們分心，複雜的活動就會陷入混沌。家庭也不例外，當我們對它傾注所有注意力，所謂無條件的接納與完全的信任才有意義，否則都只是虛有其表的姿態、虛情假意的偽裝，無異於默不關心。

來自友誼的樂趣

培根曾寫道，「最糟糕的孤獨，莫過於缺少真誠的友誼。」與家庭關係相比，要在友情中獲得樂趣相較容易，因為朋友是可以選擇的，我們可以根據自己的興趣、相輔相成的目標來選擇朋友。與朋友相處時，不需要改變自己；朋友會讓我們的自我感覺更為強烈，而不會企圖改變我們。在家中，就算遇到無趣的事也只能照單全收，但是和朋友在一起時，可以只專注在「有趣」的事上。

我們在日常體驗品質研究中，一次又一次的發現，人們與朋友相處時的情緒是最正向的[27]。

不只青少年如此，年輕成人與朋友在一起時的心情也好過與配偶相處。甚至退休的人也是如此，和朋友在一起比跟家人或配偶在一塊都來得開心。

因為朋友間牽扯到的通常是共同的目標與活動，相處起來「自然」比較愉快。但是就像任何活動一樣，這種關係有很多不同形式，有的可能具破壞性，有的可能極具複雜性。當友誼只是拿來消除自我的不安全感，我們還是可以感到很愉快，只不過不是那種可以帶來成長的樂趣。「酒肉朋友」之輩世界各地都有，認識多年的男人們聚在一起嬉笑打鬧，選個氣氛佳的小酒館、酒吧、小餐館、啤酒屋[28]、茶室或咖啡廳，打打牌、擲飛標或下下棋，一邊聊天、互相嘲弄。每個人都因為自己的想法與特質受到他人關注，而感覺到自己的存在。這樣的互動可以讓獨處時的心理混亂暫時起不了作用，但沒有辦法刺激成長。這類活動只比看電視高明一點，因為它需要參與，否則過程中的行為與言語多半老套而可以預期。

這類社交充其量只是在模仿友誼，沒辦法提供真正友誼的益處。每個人都喜歡偶爾跟朋友聊天打發時間，但許多人變得非常依賴這種表面性的互動。特別是無法獨處的人，或是在家裡得不到情感支持的人更是如此。

27 **與朋友相處時的正面情緒**。跟其他社交型態相比，青少年和朋友在一起時，快樂、自尊、力量和動機的程度都明顯提高——但專注與認知能力則是下降的（契克森米哈伊與拉森，1984）。年紀大一點的人以經驗取樣方法得到的結果也是如此。舉例來說，已婚的成人和退休的夫妻都表示，與朋友相處時的情緒比跟配偶、孩子或其他人都來得正面。

28 **喝酒的型態**。不同的公開喝酒型態會產生不同的社交互動，請見契克森米哈伊（1968）。

與家人關係不夠緊密的青少年可以為了爭取這樣的同儕團體認同，不惜付出任何代價。大約二十年前，亞利桑那州的圖森市有一名遭到退學，但仍與學弟妹維持「友誼」的高中生殺害了他們的同學，並將屍體埋在沙漠。被害人的全班同學都知道這件事，然而沒有人報案，後來警方是無意間發現這件事的。這些學生都來自生活環境不錯的中產階級家庭，但沒有人敢洩露這件事，因為怕這麼做會遭到排擠。假設這些青少年有溫暖的家庭關係，或是與社區其他成年人有緊密的關係，就不會這麼擔心被同儕排斥了。令人遺憾的是，這樣的事並不罕見，媒體上三不五時就會出現類似案例。

如果年輕人在家裡覺得被接納、被關心，對這類團體的依賴就會減少，也會知道怎麼在同儕團體中把持住自己。十五歲的克里斯戴著一副眼鏡，個性內向害羞，沒有什麼朋友。他跟父母的關係很親近，有一天，他對他們說不想要在學校老是落單，所以決定讓自己變得受歡迎點。於是，他做了非常仔細的規劃：他打算配隱形眼鏡、只穿符合潮流的衣服、聽最流行的音樂、弄懂現在流行什麼，還要把頭髮染成金黃色。「我還想試著改變個性，」他說道，然後花了好幾天，在鏡子面前練習玩世不恭的笑容，擺出一副無所謂的模樣。

父母支持他的做法，一切進行順利。到了學期即將結束之際，他在各個團體都很吃得開，隔年還在學校音樂劇中擔任主角，扮演搖滾明星。因為這樣，他成了學校女孩子風靡的對象，她們甚至會在置物櫃裡貼上他的照片。畢業紀念冊上有他參與各種活動的照片，像是贏得「性感美腿」比賽之類的。他確實成功改變了外在個性，也掌控了同儕對他的看法。但是這同時，他的內在還是老樣子：依舊是個善解人意、慷慨的男孩，並沒有因為自己懂得怎麼左右同儕的想法，就看不起他們，或是為自己的成功驕傲過頭。

克里斯可以讓自己變得很受歡迎，但其他人卻辦不到，這是因為他採取的是運動員踢足球或科學家做實驗的態度：不把焦點放在目標上。他沒有被這個目標壓得喘不過氣，而是從自己應付得來的挑戰著手。換句話說，他把收服「人緣」這個令人生畏的怪物當做心流活動來進行，在這當中享受樂趣，還為自己找到了自尊。同儕間的相處就像其他活動，也有不同層次：複雜度最低的交誼可以讓人暫時忘卻混沌；複雜度最高的交誼則可以帶來極大樂趣與成長。

而最強烈的體驗也是在親密的友誼中產生的。亞里斯多德如此描述這樣的牽絆，「縱使擁有所有東西，但少了朋友就足以讓人活不下去。」想要在這樣一對一的關係中獲得樂趣，需要的條件與其他心流活動一樣，除了有共同目標、彼此有回饋這種在酒吧喝點小酒也辦得到的事，還需要在彼此的陪伴中尋找新挑戰，或許只是多了解對方一點、試著在對方獨特的個性中尋找新發現，同時披露更多自己的個性。很少有什麼事比無牽無掛地與人分享自己最隱私的感覺與想法，更讓人覺得愉快。這聽起來不是什麼難事，但事實上需要投注非常多注意力，還要態度開放而體貼。令人遺憾的是，實際生活中願意為朋友付出這麼多精力與時間的人少之又少。

友誼讓我們有機會對外展現自己少為人知的一面。我們可以將人的技能分成兩類：實用性與表達性[29]。實用性技能是學習而來，可以幫助我們更有效的應付環境。它們是基本的生存工具，就像獵人的靈巧、工人的手藝，或是科技社會裡的專業人士必須具備的閱讀書寫等智能工具。很多人之所以做什麼都得不到心流，就在於他們把這些實用性任務當成外來因素了——做這些事不是他們的選擇，而是外來加諸的需求。表達性的技能則是試著把客觀的體驗外化，可以是唱歌來表達自身感受、用舞蹈來展現心情、畫一幅畫、講個笑話，或是打場保齡球也好，任何你覺得能表達心情的方式都好。表達性活動會讓我們感覺接觸到真實的自我。一個人如果只從事實用性活動，沒有體驗過表達性的心流，就像是用程式設計來模仿人類行為的機器人。

日常生活中，我們很少有機會將感情毫不保留的表達出來。在職場，我們有個人角色應有的舉止，或許是個能幹的修車工人、冷靜的法官，或是彬彬有禮的服務生。回到家中，則必須扮演貼心的母親或孝順的兒子。在往返工作之間，則在公車或地鐵上板著臉面對世界。只有與朋友在一起時，我們才會覺得可以輕鬆地做自己。因為我們的朋友是經過篩選的，有共同的終極目標，可以一起唱歌、跳舞、說笑或打保齡球。跟朋友在一起時最能體驗自由的感受，並認識真正的自己。現代人對婚姻的憧憬，是期待另一半既是伴侶、也是朋友。這在過去是不可能的，因為當時的婚姻多半是按男女雙方家庭的方便安排的。但是現代人結婚很少遇到外來的壓力，很多人都認為另一半就是自己最好的朋友。

友誼如果缺少了表達性的挑戰，就失去了樂趣。一個人交的「朋友」如果只會附和他的對外形象，從不過問他的夢想與渴望，或是促使他嘗試新的生活方式，便喪失了友誼帶來的行動機會。真正的朋友偶爾會瘋在一塊兒，但不會期待我們永遠是一個樣子。他會願意共享自我實現的目標，也願意共擔提升複雜性帶來的風險。

家人提供我們情感上的保護，朋友則是我們探索新奇事物的夥伴。被問到這輩子最溫馨的回憶時，大多數人記得的都是跟家人一起度過的節日或假期，但提到朋友時，聯想到的多是刺激的事、新的發現與冒險。

很可惜的，現在很少人有從小維繫到成年的友誼。搬家的情況比較常見、專業領域過於狹窄等，都是讓友誼難以長久的原因。能夠維繫住家人的關係就不錯了，朋友圈就別提了。聽到傑出人士，特別是事業有成的男人，或許是某間大公司的主管、優秀的律師或醫師訴說他們有多麼孤單時，常會讓人覺得不可思議。他們泛著淚光回憶中學時代或大學時期的好友，但那都是以前的事了，就算大家現在重逢，恐怕也沒有什麼共通點，留下的就只有苦樂摻雜的回憶了。

很多人認為友誼就像家庭關係，是勉強不來的，如果這個關係不能維持下去，除了感到遺憾，也就無能為力了。青少年時期，大家有很多興趣可以分享，也有很多時間培養感情，感覺交朋友很容易。但是年紀大一點時，交朋友就不能只憑運氣了，必須像經營事業或家庭一樣，殷勤的呵護它。

29 **實用性與表達性**。帕森斯（Talcott Parsons，1942）首先在社會學文獻區分出這兩種功能。近代一點的應用可以參考史瓦茲（Schwartz，1987），他認為青少年最大的問題，是他們在社會允許的範圍內，能從事表達性行為的機會太少了，以致於不得不訴諸偏差行為。

更大的群體

一個人之所以成為一個家庭或一段友誼中的一分子，是因為他花了精神能量追求共同的目標。這樣的認同還可以擴及到更大的團體，像是社會群體、民族、政黨，或是國家，成為其中的一分子。有些人（像是甘地或德蕾莎修女），甚至把他們的全副精神能量投注在自己認定的全人類共同目標上。

古希臘用語中，「政治」[30]指的是個人與家庭以外，所有與人類相關的事務。在這種廣義的解釋下，政治應該是個人所能參與最具複雜性與樂趣的活動，因為牽扯的社會層面愈多，帶來的挑戰就愈大。你或許可以處理獨處時的內在問題、對朋友和家人付出應有的關懷，但是與素昧平生的人面對相同的目標，是將複雜性提升到了另一個境界。

令人遺憾的，很多身處公共領域的人，行為舉止並沒有跟上這種高規格的複雜性。政治人物要的是權力，慈善家要的是名聲，聖徒只想證明自己有多清高。只要投入適當心力，要達成這些目標、為自己找到益處並不困難，但真正的挑戰是要在過程當中為他人帶來益處，當一個可以確實改善社會狀況的政治人物、實際幫助窮人的慈善家、真正有資格成為他人榜樣的聖徒，的確更為困難，但也更具意義。

如果單單考慮物質上的後果，我們可能會覺得極力爭取利益與權力的政客很狡詐。但如果我們接受最優體驗這回事，那麼換個角度想，為社會大眾謀福利的這些政客其實是聰明的，因為他們選擇了更難的挑戰，比我們更有機會體驗真正的樂趣。

只要照著心流活動的方式去執行，參與任何公共事務都可以成為有趣的事。不管是童軍訓練、讀書會、協助維持環境整潔，或是支持地方上的工會都可以，重點是設立目標、集中精神能量、細察回饋，並確認挑戰的難易程度符合技能，那麼總有一天，萬事會互相效力，心流也會隨之而來。

當然，每個人的精神能量都是有限的，我們不能期待所有人都參與公共目標。有些人光是為了在惡劣生活環境求生，就耗盡了他們的精神能量。有些人則是把精神能量用在其他領域的挑戰，例如投身藝術或數學，捨不得將注意力挪開。但是如果沒有願意將精神能量投注在公共議題、在社會體系中經營團隊效應的人，那我們的生活將會非常辛苦。

心流概念不只能協助個人提升生活品質，還可以為公共行動指引方向。心流理論在公共部門能發揮的最大效力，就是提供制度改革藍圖，好讓它更能引發最優體驗。過去幾個世紀，由於經濟理性[31]的成功，讓我們以為所有人的努力都可以用金錢衡量，但現在我們知道，光用經濟來看待生命並不合理，我們應該把體驗的品質與複雜性都考慮進去才是。

30 政治。漢娜．鄂蘭（1958）將政治定義為個人得到關於自己的優點與缺點的客觀回饋的互動模式。在政治情境下，每個人都有機會為自己的觀點辯解，並說服同儕相信它的價值，這時，一個人隱藏在內的能力會浮出檯面來。但是這種公正的回饋只發生在彼此都願意聆聽，並珍視他人優點的情況下。根據鄂蘭的看法，公共領域是提供個人成長、發揮創意與自我啟發的最佳媒介。

判斷一個社會群體的好壞，不該只看它的科技是否夠先進、錢是不是淹腳目。好的社會群體除了讓成員生活舒適，還要讓他們得以發展自身潛能，追求更高的挑戰。一所學校的價值不在於它是否夠氣派、訓練出來的學生能不能擔當生活，而是它有沒有將終身學習的樂趣傳達給學生。賺最多錢的工廠不見得是最好的，重點在於它是否願意為員工與客戶的生活品質盡責。政治的功能更不是讓人民富足、安全或更有威望就夠了，還要盡可能地讓人民在複雜性逐漸提高的生活中享受樂趣。

但是，個人的意識如果不能先求改變，社會意識就不可能改變。一名年輕人問蘇格蘭評論家卡萊爾（Carlyle）要怎麼樣改造世界，卡萊爾回答，「改造你自己，這麼一來，世界上就會少一個無賴。」這個建議在今天依舊適用。想要讓大家生活更好的人，如果不能先學著控制自己的生命，只會讓事情變得更糟而已。[31]

31 不合理的經濟方式。韋伯（Max Weber，1930〔1958〕）在他探討新教倫理的著名論述中提到，看起來合理的經濟計算其實是虛假的。認真工作、存錢、投資，整個生產與消費的科學都是因為我們相信這麼做會讓生命更幸福，才變得合理的。但是韋伯認為，就在這項科學臻於完善時，它發展出了自己的目標，而且根據的是生產與消費的邏輯，不再以人們的幸福為依歸。在這種情況下，經濟行為不再合理，因為引導它的不是最初的目標了。韋伯的論點也可以應用在其他事情上，在發展出清楚的目標與規則後，就偏離了原來的目的，開始有了自己的理由——只是為了好玩。韋伯以資本主義為例，它源自宗教職業，但是最後成了企業家的「遊樂場」，其他人的「鐵籠」。請參考契克森米哈伊與洛克伯格—哈頓（Rochberg-Halton，1981，chapter 9）。

CHAPTER 9

翻轉渾沌
Cheating Chaos

講了這麼多，有些人可能仍然認為只要身體健康、有錢、長得帥，就可以擁有幸福。如果真是這樣，事情不如我們的意，命運待我們不公時，該拿生命品質如何是好呢？不用擔心月底一到就捉襟見肘的人，可以慢慢思索樂趣與享樂之間有什麼差別。但是對許多人來說，考慮這樣的差異實在太過奢侈了。當你有一份有趣、待遇也不錯的工作，可以想想能怎麼再提高它的挑戰與複雜性，可是如果你的工作本質上就是這麼乏味、缺乏人性，還談什麼提升不提升呢？生病、貧困、處在逆境的人，怎麼指望他們控制意識呢？他們當然得先改善具體的物質條件，行有餘力，再藉由心流去提升生活品質。換句話說，最優體驗就像塗在蛋糕外層的奶油，只是裝飾品，健康與財富才是蛋糕的基本原料。只有在基礎穩固時，談生活滿意度這些主觀看法才有意義。

不用說，上面說的論述跟這本書講的，完全背道而馳。主觀體驗不是生活的一部分，它是生活的全部；物質條件才是次要的，因為它們是透過體驗帶來間接影響的。健康、財富等物質上的優勢不一定會提升我們的生命，但心流卻能直接影響我們的生活品質。然而，除非一個人學會掌控精神能量，否則這些優勢就無法發揮作用。

許多吃盡苦頭的人[1]最後不只撐了過來，甚至還能徹底享受生命。是什麼原因，讓他們在常人無法想像的惡劣環境中，不但內心感到和諧，複雜性甚至有所成長？本章要探討的就是這個非常直接的問題。過程中，我們將探討一個人遭逢逆境時，如何度過難關，以及能夠自得其樂的人怎麼樣在一片混沌中營造秩序。

改造悲劇

如果我們說，知道如何控制意識的人，不管發生什麼事都能保持愉快，那就太天真爛漫了。身體能承受的痛楚、飢餓、剝削當然是有限的。但就像精神分析師佛朗茲·亞歷山大（Franz Alexander）說的[2]：「我們的身體受心靈掌管，儘管這個說法沒有獲得生物學或醫學重視，但這就是我們所知關於生命過程最基本的事實。」二十世紀開始盛行的全人醫療（holistic medicine）、諾曼·卡森斯（Norman Cousins）對抗癌症成功的故事，還有伯尼·西格爾（Bernie Siegel）醫師提倡的自然療法，都在重新審視唯物主義的健康觀。我們這裡要強調的是，懂得尋找心流的人，即使在絕望中也能夠感受到樂趣。

米蘭大學心理學系的馬西米尼教授收集了許多不可思議的案例，發現身體有重度障礙的人仍然可以擁有心流。其中一組研究對象是肢體癱瘓的年輕人，造成他們癱瘓的多是意外事件。這個研究最令人驚訝的發現，是大部分組員都認為導致癱瘓的那場意外，是他們一生中最負面、但同時也最正面的事件。他們認為這場悲劇正面，是因為它為當事人刪去了許多矛盾與不必要的選擇，只留下非常明確的目標。他們學會面對現有狀況的新挑戰，發現眼前的目標從來沒有這麼清

1 這整段一直到標題「適應壓力」之前的段落，主要來自馬西米尼教授訪談的內容，再由我將義大利文翻譯成英文。

2 佛朗茲·亞歷山大這段話記載於西格爾（Siegel，1986, p. 1）。諾曼·卡森斯（Norman Cousins）控制疾病的方式描述於他的著作《笑退病魔》（*Anatomy of an Illness*，1979）。

楚過。重新學習生活本身成了有樂趣而且令人驕傲的事，他們將帶來精神熵的意外事件，轉變成了建立內在秩序的新契機。

路西歐是其中一位，發生意外時他才二十歲，是個吊兒郎當的加油站工人，一場摩托車意外導致他下半身癱瘓。意外發生前，他喜歡打橄欖球、聽音樂，但就他記得的，當時他人生沒什麼目標，也沒有值得一提的事。在那場意外之後，他感受到樂趣的頻率增加了，複雜性也提高了。休養後，他進了大學，修了語言課程，現在擔任稅務顧問。不管學習或工作，都是他強大的心流來源；釣魚與射箭也是。目前他還坐輪椅出賽，贏得了當地的射箭冠軍。

路西歐在訪問中說：「身體癱瘓後，我覺得人生彷彿重新開始。所有事都得重新學習，而且是用不同的方式。我得學著穿衣服、學著更有效運用我的頭。」我必須成為環境的一部分，使用它，但是不要想去控制它……這需要專注力、意志力與耐心。至於未來，我只希望可以不斷進步，不斷突破身體的限制……每個人都應該有個目標，在身體癱瘓後，這些進步就成了我生命的目標。」

法蘭克是另一位組員，他的雙腿在五年前癱瘓，另外他有很嚴重的泌尿問題，所以動過幾次手術。意外發生之前他是電器技師，大部分時間都樂在工作，但是帶給他感受最強的心流體驗，是每個星期六的特技舞蹈，因此，雙腳癱瘓讓他特別難受。法蘭克現在的工作是其他癱瘓者的諮商師。令人訝異的是，法蘭克體驗到的複雜性沒有因為身體狀況而降低，反而變得更豐富了。他目前的挑戰是幫助其他受害者不要絕望，並協助他們做復健。現在，他生命中最重要的目標是「成為別人的助力，幫助其他受害者接受他們的狀況。」法蘭克已經與另一位因癱瘓而一度消沉的女孩訂婚了。第一次約會時，他們開著改裝車前去附近的一座山，沒想到車子竟然拋錨了，他倆困在荒郊野外。他的未婚妻慌了，法蘭克承認自己也很緊張，還好他們最後找到了救兵。就像這樣，只要一點小小的成就，就讓他們更有自信。

米蘭大學研究人員的另一組研究對象，是由數十位先天或後天失明的人組成的。同樣令人不可思議的是，當中有許多人也把失明當成正面的事看待，認為自己的生命因失明而變得更充實，今年三十三歲的琵拉就是其中一位。十二歲那年，她因為雙眼視網膜剝離，從此再也看不見了。失明讓她不必面對家中的暴力和貧窮，與過去住在家中、視力健全的她相比，現在的她生命反而更有目標與意義。跟許多盲人一樣，她從事電話接線生的工作。研究人員問她最近有什麼心流體驗時，她提到了工作、聽音樂、幫朋友洗車，以及「我所做的任何事」。工作上，接線順利，對話有如交響樂裡的各種樂器般搭配得天衣無縫時，最能讓她感受樂趣。這種時候，讓她覺得自己「跟神一樣，非常令人滿意」。至於其他正面影響，琵拉提到「失明讓我變得很成熟，那是念完大學也不一定達得到的程度……有些問題嚴重困擾著我朋友，但對我來說卻沒什麼大不了的。」

三十歲的保羅在六年前完全失明。他沒有把失明當成正面的事，但列出了這個不幸事件帶來的四個正面結果：「首先，我很清楚，也接受失明造成的限制，但我會不斷克服它們。第二，我決定要致力改變自己不喜歡的狀態。第三，我會很小心，不犯同樣的錯誤。最後，現在我已經沒有幻想了，但是我會學著包容自己，也包容他人。」令人驚奇的，這些身體有障礙的人都視控制意識為最重要的目標。保羅是國家西洋棋協會的會員、他參與為盲人舉辦的運動競賽，並以教音樂維生。彈吉他、下棋、運動與聽音樂，都讓他感受到了心流。不久前，他去瑞典參加為身障人士舉辦的游泳比賽，拿下了第七名，還在西班牙的西洋棋比賽得到冠軍。目前他計畫寫一本點字書，來教失明的人彈古典吉他。保羅的太太也是盲人，擔任一個失明女子運動團體的教練。這些驚人的成就之所以重要，是因為它們提供了對內在生命的掌控感。

接著是在高中教書的安東尼奧，他太太也是盲人；他們目前面對的挑戰，是領養一名失明的孩童，這是全美國第一次有人這麼考慮……安妮塔說，最強烈的心流體驗發生在她捏陶、做愛與讀點字書時……五十八歲的迪諾出生時就失明了，已婚，有兩個孩子，他的心流體驗來自修復舊椅子的工作：「我用的是天然的藤條，不像工廠都是用合成的……把它『拉』到恰到好處，彈性、張力都剛剛好——特別是第一次就到位的感覺更是美妙……我修過的椅子，至少可以再用個二十年。」……像這樣的例子不勝枚舉。

馬西米尼教授的另一組研究對象是流浪漢，在歐洲各大城市隨處可見的「街友」。我們通常會對這些無家可歸的人寄予同情，不久前，這些看起來無法適應「正常」生活的人還常被認為有精神疾病或更嚴重的問題。確實，他們當中有許多人真的很不幸，在遭逢劇變後一無所有，落得露宿街頭的下場。然而，再次讓人意外的是，他們當中有許多人將這淒涼的景況轉換成了充滿心流體驗的生活。我們在眾多案例中，選了最具代表性的一個。

里亞是個三十三歲的埃及人，晚上睡在米蘭的公園，三餐依賴慈善賙濟，如果需要現金，就到餐廳洗洗碗盤。採訪他時，我們先請他讀了關於心流體驗的描述，接著問他有沒有過這樣的經驗。他回答：

有。我從一九六七年以來就過著這樣的生活。一九六七年的「六日戰爭」後，我決定離開埃及，靠走路和搭便車前往歐洲。從那時起，我就以心靈注意力非常集中的方式過生活。這不是普通的旅行，而是一場尋找自我的旅行。每個人內心都有值得挖掘出來的東西。知道我打算徒步前往歐洲時，家鄉的人都覺得我瘋了。但生命中最美好的事莫過於認識自己……我的目標從一九六七年到現在都沒改變過，就是尋找自我。這一路非常辛苦。我經過了戰亂中的黎巴嫩，經由敘利亞、約旦、土耳其、南斯拉夫才來到這裡。我必須面對各種天災，遇到暴風雨侵襲時，我就睡在路旁的溝渠裡；我經歷過意外，見到朋友在我身旁死去，但我的專注力從來沒有鬆懈。……這場冒險已經持續二十年了，但我打算一輩子這麼冒險下去……

我從這些經驗中發現，這世界沒有什麼價值。對我來說，最重要的自始至終只有上帝。拿著念珠禱告是我最專注的時候，我可以放下所有感覺，讓自己平靜而不致於抓狂。我相信命運自有安排，不必過於強求……我在旅程中見識過飢餓、戰爭、死亡與貧困。現在，我可以透過禱告聽見自己的聲音，當我不斷集中注意力，最後聚集到我裡面的一個中心點時，我發現這個世界毫無價值。人出生在這個世上的目的是接受考驗。車子、電視、衣服都是次要的，讚美上帝才是最重要的事。每個人都有自己的宿命，我們要活得像諺語中的獅子一樣，就算眼前有一大群羚羊，一次也不過能抓住一隻而已。我試著學習不要像西方人那樣，即使擁有的已經超過需要的了，還是得拚命工作。……如果我可以再活二十年，我會試著享受每一刻，而不是為了得到更多而榨乾自己。……如果我是不需要依賴任何人的自由身，我就不怕慢慢來；就算今天沒有攢到半毛錢也無所謂。這就是我的天命。明天，或許我會賺到一百萬元，或許我會得到不治之症，但就像耶穌基督說的，人若賺得全世界，卻賠上自己的生命，有什麼益處呢？我想要贏得我自己，就算失去全世界，我也不在乎。

我像雛鳥般展開這趟旅程，一路上無牽無掛。每個人都應該認識自己，經歷各式各樣的生活。我可以在家鄉找一份工作，安穩地睡在床上，事實上我那時已經找到工作了，但是我決定與窮困潦倒的人在一起，因為只有吃過苦才能成為真正的男人，而不是結了婚、有性伴侶就算是個男人。真正的男人要能扛起責任、知道什麼時候該說話、該說什麼話，也知道什麼時候該保持沉默。

里亞講了很長一段話，他所說的，跟他堅持追求的精神目標完全一致。就像幾千年前在曠野行走、尋找啟示的先知一樣，里亞也將每天的生活煉淨成明確的目標：控制自己的意識，追求與上帝的連結。是什麼原因讓他放棄生活中「美好的事物」，轉而追求這樣難以捉摸的目標呢？是先天荷爾蒙失調，還是父母曾經帶給他什麼創傷嗎？這些問題留給心理學家去煩惱，我們不必在這裡討論。重點不是里亞為什麼這麼怪異，而是他有辦法把大家覺得無法承受的生活變得有意義、有樂趣。這是許多生活奢侈安逸的人辦不到的。

適應壓力

「一個人如果知道[3]自己兩個星期後將被處死，精神絕對可以非常專注」，用英國詩人山繆‧強森（Samuel Johnson）這句話來描述我們提到的這些例子再貼切不過了。當一個人的人生目標被重大災難毀壞，他可能會用盡所有精神能量築起屏障，緊緊守護著僅存的目標，不讓它們再次受到命運摧殘；也可能為自己找到全新、更清楚、更迫切的目標：戰勝這個打擊帶來的新挑戰。如果選擇走第二條路，這個悲劇就不見得會影響生活品質。在路西歐、保羅等眾多案例中，一場旁人眼中毀滅性的災難，竟然以我們意想不到的方式豐富了當事人的生命。失去了像是視覺這種身體最基本的功能，不代表意識就會跟著變得匱乏，有時候，結果反而是相反的。為什麼會這樣呢？為什麼同樣的事可以擊垮某個人，卻使另一個人的內在變得更有秩序呢？

心理學家通常把這類問題歸在「適應壓力」的標題下研究。不同事件造成的心理壓力[4]大小顯然不一樣，例如喪偶的壓力會比拿房子抵押貸款高了好幾級，拿房子抵押貸款又比被警察開罰

3「一個人如果知道……」這句話記載於強森的《給包斯威爾的信》（*Letters to Boswell*，Sept. 19, 1777）。

4 壓力。薛利（Hans Selye）在一九三四年開始研究壓力的生理學，並將它定義為對身體的心理與生理的各種需求所導致的結果（1956〔1978〕）。訂出一套壓力評估標準，來表達這類需求影響心理的嚴重程度，是這個研究領域的重大突破，參見赫姆斯（Holmes）與雷黑（Rahe，1967）。在這份壓力量表上，「喪偶」被認為是最大的壓力，分數是一〇〇分；「結婚」帶來的壓力程度是五〇分，「耶誕節」則是十二分。換句話說，四個耶誕節帶來的壓力跟結婚相當，而且不管正面與負面事件都可以帶來壓力，因為他們都有適應的「需求」。

單高了好幾級。同等壓力的事件可能讓某人一蹶不振，但另一個人卻能咬緊牙關，吃苦當吃補。我們稱個人面對壓力事件的不同反應為「適應能力」或「適應類型」。

在分析一個人適應壓力的能力從何而來時，有三個值得一提的來源。第一個是外在的支持[5]，特別是社交網絡的支持。以重大疾病為例，一個人如果有完善的保險與充滿愛的家庭，就可以稍微得到緩解。第二個對抗壓力的法寶是個人的心理資源，像是聰明才智、教育和相關的個性因素。以搬到新城市、必須建立新的人際網絡為例，內向的人感受到的壓力會大於外向的人。最後，是當事人用來應付壓力的策略。

這三個因素中，第三個與本書所談的關係最密切。光有外來的支持還不足以有效紓解壓力，這種資源只會對原本就有適應能力的人才能發揮作用。心理資源則不是我們能控制的，我們很難讓自己變得更聰明或是外向一點，這些都是與生俱來的。但應付壓力的策略不但決定著壓力對我們的影響，也是最具彈性的資源，因為它是我們可以控制的。人們面對壓力時，有兩種主要的反應方式[6]。一種是正面的反應，精神科醫師喬治・威朗特（George Vaillant）稱它為「成熟的抵禦」（mature defense）。他花了三十年研究畢業後很成功的哈佛學生，以及不怎麼成功的學生；也有人稱它為「轉換性適應」（transformational coping）。另一種是負面反應，也叫「神經性抵禦」（neurotic defense）或「退化性適應」（regressive coping）。

我們以虛構的財務分析師吉姆為例，來解釋這兩種適應類型的差別。四十歲的吉姆剛從一份舒適的工作被解僱，失業在人生壓力的嚴重程度上被視為是中度的；帶來的衝擊因一個人的年紀、技能、擁有多少存款，以及就業市場的狀況等因素而有差異。面對這件不樂見的事，吉姆有兩個截然不同的行動選擇。他可選擇封閉自己，每天睡得晚晚的、不承認自己遭到解僱，也不要去想它。他也可以把挫折遷怒於家人朋友，或藉酒澆愁、麻痺自己。這些都屬於退化性適應，或說不成熟的適應方式。

另一方面，吉姆也可以保持冷靜，暫時壓抑生氣或恐懼，以邏輯分析問題出在哪，並重新評估諸事的輕重緩急。這麼做之後，他或許可以重新定義問題，讓事情變得容易解決一點——例如，換到一個他的技能比較能獲得青睞的地方，或是重新裝備自己、尋找新工作。如果他採取這個方法，那就叫做成熟性抵禦或轉換性適應。

很少人只用一種策略。比較可能出現的狀況是，第一晚吉姆喝得醉醺醺的；跟老婆吵了一

5 **支持**。在可以緩解壓力的各項資源中，我們對社交支持或社交網絡的研究最為徹底，利伯曼等（Lieberman et al.，1979）。家庭與朋友可以給予物質協助、情緒上的支持，並提供所需的資訊（索菲爾〔Schaefer〕、科納〔Coyne〕與拉扎勒斯〔Lazarus〕，1981）。但有時候，關注別人也可以減輕壓力：「那些不光是在意自己、還會關心別人的人，比較不常感受壓力，也比較不會有壓力造成的焦慮、憂鬱和憤怒；在自己遭遇困難時，也比較會採取積極的作為。」（葛蘭德〔Crandall〕，1984, p. 172）。

6 **適應類型**。一個人對壓力的感受會受適應的方式影響，並因個人內在的資源不同而異。麥迪（Salvatore Maddi）與柯芭莎（Suzanne Kobasa）用「堅毅」（hardiness）來描述那些能夠將威脅轉換成可以控制的挑戰的人（柯芭莎、麥迪與卡恩〔Kahn〕，1982），並指出堅毅有三個主要組成元素，分別是對自我目標的承諾、控制感，以及樂於接受挑戰的態度。同樣的觀點在威朗特（Vaillant，1977）的研究中用的詞彙是「成熟的抵禦」、拉扎勒斯（Lazarus）與福克曼（Folkman，1984）用的是「適應」，而諾爾—紐曼（Elisabeth Noelle-Neumann，1983, 1985）在德國調查時所量測的則稱為「個性力量」（personality strength）。這類適應方式——堅毅、成熟的抵禦、轉換性適應——與本書所提到的自得其樂性格有許多相同的特徵。

架，她已經跟他說過那份工作不好說了好幾年；隔天早上或一個星期後，他會冷靜下來，開始考慮接下來要怎麼做。每個人使用這些策略的能力不同。身體癱瘓的射箭冠軍、失明的西洋棋好手遭遇的不幸，超乎常人可以想像，他們都是轉換性適應的高手。反觀有些人遇到的壓力程度完全不及他們，卻老早就放棄了，人生的複雜度也開始走下坡。

將不幸變成新契機的能力非常罕見，我們稱具有這種能力的人為「適存者」，說他們具備了「韌性」與「勇氣」。不管怎麼稱呼，總之他們非常傑出，克服了困難，跨過了大多數男女無法跨過的障礙。事實上，問大家他們最佩服誰、為什麼，勇氣[7]與克服困難的能力是最常被提及的。培根會引用斯多葛派（Stoic）哲學家塞內卡（Seneca）的話說，「順境時的美好事物令人欣羨，逆境時的美好事物則讓人欽佩。」

在我們做的一份研究中，大家列出了欽佩的人物，名單上包括一名老太太，她自己身體癱瘓，卻總是樂意傾聽別人訴苦；一位營隊小隊長，有一位隊員游泳時失縱了，大家陷入慌亂，唯有他冷靜安排搜救計畫，成功救回那名隊員；一位女性主管，雖然有遭受性別歧視的壓力，卻在惡劣的環境中力爭上游；還有匈牙利的產科醫師伊格納茲・塞默維斯（Ignaz Semmelweis），一個多世紀前，他堅持產科醫生要徹底洗手，卻遭到其他醫生冷嘲熱諷，但最後卻因為這樣挽救了許多分娩的婦人。這些人，以及名單上的數百個人，都因著同一個原因受到愛戴：他們力排眾議，為自己的信念挺身而出，他們有勇氣，或是過去的人說的「美德」——美德的英文 virtue 源自拉丁文，其中的 vir 是人的意思。

大家之所以特別重視勇氣，是因為在所有美德中，沒有哪一項比勇氣更有利於生存、更能提升生活品質，甚至能將逆境轉換成饒富趣味的挑戰。懂得欣賞這樣的特質，代表我們平常留心具有這項特質的人，冀望類似的事發生在自己身上時，能以他們為榜樣。我們可以說，佩服別人的勇氣，就是一種正向適應的特質；願意這麼做的人，等於為防患未然多做了一分準備。

但光是將擺脫混沌的能力命名為「轉換性適應」，稱善於這麼做的人「勇敢」，並未解釋這個了不起的天賦。就像法國喜劇作家莫里哀（Moliere）劇中的一位主角說的，睡覺是「睡眠能力」引起的一樣。光知道適應能力是勇氣帶來的，有說跟沒說一樣。我們需要的不是命名或描述，而是實際明白事情是如何運作的。很遺憾的，我們在這方面所知仍相當有限。

耗散結構[8]的力量

然而，有一件事很清楚，那就是從混沌中理出秩序的能力不侷限於心理學。事實上，某些演化學的觀點認為，複雜生命形態的出現，有賴於萃取自精神熵的能量——將廢棄物回收再利用，生成有結構的秩序。諾貝爾化學獎得主伊利亞．普里哥基尼（Ilya Prigogine）稱這種倚賴原本會消

7 **勇氣**被視為他人值得欽佩最重要的原因。這是李昂（Bert Lyons）在博士論文（1988）中，分析我所收集的三代同堂家庭數據得到的結論。

8 **耗散結構**。關於這個詞在自然科學中的意義，請見普里哥基尼（Prigogine，1980）。

散，並在隨機運動中消失的能量的物理系統為「耗散結構」（dissipative structures）。例如地球上的植物界就是一個巨大的耗散結構，因為它的運作倚賴陽光——陽光通常被認為是太陽燃燒的副產物。這些能量原本會消散，但是植物卻找到方法把它轉換成葉子、花、果實、樹皮與樹幹。又因為沒有植物，動物就無法生存，所以我們也可以說整個地球就是一個將混沌轉變為複雜秩序的耗散結構。

人類也懂得怎麼利用廢棄的能量來完成目標。第一個偉大的科技發明——火，就是很好的例子。一開始，火的出現是隨機的，可能來自火山、閃電，或偶爾發生的自燃現象，而腐化的木頭釋放的能量就這麼白白浪費了。學會用火後，人們開始使用這些耗散能量來取暖、烹煮食物，最後甚至用它來冶煉鍛造金屬。推動引擎的蒸氣、電力、汽油與核融合，也都是基於同樣的原理：善用原本會流失，或是對我們的目標不利的能量。唯有學習怎麼將混亂的力量轉換成有用的東西，我們才得以成功的活著。

如我們所見的，我們的心靈也是採取這樣的運作原則。要維持自我的完整性，就要懂得將中性或具破壞性的事件轉變成正面事件。如果可以遭到開除後，能藉此機會找到更符合興趣的工作，那被開除就是上天給的禮物。每個人的人生都一樣，不可能只有好事，萬事如意的機會微乎其微，遲早會出現事與願違的情況：失望、罹患重病、經濟困難、失去至親等，這些都是擾亂心靈的負面事件，會對當事人帶來威脅，導致當事人無法專注在應該追求的目標上。這樣的創傷嚴重一點時，意識會變得沒有規則，我們會說這個人「瘋了」，也就是出現各種不同的精神疾病。

情況不要太嚴重的話，受威脅的自我可以倖存，但不會繼續成長；那個受到攻擊而退縮，躲藏在大量防備之後的自我，會停留在一種持續懷疑的狀態。

正因為這樣，勇氣、韌性、毅力、成熟型的防禦，或是轉換型的適應——心靈的耗散結構——顯得格外重要。少了它們，我們隨時會被偏離軌道的心理隕石擊中。相反的，如果懂得正向策略，那麼大部分的負面事件會被中和掉，甚至可以成為挑戰，使我們變得更強大、更具複雜性。

轉換技能通常在青春期後期開始發展[9]。年紀小一點的孩子或是剛步入青春期的孩子，仍仰賴支持性的社交網絡來幫助他們面對問題，對他們來說，考試考差了、下巴長了一粒痘痘，或是某個朋友不理他這樣的小事，都可以帶來嚴重打擊，彷彿世界末日就要到了一般，人生頓時失去了意義。來自他人的正面回饋，通常可以讓他的情緒在短時間內平復；一個微笑、一通電話、一首好聽的歌，就足以讓他把注意力從煩惱移開，重新建立心理秩序。我們從經驗取樣方法得知，健康的青少年每次心情沮喪的時間大約是半個小時（成人大概需要花兩倍的時間才能讓心情平復）。

但是再過個幾年，差不多到了十七、八歲，他們就會開始學會用不同的角度看待負面事件，不會事情一不如意就被擊垮。也是在這個年紀，大部分的人開始具備掌控意識的能力。或許是時間到了：沮喪過，也從沮喪中走出來過，讓這些年紀大一點的青少年知道，事情不像他們當下看

9 **青少年的轉換技能**。一份以經驗取樣方法進行的縱向研究（佛里曼〔Freeman〕、拉森與契克森米哈伊，1986）發現，年紀較大的青少年和家人間、朋友間，或是獨處時的負面經驗，不會比年紀較小的青少年少，但是態度上比較從容——在十三歲時認為束手無策的衝突，在十七歲看起來是完全可以掌控的。

到的那麼糟。也或許是見過其他人曾經遭遇同樣的問題，而且走過來了。知道受苦的不只有自己，可以讓這些以自我為中心的年輕人對事情產生新觀點。

適應技能的發展高峰，發生在年輕人根據個人目標建立足夠的自我意識，外在的失望不致於完全推翻他對自我的認同時。有些人的力量來自認同家庭、國家、宗教或某種意識形態後確立的目標，有些人的力量則發生在精通某種和諧的符號系統，像是藝術、音樂或物理學之後。來自印度的天才數學斯里尼瓦瑟·拉馬努金（Srinivasa Ramanujan）投注大量精神能量鑽研數學理論，以致於貧窮、疾病、疼痛，甚至突如其來的死亡雖然讓他精疲力盡，都無法轉移他的注意力，事實上，這些困難讓他的創造力更上一層樓。臨終時，他還讚嘆著自己剛發現的一個公式有多美，大腦的清晰程度完全反映在這些數字符號的秩序上。

為什麼有些人遇到壓力會變得軟弱，有些人卻可以從中獲得力量呢？答案很簡單：知道如何將無助的狀況轉換成可以控制的心流活動、從中獲得樂趣的人，就可以在磨練中愈挫愈勇。這樣的轉換有三個主要步驟：

一、不自覺的自信[10]。理查·洛根研究嚴峻生理考驗的倖存者，像是極地探險家、集中營的囚犯等，發現他們有個共通態度，就是堅信命運掌握在自己手中。他們相信手中握有的資源可以決定自己的命運。我們可以說他們有自信，但這同時，他們的自我卻似乎不存在：他們並不以自我為中心、不企圖掌控環境，而是力求與環境和平共處。

當一個人不把環境看成和自己對立，不堅持自己的目標非得凌駕其他事情不可，就能產生這樣的態度。他會把自己看成是周遭環境的一部分，試著在這個體系中善盡自身職責。很矛盾的，這種謙卑的自覺——承認自己的目標附屬於更大的群體，為達到成功，不按著自己的意思走——才是強者的標誌。

舉個簡單但常見的例子，假設某個寒冷的早上，你急著要去上班，但車子引擎卻發不動。這時候，很多人會愈來愈執著於「我得去上班」這個目標，沒有心思想別的事。這時，大家會開始對著車子咒罵、更使勁地轉動鑰匙、生氣地拍打儀表板，但這麼做通常於事無補。過於注重自我讓人無法有效地面對挫折或實現目標。合理一點的做法，是明白車子根本不在意你得去上班。它有自己的準則，為了讓它動得了，就得考慮這些規則。如果你完全不懂車子為什麼發不動，那就打電話叫計程車，或是重設目標：請假在家，找點有意義的事做。

基本上，要達到自信這個階段，一個人必須相信自己、周遭的環境，以及自己扮演的角色。好的飛行員除了懂得飛行技能，對自己駕駛的工具有信心之外，也要懂得遇到暴風雨或機翼結冰時該怎麼做。不管遇到什麼天氣狀況，他都必須有自信應付得來，原因不是他有辦法迫使飛機聽他的，而是他把自己當成調節飛機性能與空中狀況的工具——飛機與人結合的系統中的一個零件，飛航安全不可或缺的一環，只有委身這個系統，他的目標才能得以實現。

10 不自覺的自信。關於這個觀念的發展請見洛根（Logan，1985, 1988）。

二、把焦點放在外在世界。一旦把焦點放在自己身上，所有精神能量都投注在自我的考量與欲望時，就很難注意到周遭發生的事。懂得將壓力轉換成有樂趣的挑戰的人，很少花時間想自己的事。他們不會花所有精力來滿足自身需求，或擔心社會條件下的渴望。相反的，他們會隨時保持警覺，不斷處理周圍環境提供的資訊。他們雖然仍聚焦在個人目標，但開放程度足以注意並適應外來事件，即使這些事件和他想實現的目標並未直接相關。

態度開放能讓人保持客觀，注意到不同的可能性，體認自己是環境的一部分。登山者伊馮・克納（Yvon Chouinard）將這種與環境完全結合的感受描寫得很傳神，他在登上優勝美地的酋長岩（El Capitan）時說：「花崗岩中的每個結晶[11]都大方地展現自己，變化多端的白雲讓我們目不暇給。我發現岩壁上爬滿了一種小昆蟲，小到幾乎看不到。我目不轉睛地盯著其中一隻看了十五分鐘，一邊看牠移動，一邊讚嘆牠豔紅的體色。」

「有這麼多美好事物等著我們去欣賞、去感受，怎麼會無聊呢？這種與大自然美好的結合，帶給我們一種許久未見的深刻感動。」

與周圍環境結合，不只是一種樂趣無窮的心流體驗，還是克服逆境的重要機制。首先，注意力不在自身時，不如意的事帶來的挫折對意識的干擾會小一點。一個人把焦點放在內在混亂時，最容易感受到精神熵；如果可以把焦點轉向周圍環境，壓力造成的破壞就會小一點。再者，一個人把注意力集中在環境時，會藉著精神能量的連結，成為它的一部分。這可以讓人更了解整個體系的狀態，遇到困難時也更能找到適應的方法。

回到那部發不動的車子：如果把焦點全放在自己一定要準時到辦公室這個目標上，你的腦海中會浮現各種遲到的畫面，對那部不肯合作的車子充滿怨恨。這樣你就不會發現車子試著要告訴你的事：我的引擎進水了，或是我的電池沒電了。同樣的，飛行員如果滿腦子想的都是他想要飛，就可能錯過其他幫助他順利飛行的訊息。曾經獨自飛渡大西洋的查爾斯．林白，曾生動描述對環境抱持開放態度的感受：

> 我的駕駛艙很小[12]、牆面很薄；雖然腦海湧現各種念頭，但是包覆在裡頭的我卻很有安全感。……我開始注意駕駛艙內的各個細節，對每個儀器、拉桿、每個構造的角度都瞭若指掌，所有物品都有了新的價值。我仔細觀察鋼管上的焊接痕跡（冰冷的波紋承受了無比沉重的隱形壓力），高度表上的螢光標示……排成列的燃料閥……——這些我過去沒有注意到的東西，現在變得如此鮮明而重要……或許，我正駕駛一台構造複雜的飛機、在空中快速飛翔，但是在這個座艙內，與我同在的是這些簡單明瞭的東西，以及不受時間限制的思緒。

我的前同事G很喜歡提及他在空軍服役時一個驚心動魄的故事，來告訴大家過度考慮安全可能帶來什麼危險。當我們全心注意安全時，就顧不到實際狀況了。韓戰時期，G的單位必須做例

11「花崗岩中的每個結晶……」克納的這段話記載於羅賓森（Robinson，1969, p. 6）。
12「我的駕駛艙很小……」這段話記載於林白（Lindbergh，1953, pp. 227–228）。

行的跳傘訓練。有一天大家正準備跳傘時，發現標準降落傘的數量不夠，一位右撇子士兵得用左撇子專用的降落傘。「就跟平常的降落傘一樣，」負責軍用品的士官跟他保證，「只不過開降繩位在左邊。你要用哪一隻手拉都可以，但是用左手會比較順。」大家上了飛機，在距離降落目標的高度達八千英尺時，一個接著一個往下跳，進行得非常順利，但是有一名士兵的降落傘始終沒有打開，就這樣活活地墜落在沙漠上死去。

G是調查小組的成員，前去檢查為什麼降落傘沒有打開。這位死去的士兵用的正好是開降繩在左邊的降落傘。在他制服右邊的胸口，大約是標準降落傘開降繩所在的位置，已經被扯破了，連胸膛都被他沾滿血跡的手抓裂了。只要再往左邊移個幾英寸，他就可以拉到那條完好如初的開降繩了。降落傘很正常，一點問題都沒有，出問題的是在下墜的過程中，這名士兵一心想在慣有的位置尋找開降繩，心思完全被恐懼占據，以致忘了他遍尋不著的安全其實觸手可及。

受到威脅時，我們很自然地會把精神能量轉向自我，想盡全力抵禦威脅。但是這種先天反應很容易影響我們的適應能力。它會加劇內心的動盪，使反應變得較不靈敏，甚至會使人孤立自己、遠離人群，獨自面對挫折。但是一個人如果持續留意周遭發生的事，就可能出現新契機、做出新反應，而不被生命的流動排除在外。

三、尋找新的解決之道。要應付帶來精神熵的狀況有兩種方式。一是聚焦在阻礙目標的障礙上，想辦法移除它們，重建意識和諧，這是最直接的方法。另一個是將焦點放在把自我涵蓋在內的完整體系，考慮是否需要調整目標，尋求不同的解決之道。

假設菲爾理應晉升為公司的副總裁，卻發現這個職位很可能由另一名與總裁關係較好的同事獲得，這時他有兩個作法：想辦法改變總裁的想法，證明自己是比較適合的人選（第一種方法），或是另訂其他目標，也許是調到公司的其他部門，或乾脆換工作，他還可以選擇降低事業目標，花多一點精神在家庭、社區，或是自我發展（第二種方法）。這兩種方法沒有絕對的好壞，重點是這麼做是不是符合菲爾的整體目標，可不可以為他的人生帶來最大樂趣。

不管是尋求哪一種解決管道，如果菲爾把所有注意力都放在自己，或是自己的需求與欲望上，一旦事情不如他的預期，很容易就會陷入困境。他缺少解決問題所需的注意力，找不到有樂趣的新挑戰，而是被充滿壓力的威脅團團圍住。

生命中的每個際遇都是提供成長的契機。就像我們之前提到的，即使是失明、癱瘓這麼可怕的災難，都可能為一個人帶來樂趣、提高複雜度。縱使面臨死亡，都可以平靜面對，不至絕望。

但是想擁有這樣的轉換能力，必須隨時為無法預期的機會做好準備。在生物遺傳與社會制約的影響下，大部分的人早已僵化，很少意識到我們其實有不同的選擇。一切順利的時候，完全按著本能或社會制約行事確實不會出什麼錯，但是一旦遇到挫折——長期來看這是無法避免的——就必須懂得另訂新目標，創造新的心流活動，否則所有精神能量都會在內在混亂上消耗殆盡。

要如何發展出這些變通的策略呢？答案很簡單：只要帶著不以自我為中心的信心出發，對外在環境抱持開放態度，願意參與其中，就能找到出路。這種為生命尋找新目標[13]的過程，有點像藝術家從事創作[14]。傳統的藝術家在下筆的那一刻，就已經知道他要畫什麼了，接著就只是堅持著這個想法，直到畫作完成。但是有創意的藝術家開始作畫時，心中可能有強烈感受，但沒有既定目標，過程中他會按著畫布上呈現的顏色、形狀不斷修正，最後完成的作品很可能與他一開始想的截然不同。如果這位藝術家能回應內在感受，知道自己喜歡什麼、不喜歡什麼，並專注於畫布上的發展，就可望完成一幅精彩作品。相反的，如果他執意要畫出最初的構想，不願意因應眼前的發展尋求不同的可能，最後完成的不過是平庸之作。

每個人對生命都有預設的期待，這包括基因為了確保我們生存而規劃的基本需求——對食物、舒適度、性與對其他生物的支配，也包括了文化加諸在我們身上的欲望——要苗條、富有、有學問、受歡迎。假設我們認同這些目標，也夠幸運，就可以複製所處時空環境下的理想生理及社會形象，但這是精神能量最好的發揮嗎？萬一我們達不成這樣的目標呢？除非我們願意像第二位畫家，不受先入為主的觀念影響，而是隨時觀察畫布上的變化，根據事物給我們的衝擊做調整，否則我們永遠不會知道其他的可能性。這麼做時我們就會發現，事情跟預想的不同，原來，幫助別人比擊敗他們更讓人滿足，跟一個兩歲的小孩聊天比陪公司老闆打高爾夫球更有樂趣。

自得其樂的自我：總結

在這一章我們不斷看到：外在力量並非決定逆境能不能轉變成樂趣的關鍵。健康、富有、強壯、有權有勢的人，不見得比生病、貧窮、柔弱、受迫害的人更能控制自己的意識。能在生命中找到樂趣的人，與被生命擊垮的人，兩者最大的差別是他們受了哪些外在因素影響，以及他們怎麼看待這些因素——究竟是把挑戰當威脅，還是當成行動機會。

「自得其樂的自我」指的是很容易將潛在威脅轉換成有樂趣的挑戰、懂得維持內在和諧的人。這樣的人不會覺得無聊，也很少感到焦慮，不論發生什麼事都樂於投入，大部分時間都處於心流。自得其樂的人也可以說是「擁有自成目標」，他們的目標大多發自內心，不像多數人是依生理需求與社會的傳統制約決定的。自得其樂的人會按著經驗來訂目標，所以目標大多符合自身狀況。

自得其樂的人可以將原本可能形成精神熵的經驗轉換成心流。因此，要發展出這樣的自我很簡單，只要依循心流模式便是。我簡單說明如下：

一、設立目標[15]。想要經歷心流，首先必須有明確目標做為努力方向。自得其樂的人面對抉擇時——不管是大至結婚、就業，小至週末怎麼過、在牙醫候診室怎麼打發時間，都可以處之泰然、不慌亂。

13 **尋找新目標**。契克森米哈伊（1985a）和契克森米哈伊與比提（Beattie，1979）提到，一個人在經歷世上各種體驗後，會產生一個複雜的自我，就像藝術家與作畫原料互動之後，產生一幅有創意的畫作一樣。

14 **關於藝術家的發現**。從契克森米哈伊（1965）到契克森米哈伊與蓋哲爾（Getzels，1989）期間，我們發表了數篇關於藝術發現的文章。簡單的說，我們發現在一九六四年時，以這裡描述的方式（剛下筆時，對自己的成品只有一個模糊的概念）作畫的藝術學生，十八年後，明顯比那些作畫之前就已經知道自己要畫出什麼的同儕成功——以藝術界的標準論定。

目標的選定與對挑戰的認知有關。如果我決定學網球，就必須學會發球、反手拍、正拍，還要訓練體力與反應。事情也可能反過來進行：我喜歡將球打過網的感覺，所以決定學打網球。不管哪一種情形，目標與挑戰是互通的。

一旦經由目標與挑戰定義了行動體系，運作所需技能也就明確了。如果我打算辭掉工作，改經營度假中心，就應該去學飯店管理、財務、挑選營業地點等。當然，方向也可以反過來：發現自己具備的技能可以在特定目標有所發揮——我決定經營度假中心，因為我發現自己的條件很適合。

發展技能時，要非常留心這些行動的結果——對回饋進行監控。想要成為好的度假中心經營者，我必須正確評估借貸銀行會怎麼看待我的創業計畫，還必須知道什麼措施可以吸引客人。如果沒有隨時留意當中的回饋，很可能會和行動體系脫節，技能不再進步，效率也不如從前。

自得其樂跟不懂自得其樂的人最大的差別，是前者決定追求的目標是自己選的，不是隨機的，也不是外來力量逼他做的決定。這樣的事實有兩個看似相反的結果。一方面，因為這個決定是自己做的，所以會格外努力，所有行動都很確實，並由內在控制。另一方面，因為是自己的決定，所以可以隨時視情況調整目標。這麼看來，自得其樂的人表現出來的行為，除了比較容易貫徹到底，也比較有彈性。

二、**全心投入**。選擇行動體系後，具有自得其樂個性的人會全心投入他所做的事。不管是開飛機環繞地球，或是晚餐後洗碗，他都能全神貫注。

要做到這一點，一個人必須在行動機會與本身具備的技能間取得平衡。有些人一開始對自己的期許有點不切實際，例如想在二十歲之前成為百萬富翁之類的。一旦希望破滅就變得沮喪，並因為精神能量都浪費在追求未果的事上，整個人意志消沉。另一個極端，是因為對自己的能力沒有把握，所以自我設限。他們寧可選擇保守而無關緊要的目標，讓複雜性的成長停留在最低層級。然而，要確實參與行動體系中，一個人必須在環境條件與個人能力間取得適當平衡。

舉例來說，一個人走進一間擠滿人的房間，決定「加入派對」，也就是說，他想要盡可能多認識些人，同時希望能玩得開心。如果是缺乏自得其樂性格的人，很可能因為無法主動與人攀談，便退到角落去，希望有人注意到他；或是，他可能會過分聒噪或太搶風頭，因不當而虛假的熱情讓人退避三舍。這兩種策略都不可能成功，也不可能玩得開心。但是懂得自得其樂的人進入房間後，會先將注意力從自己轉到派對，也就是他希望融入的「行動體系」。他會觀察參加的人，試著猜測哪個人可能跟他志同道合，然後開始與這個人談論他認為兩個人都會喜歡的話題。如果得到的回饋是負面的——交談顯得無聊，或是對方覺得不投機——他會試著換個話題，或是另覓談話對象。唯有行動與行動體系提供的機會相稱時，當事人才能完全投入其中。

15 **設立切合實際的目標**。有研究指出，目標極為長遠，過程中少有獎勵的成年人，跟設立短程目標的人相比，比較無法得到滿足（比〔Bee〕，1987, p. 373）。但是另一方面，心流模式認為，過於容易達成的目標同樣無法帶來滿足。不管是哪一種極端，都會阻止人完全享受生命樂趣。

專注的能力愈強，就愈容易投入行動體系。注意力無法集中的人思緒游移不定，生活只能任憑各種一閃即過的刺激擺布，鮮少遇見心流。非出於自願的分心，是無法控制注意力最明顯的徵兆。令人不解的是，很少人願意花力氣改善自己的注意力。集中精神看書有困難時，不是設法提升專注力，而是將書本扔到一旁，改看起電視，因為看電視所需的注意力少，而不連貫的剪輯、插播的廣告與通常很愚蠢的內容等等，只會讓注意力更加渙散。

三、注意當下發生的事。注意力可以使人投入，也唯有不斷傾入注意力，才能讓人保持投入狀態。運動員都知道，比賽中只要稍微閃神，就可能一敗塗地。重量級的拳王冠軍如果沒注意到對手的一記上勾拳，就可能被擊倒。籃球員如果受觀眾的吶喊聲影響而分心，要進球就難了。同樣的陷阱也威脅著參與各種複雜體系中的所有人，唯有不斷投入精神能量，才能保持置身其中的狀態。不願意專心聆聽孩子說話的父母，會壞了彼此的互動；心不在焉的律師會輸掉官司；而心神不定的外科醫生賠上的，會是病人的生命。

自得其樂的人，簡單的說，就是擁有持續投入的能力。自我意識這個最容易使人分心的原因，在他們身上不構成問題。因為他不擔心自己表現得如何，也不在意別人怎麼看他，而是全心投入自身目標。一個人投入得夠多時，會將自我意識從意識中排除，有時則是反過來，由於缺乏自我意識，才能深深投入。自得其樂性格的組成元素是互為因果的——設立目標、發展技能、培養專注力、放下自我意識這四個，不管從哪一個開始都可以，因為心流一旦開始，其他元素也會跟著實現。

把注意力放在互動關係，而不是自我身上，會得到看似矛盾的結果。當事人雖然不再覺得自己是獨立個體，卻感到自我變得更加強大。藉由將精神能量投注於包含自己在內的體系，自得其樂的人可以超越自我極限。藉著與體系結合，讓自我脫胎換骨，成就更高的複雜性。這就是為什麼在愛過後失去，好過從來沒愛過。

處處以自我為中心的人可能比較有安全感，但是與願意將注意力投注在周遭事物、參與當中的互動的人相比，這種總是以個人利益為出發點的人就顯得匱乏了。

我去芝加哥市政廳前廣場，參加為畢卡索的巨型戶外雕塑舉行的揭幕儀式時，剛好站在一位擅長處理個人傷害的律師旁。揭幕演說沒完沒了，我發現他的表情十分專注，口中喃喃自語。我問他在想什麼，他說他在估算如果有小孩攀爬雕像而受傷，市政府要花多少錢才能擺平官司。

我們要說這位律師真幸運，能夠將周遭所有事都轉換成與他的技能相關的問題，所以總是處於心流呢？還是為他只知道專注在自己熟悉的事物上，忽略了這件事在美學、市政及社會上的意義，錯失成長契機，而感到遺憾呢？或許兩種解讀方式都沒有錯。但是長期來看，井底觀天必定有所限制。即使是最受推崇的物理學家、藝術家或政治家，如果只對自己有限的角色感興趣，遲早會變成空洞無聊、不懂得生活樂趣的人。

四、學習樂在當下。自得其樂的自我——懂得設立目標、培養技能、留心回饋、做事專注而投入的人——即使客觀環境惡劣，仍然可以從中找到樂趣。有能力控制心靈的人，可以讓任何事都成為樂趣來源。夏日的一陣微風、映在高樓玻璃帷幕上的一朵白雲、談一筆生意、看小孩與狗嬉戲、喝一杯水，都足以滿足人心、豐富生活。

然而，想要擁有這樣的掌控權，需要決心與紀律配合。最優體驗不是享樂主義，或貪圖安樂的結果，輕鬆放任的態度不足以抵禦生活中的混沌。就像本書一開始說的，想要讓隨機事件化為心流，就必須培養拓展能力的技能，使自己變得更強大。心流可以驅使人發揮創意，成就不凡。不斷精進的技能帶來的樂趣，更是推動文化進化的力量。不論是個人或文化，都會因此邁向更高的複雜性。在體驗中創造秩序，得到的獎賞是推動演化的能量——為我們的後代子孫鋪路，讓繼我們而起的他們更具複雜性，也更有智慧。

但是想要將生活的全部變成一場心流體驗，光懂得控制一時的意識狀態是不夠的；還得有整體的目標，讓日常生活中的每一件事都變得有意義才行。如果一個人只是從一個心流活動跳到另一個心流活動，中間缺少連結，那麼來到人生盡頭往回看時，就不容易看出過去這些日子、這些事的意義何在。對於想要獲得最優體驗的人，心流理論要給大家的最後一項任務，是在所做的每一件事上創造和諧；在這個任務中貫穿所有目標，將人生整合成單一件心流活動。

CHAPTER 10

創造意義
The Making of Meaning

我們經常見到知名網球選手在場上非常投入，完全沉浸在打球的樂趣中，但是一下了球場，就板起臉、無法親近。畢卡索很享受作畫的樂趣，可是一放下畫筆，就變得難以相處。除了下棋，西洋棋天才包比．費雪其他事都笨拙無比。這樣的例子不計其數，它們都提醒我們，在某一件事達到心流，不代表在其他事情也會有同等經歷。

如果我們可以在工作與情感上都找到樂趣，也懂得把每個挑戰都視為培養新技能的契機，生活上獲得的獎賞就已經超過一般標準了。但即使這樣，仍不能確保我們可以擁有最優體驗。如果這些樂趣都是片段的，中間缺少有意義的管道將它們串連起來，在面對變幻莫測的混沌時，我們依舊是脆弱的。再怎麼成功的事業、再怎麼圓滿的家庭，都會有消逝的一天——投入工作的程度總有一天得減少，孩子終究會長大離家、另一半終究會離世。但是如果能做好意識控制的最後一個步驟，要達到最優體驗並非不可能。

最後這個步驟，就是將人生整合成一場心流體驗。一個人如果為人生設立了有一定難度的大目標，其他目標理應響應配合，如果他能投注所有能量去發展達成這個目標需要的技能，那麼行動與感受便能達到和諧，生命的不同部分也可以彼此契合——每個活動不管在當下、在過去或在未來，看起來都「有意義」。這麼一來，整個人生也就有意義了。

但是這麼期待人生有個完整的意義，是不是太過天真了？畢竟，自從尼采下結論表示「上帝已死」，哲學家與社會科學家就拚命證明存在是沒有意義的，如果主宰命運的是機率與非人的力量，那麼所有價值都是相對而無常的。沒錯，這裡的「意義」指的如果是超乎自然現象與人類經驗，而且適用所有人的超級目標，那的確不存在，但這表示我們不能試著賦予生命意義。所謂的文化與文明，就是人類不畏艱難，為了自己與後代設立目標、努力奮鬥的結果。說生命沒有意義是一回事，任由它去又是另一回事。前者的事實與後者沒有必然關聯，就像是沒有翅膀，不會阻止我們飛翔一樣。

從個人的角度來看，這個大目標可以是任何事，只要我們認為值得付出一生的精神能量去追求便是，它可以是成為啤酒瓶蒐藏家、可以是找到治療癌症的方法，或僅僅出於生物本能的養育健康興盛的下一代。只要方向清楚，行動規則明確，可以讓人專注投入，任何目標都能讓人的一生充滿意義。

過去幾年，我結交了幾位伊斯蘭教徒的朋友，當中有電子工程師、飛行員、生意人與老師。他們大多來自沙烏地阿拉伯或其他波斯灣國家，交談中我很驚訝的發現，即使處於強大壓力下，他們還是可以輕鬆自如。問他們原因時，其中一位這麼回答我：「沒什麼特別的，我們不苦惱也不沮喪，因為我們相信生命掌握在真主手中，只要是祂做的決定，什麼都好。」這樣堅定的信仰在我們的文化中有一度也很普及，但現在已經不多見了。大多數人只能在沒有傳統信仰協助之下，尋找能夠賦予生命意義的目標。

定義意義

意義是個很難定義的概念，不管怎麼定義，最後都會像在原地打轉。但是它有三個解釋可以幫助我們更了解最優體驗的最後一個步驟。第一個解釋的重點放在結果，指的是某件事的目的與重要性，像是「人生的意義」這當中的意義，就是假設人生中的所有事件都是互相結合的，它們有先後順序，還互有因果，並在最後形成一個終極目標。這個詞的第二種用法，是指一個人的行動意圖，例如他的「意圖」是好的。這種用法帶有在行動中顯出目的的意涵，而且這樣的目標是可預測、表裡如一並有秩序的。這個詞的第三個含意，是指將資訊排序，例如：耳鼻喉科是指研究耳朵、鼻子與咽喉的學科，傍晚出現紅色彩霞則意味著明天會是好天氣。這層意義指出了不同詞語代表的相同事物、以及不同事件彼此的關係，因此有助於釐清、建立不相關或衝突的資訊之間的順序。

創造意義就是將個人行動整合成一個完整的心流體驗，為心靈內容帶來秩序。「意義」這個詞的三個解釋，正好可以幫助我們更清楚這個流程。覺得人生有意義的人，通常有個具足夠挑戰性、讓他願意付出所有能量，並且足以賦予他的人生意義的目標。我們可以稱這個過程為「追求目標」。前面提過，一個人想要獲得心流，首先要為自己設立目標，像是贏得一場比賽、與某人結交朋友、用特定方式完成某件事等。目標本身不是最重要的，重要的是它可以讓人專注投入一件能力可及而且有樂趣的活動。有些人可以用類似方式，將一生的精神能量聚集在一個焦點，將目標不盡相同的各種心流活動匯集成一個無所不包的大挑戰，讓自己所做的每件事都富含意義。建立這種終極目標的方式很多。拿破崙畢其一生追求權力，縱使賠上數十萬名法國士兵的生命也在所不惜。德蕾莎修女則因為天主無條件的愛讓她不解，並賦予了她生命的意義，於是決定將一生心力奉獻給無助的人。

單就心理學的角度來看，拿破崙與德蕾莎修女的內在目標都達到一定的程度，算得上是最優體驗，雖然兩者的差異牽扯到一個廣泛的道德問題：兩個被賦予意義的生命帶來的後果截然不同，拿破崙使上萬人的生命陷入混亂，德蕾莎修女則為許多人的精神熵帶來緩解。但我們這裡不是要評斷這些行動的客觀價值，而是要探討：找到一個整合後的大方向，會為個人意識帶來什麼樣的主觀秩序？說到底，「人生的意義是什麼？」這個老問題的答案非常簡單。人生的意義就是在找尋意義：不管它是什麼、從何而來。只要找到一個整合後的大目標，就可以為人生帶來意義。

意義這個詞的第二個解釋，是指用意。這個解釋也可以用來說明如何把整個生命變成一場心流，並藉此創造意義。光是將所有目標整合成一個大目標還不夠，我們還得在面臨挑戰時堅持到底才行。有目標就得努力，有意圖就得付諸行動。我們可以說這是追求目標時的決心，重要的不是這個人是否達成目標了，而是他是不是為了這個目標努力過，而不是荒廢自己的能量。「決心在重重顧慮下失去了它熾熱的光彩，」哈姆雷特說道，「……讓震動山河的雄心大志……也喪失了行動的力量。」很少事情比明明知道自己該做什麼，卻不願付諸行動的人，更叫人覺得可悲。英國詩人布萊克（William Blake）以他慣有的重話寫道：「有想望卻不付諸行動的人，是滋生瘟疫的溫床。」

第三個，也是最後一個追求人生意義的方式，是前面兩個步驟的結果。下定決心去追求一個重要的目標，並將所有活動匯集成一場心流體驗時，將會得到意識上的和諧。清楚自身欲望並且有決心實踐它的人，他的情感、思想與行動可以互相配合，內心自然也能和諧。而內心和諧的人知道，不管做什麼或發生什麼事，都不應該把精神能量浪費在懷疑、後悔、罪惡感或恐懼上。就是這種一致性，讓有些人凡事處之泰然，擁有內在的力量與寧靜。

利用目標、決心與和諧將生命的片段結合起來，轉換成一場沒有間隙的心流體驗，並賦予生命應有的意義，能達到這個境界的人，就別無所求了。意識井然有序的人不畏懼包括死亡在內的任何突發事件，生命中的每一刻都有意義，大部分時候他都能感受到樂趣。這樣的境界聽起來再好不過了，但是要怎麼達到呢？

尋找終極目標

許多人的生活都存在一個終極目標，並且以它為指標，日復一日的生活著——這個大目標像是一塊磁鐵，吸引著他們的精神能量，其他較小的目標則依附著這大目標存在。這個大目標會定義一個人將生命轉換成心流活動時，需要面對的挑戰，少了這樣的大目標，就算是最有秩序的意識也會缺乏意義。

人類歷史中，嘗試尋找終極目標、賦予人生體驗意義的例子不計其數。這些嘗試彼此之間可能差異極大。例如社會哲學家漢娜．鄂蘭[1]指出，古希臘文明中，有人嘗試透過英勇行為來換取長生不死之身；基督教世界中的男女則希望經由聖徒般的行為獲得永生。鄂蘭認為這些終極目標都在解決人必有一死的問題，給大家超越墳墓的解釋。雖然採取的管道不同，但不管是長生不死或永生，目的都達到了。希臘英雄藉由高尚的行為來贏得他人的讚賞，讓自己的英勇事蹟藉著歌曲或故事代代流傳。這麼一來，他們就可以留名萬世，永遠活在後代的記憶中。聖徒的做法正好相反，他們放下個人的獨特性，好讓自身心思意念與行為都合乎上帝的心意，並在與上帝結合後，獲得永恆的生命。不管是英雄還是聖徒，都為了這個大目標奉獻了畢生的精神能量，制定出一套一輩子遵行不渝的行為模式，藉此將生命變成一場心流經驗。社會中另一些成員的行動或許沒有這麼崇高，但也都追隨他們的傑出榜樣，多少為自己的人生提供雖沒那麼明確，但合宜的意義。

就定義而言，每個文化都具備自己的意義體系，讓它的成員可以根據這個大方向，幫自己的目標找到定位。俄籍美裔社會學家索羅金（Pitirim Sorokin）[2]將不同時期的西方文明分成三大類，分別是感官、理念與理想文明，並指出這三類文明在過去二十五個世紀來不斷交替出現，有時持續數百年，有時只有數十年，而每一種文明都有自己一套優先次序來決定生活的目標。

1　漢娜．鄂蘭在她的著作《人的條件》（1958）中，描述了以永生與長生不老建立的意義體系有什麼差異。

2　索羅金在一九三七年發表的《社會文化動力學》（*Social and Cultural Dynamics*，原著有四冊，一九六二年以同樣的書名發表了單冊精簡版）中，提出了他的文化分類方式。或許是過於古板的理想主義，又或許是與他同期的哈佛同僚帕森斯（Talcott Parsons）的理論更顯精明，社會學家們幾乎把索羅金的研究工作遺忘了。或許隨著時間，這位涉及層面廣泛、方法創新的學者會得到他應有的認同。

感官文化著重以實際觀感來滿足感官，傾向享樂主義、功利主義，特別關注具體需求。這種文化階段的藝術、宗教、哲學，以及日常行為的目標，多由有形體驗決定。根據索羅金的看法，感官文化盛行於西元前四百四十年到大約西元前兩百年的歐洲，顛峰時期則是西元前四百二十年到西元前四百年；過去一百多年在先進的資本主義國家再次興盛。處於感官文化的人民不見得比較崇尚物質，但他們考慮目標與判斷行為準則時，確實會以樂趣與現實考量為主，較少參照抽象的原則。他們眼中的挑戰，幾乎都在於怎麼讓生活變得容易些、舒適些、快樂些。對他們來說，實際感覺良好的事物才是好的，他們不信任理想化的價值觀。

理念文化依據的原則與感官文化恰好相反：它們一心追求非物質與超自然的目標，看不起具體事物，強調抽象原則、禁慾主義，以及超越對物質的關懷。藝術、宗教、哲學與日常生活的行為模式，也傾向於實踐這樣的精神秩序。人們會特別關注宗教或意識形態，他們認為「挑戰」不在於怎麼讓生活容易些，而是怎麼讓內在更清晰堅定。根據索羅金的說法，西元前六百年到西元前五百年的希臘、西元前年兩百年到西元四百年的西歐，都抱持這種世界觀。最近幾個較令人不安的例子包括德國納粹、俄羅斯與中國的共產政權，以及伊朗的伊斯蘭教復興。

有個簡單的例子，可以說明感官文化與理念文化的差別。我們的社會與法西斯社會都重視健康的身體，崇尚人體之美，但背後的理由截然不同。在感官文化中，鍛煉身體是為了追求健康與快樂，但是在理念文化，身體被當成與「雅利安種族」（Aryan race）或「羅馬勇氣」（Roman valor）等抽象原則有關的象徵，它的價值在於形而上的完美。一張俊男的海報在感官文化傳達的是性感，會被拿來當商品販售，但是在理念文化，卻會傳達一種意識形態，被用於政治目的。

當然，不管哪個時期或哪個社會，都沒有採單一方式建立起來的體驗秩序。在同一個文化甚至同一個人的意識，都會出現感官與理念兩種世界觀不同程度的結合。例如雅痞的生活方式以感官文化為原則，聖經帶的基要信徒則以理念文化為依歸。這兩種文化型態以及它們所衍生的次文化，雖然有些格格不入，卻共存於我們的社會體系，而且不管哪一種都可視為一個大目標，有助於將生命組織成一場完整的心流活動。

不只是群體文化，單一個體也能同時體現不同的意義體系。像是艾科卡（Lee Iacocca）或亨利．羅斯．裴洛（H. Ross Perot）等商業領袖，顯然是將人生秩序建立在具體的企業挑戰上，但他們的生活也經常展現出極具代表性的感官文化特徵。休．海夫納（Hugh Hefner）的感官世界觀更為原始，他的「花花公子哲學」提倡的是完全的享樂主義。草率的理念觀代表人物，包括盲從某種意識形態的人與神祕主義者，他們提倡不需要經驗的解決方式，例如盲目信仰某個神祇。當然，當中也有各種變化組合，像是金．貝克（Jim Bakker）一家人或吉米．史華格（Jimmy Swaggart）等電視布道家，公開要求他們的聽眾追求理念性的目標，自己私底下卻過著紙醉金迷、沉溺於感官享受的生活。

偶爾會出現能將這兩個背道而馳的原則成功整合、保留雙方優點，同時彌補雙方缺點的文化。索羅金稱這種既能包容具體感官經驗，又尊重精神目標的文化為「理想文化」。他認為，中世紀晚期與文藝復興時期的西歐社會，最接近理想文化的標準，顛峰時期則出現在十四世紀的前二十年。理想文化無疑是最佳方案，因為它避免了純物質主義世界觀散漫的基調，也不受許多理念體系的狂熱禁慾主義困擾。

索羅金的文化三分法顯然過於簡單，有待爭議，但用它來描述一般人設立終極目標的原則頗為貼切。感官文化往往是很受歡迎的選擇，它重視具體挑戰，多以物質目標來塑造人生的心流活動，優點是規則易懂，擁有清楚的回饋，包括鮮少人會拒絕的健康、財富、權力與性滿足等。理念模式也有它的優點：形而上的目標可能永遠達不到，但沒有人可以證明你失敗：忠實的信徒總是可以用自己的方式解讀回饋，證明自己是對的，他永遠是那個幸運兒。想將生命整合成一道心流，最好的選擇肯定是理想模式，但是設立一個兼具物質提升，同時追求精神目標的挑戰並不容易，特別是目前的文化還是向感官模式靠攏的。

另一個描述個人建立行動秩序的方法，是把焦點放在挑戰的複雜性，而不是挑戰的內容。或許一個人究竟主張物質主義或理念主義並不重要，重要的是他如何區別與整合他的目標。就像第二章的最後一節談到的，複雜性取決於一個體系怎麼發展它的特色與潛力，以及這些特色之間的關係。以這個觀點來看，感官取向的生活方式如果經過深思熟慮，可以對不同的實質人生體驗做出反應，又能兼具內在的一致性，會好過輕率的理念主義，反之亦然。

研究這個主題的心理學家發現，一個人在發展自我概念、思索對人生的期待時，有一系列步驟[3]。首先，每個人都是從保護自我、維持生理等自我的基本需求為出發點。這時人生目標非常簡單，就是要生存、要舒適、要愉快。等到生存安全無疑時，才會進一步將意義體系擴展到群體，像是家庭、鄰居、宗教或民族團體。雖然這麼做意味著要迎合團體的規範和標準，卻能大幅提高一個人的複雜性。下一個發展步驟是回到個人主義的省思，將焦點再次內轉，為權威與自我價值找到新依據，不盲目遵從群體規範，而是發展自主的意識。這個階段，人生的主要目標是追求成長、提升，以及發揮潛力。第四個步驟以前三個步驟為基礎，再一次背離自己，回歸到與他人和宇宙的價值整合。在最後這個階段，即使是極端個人化的人，也會甘心樂意地讓自己的利益融入大我的利益中，就像德國小說家赫曼・赫塞（Hermann Hesse）所寫的《流浪者之歌》（*Siddhartha*）裡的主人翁，願意躺在船上，任憑河水引導他的去向。

這樣看來，建立一個複雜而有意義的體系，似乎是不斷地將注意力在小我與大我之間轉換。首先將精神能量放在個體需求上，建立精神秩序的結果就是享樂。達到這個層級後，就可以轉而著眼於群體的目標，這時，生命的意義會依群體的價值而定——宗教、愛國主義，以及他人的接納與尊重，都有助於建立這階段的內在秩序。接著，對話再次回到自我：對一個較大的群體有歸屬感後，個人會開始想要挑戰自己的潛力極限，想追求自我實現、嘗試不同的技能、想法與訓練。在這個階段，樂趣取代了享樂，成為主要的獎賞。但也因為個人在這個階段像個探索者，轉換工作跑道、中年危機都有可能發生，個人能力的限制帶來的壓力日益沉重。這也代表他已經做好準

3　**一系列發展自我的步驟**。有眾多理論指出，發展自我的過程中，注意力會在自我和社會環境間交替作用。艾瑞克森（Erikson，1950）認為成人的發展階段是從認同開始，接著是親密關係，再來是傳承，最後是統整；馬斯洛（Maslow，1954）認為自我發展是以愛與歸屬來滿足從生理安全到自我實現的層次需求；郭爾保（Kohlberg，1984）認為道德發展從一個人根據自身利益判斷的對與錯開始，並以普遍原則為依據的倫理為結束；盧文格（Loevinger，1976）觀察到的自我發展以衝動的自我保護行動為起點，到最後與環境整合。比（1987，特別是第十章和第十三章）對於這些與其他「螺旋式」的發展模式做了很好的總結。

備，要再次改變能量投注的方向：得知哪些事自己可以完成，或是更重要的，哪些事是自己無法單獨完成的，之後只好將個人的終極目標融入超越個人的體系——一種理想、一個理念、一個超凡的實體。

不是每個人都能順著這道階梯，一步步地變得更複雜。有些人連第一階段都跨不過去。一旦被生存的需求壓得喘不過氣，就不會有多餘的精神能量投注在家人或更廣的群體目標。光是追求自身利益就足以帶給他人生的意義。大部分的人可能會停留在安逸舒適的第二階段，家庭、公司、社區或國家帶來的福祉，就能賦予生命意義。很少人能來到反思個人主義的第三階段，能夠晉升到最後一個階段，融入普世價值的人就更少了。所以說，這幾個階段不是在告訴大家一定會發生什麼，或將會發生什麼，而是在描述一個夠幸運的人，成功掌控意識時可能發生的事。

前面我將隨著複雜性增加而逐漸顯現人生意義的過程，分成了四個階段，這是最簡單的模式，也有人將它分成六個、甚至八個階段。有幾個階段並不重要，重要的是大部分理論都認同這種「發展自己」和「與他人整合」交替進行的對話式張力。從這個角度來看，個人的生命像是一系列「遊戲」組成的，隨著一個人漸趨成熟，每場遊戲都有它的目標與挑戰。複雜性的生成，有賴我們將精力用在發展與生俱來的技能，好變得更自主、自立，也更清楚自己的獨特與有限之處，這同時，還要將精力用在認識、理解個人界線以外的力量，找到適應它們的方式。當然，我們也可以不理會這些計畫，只不過這麼做的話，將來你很可能會後悔。

尋求解決之道

目標可以給我們努力的方向，但不代表日子會比較好過。事實上，目標可能帶來各式各樣的煩惱，讓人不禁想要放棄，換個要求不那麼高的方式生活。一遇到阻力就改變目標的人是要付出代價的，他們或許可以安逸生活著，但生命卻可能空虛而缺乏意義。

清教徒當初會來到美國，是因為他們認為唯有擁有宗教自由，才能維持自身的完整性，堅信沒有什麼事比保有跟上帝的關係更為重要。他們不是第一個選定終極目標後，就下定決心重整人生秩序的人，過去也有很多人這麼做過。但是跟其他人不一樣的是，他們不允許迫害和艱難的環境撼動決心，就像猶太聖地馬薩達（Masada）的猶太人、基督教的殉道者、中世紀晚期法國南部的卡特爾人（Cathar）的選擇一樣，為了堅守信念，可以放棄舒適的生活，甚至犧牲生命也在所不惜。正因為他們展現的行為，讓他們的目標即使原本不值得，也變得值得了。清教徒的獻身讓他們的目標變得有價值，而這個目標也賦予了清教徒生命的意義。

一個目標如果沒有被認真對待，就失去了它的影響力。每個目標都會帶來一系列後果，如果一個人沒有做好面對它們的準備，這個目標就失去了意義。想要攀登高峰的人必須知道，他會筋疲力盡，生命隨時受到威脅，萬一半途而廢，這趟任務也就沒有價值了。同樣的道理也可以應用在其他心流體驗上：目標與所需的努力間存在著一種相互關係，一開始，要由努力來證明該目標有多重要，接著，努力有多重要則由目標來證明。一個人選擇結婚，是因為他覺得值得與對方共度餘生，但他也要真的這麼表現，兩人的伴侶關係才不會漸漸失去價值。

從某些方面來看，人類並不缺乏持守決心的勇氣。不同年紀、不同文化背景的數十億父母都願意為孩子犧牲奉獻，因為這樣，他們的生命有了意義。有些人則是把精力花在他們種的田或養的牲畜上，還有數百萬人為了宗教信仰、國家或是藝術，放棄了一切。當中或許有痛苦、有失敗，但也讓他們的生命有機會成為一股心流：這一系列體驗是有焦點、集中的、內外一致而井然有序的，也因為這樣的內在秩序，引領人找到了生命的樂趣與意義。

但是隨著文化演變，複雜性漸增時，要擁有這種決心也益加困難了。有太多目標彼此競爭，沒有人敢說哪個目標是值得奉獻一生的。幾十年前，把家人的幸福當成終極目標，對女人來說理所當然，部分原因是他們沒有太多其他選擇。但是現在，他們可以決定要當生意人、學者、藝術家，甚至從軍，當個好太太或好媽媽再也不是女人「顯而易見」的優先選擇。其他人也都受了這樣多采多姿的生活影響。行動力讓我們不再守在出生地：沒有人覺得有必要特別投入於出生地的事物，或認同自己的出生地，如果認為外國的月亮比較圓，搬過去就是了——想要的話，在澳洲開間餐廳也行。生活型態與宗教信仰也是說換就換。過去，一個人如果是獵人，就一輩子是獵人，打鐵的人就永遠只能在打鐵這技藝上求精益。但是我們現在隨時可以換工作，沒有人需要一輩子當會計師。

豐富的選擇讓我們擁有一百年前的人無法想像的自由。但是吸引人的選項變多時，目標游移也成了必然的後果；意志薄弱、缺乏決心反而成了「有選擇」的後遺症，讓我們不得不說，自由不見得會讓人的生命更有意義，有時適得其反。遊戲的規則如果過於有彈性，就會削弱注意力，反而阻礙心流體驗發生。選擇少但明確，則讓人更容易定睛於目標與相關的規則。

並不是說過去僵化的價值觀與有限的選擇比較好——況且我們是回不去了。現在我們擁有的複雜性和自由，都是前輩們竭力爭取而來的，我們應當做的，是設法征服挑戰。唯有做到這一點，才能確保後代能擁有這世上曾經出現過最豐富的生命。否則就是冒著風險，將精力浪費在矛盾與了無意義的目標上了。

但我們怎麼知道要把精神能量花在哪裡呢？沒有人能告訴我，「這就是值得你用盡一生追求的目標」。正因為沒有絕對的答案，所以每個人都應該發掘自己的終極目標。唯有透過不斷嘗試與努力學習，我們才能在這些互有衝突的目標中理出個頭緒，找到值得採取行動的方向。

梳理互有衝突的選項，從中找出一條路的過程，其實就是認識自我。這其實是一種古老的療法，歷史悠久到大家都遺忘了它的價值。古希臘的德爾菲（Delphic）神殿入口處刻著「認識你自己」，在那之後，有無數名言雋語一再頌揚著它的價值。這個忠告之所以不斷被提及，是因為它確實有功效。然而，每隔幾個世代，我們就得重新認識這句話的涵義，以及它如何在每個人身上發揮作用。要達到這個目的，我們必須以現今的知識來闡述它，並以當代的方式來應用它。

內心衝突其實是注意力無法妥善分配的結果，因為過多的欲望與互不相讓的目標都竭力想將注意力導向自己。想要減少衝突，唯一的辦法是先從當中找出重要項目，將它們排出優先次序。基本上有兩個方法能做到這一點：一個是行動生活（*vita activa*），另一個是沉思生活（*vita contemplativa*）[4]。

處於行動生活的人，會藉著完全投入具體的外在挑戰來達到心流。邱吉爾、卡內基等偉大的領袖，都在決定好一生的目標後，便下定決心去追求，沒有太多的內在掙扎，對事情孰輕孰重也沒有疑慮。成功的決策者、經驗豐富的專業人士，以及有天分的工匠都學會信任自己的判斷與能力，所以能像孩子般毫不遲疑的自發行動。如果行動過程能不斷遇到難易適中的挑戰，他就能在自己受呼召的事上感受到連綿不絕的心流體驗，沒有餘力理會生活中的精神熵。利用這種方式，可以間接達到意識和諧——不直接面對矛盾、企圖解決不同目標與欲望間的衝突，而是努力追求揀選的目標，無視其他可能存在的競爭。

行動雖然有助於創造內在秩序，但不是沒有缺點。致力於實現務實目標的人或許消除了內在衝突，但往往得為過度受限的選擇付出代價。一位年輕工程師立志要在四十五歲當上廠長，於是將所有精力投入這個目標。最初幾年事情可能很順利，他毫無躊躇。但是當初他忽略的選項總有一天會再度出現，令他懷疑與懊悔不已。我應該為了升遷犧牲健康嗎？我那可愛的孩子怎麼轉眼就變成了板著臉的青少年了？名利雙收後，我拿它們做什麼呢？到頭來才發現，原本一直支持著行動的目標，其實不足以賦予整個生命該有的意義。

這就是沉思生活發揮優勢的時候了。根據經驗冷靜反省、實際權衡各種選擇的後果，一直被認為是擁有美好人生的最佳途徑。自我認識的方法很多，可以是躺在心理分析師的沙發上，讓受壓抑的欲望與其他意識結合，也可以像耶穌會的修士[5]一樣，每天反覆對良知進行反省，檢視自己過去幾個小時所做的，是不是與長期目標相符。自我認識的方式有很多種，不管哪一種都有提升內在和諧的潛力。

理想狀態下，行動與反思應該相輔相成。行動本身是盲目的，反思則是無能的。在投注大量精力於某個目標前，有必要考慮這幾個基本問題：這確實是我想要做的事嗎？做這件事時，我可以樂在其中嗎？在可見的未來，我能從這件事獲得樂趣嗎？這件事值得我或是其他人為它付出代價嗎？我可以接受做了這件事的自己嗎？

這些問題看似簡單，卻是與體驗脫節的人沒辦法回答的。一個人如果連找到自己想要的東西都不願意，只是把注意力放在外在目標，忽略了自身感受，就不可能做出多有意義的行動計畫。相反的，如果能養成反省的好習慣，就不需要大費周章探索心靈，來判斷他的行動會不會導致精神熵。因為他幾乎憑直覺就知道，他想做的事帶來的壓力會不會超過它的價值，或是某段友誼雖然很吸引人，但如果發展成婚姻，會不會導致無法承受的壓力。

維持短暫的心理秩序不難，任何實際目標，像是一場精彩的比賽、工作上的突發事件，或是家中某件令人愉快的事，都可以讓人的注意力集中，帶來和諧的心流體驗。但是要將這樣的經驗

4 **行動生活與沉思生活**。阿奎那（Thomas Aquinas）在分析美好的生活時，以及漢娜・鄂蘭（1958）在她的著作裡，都大量用到這兩個亞里斯多德的術語。

5 **耶穌會**。伊莎貝拉・契克森米哈伊（1986, 1988）及托斯卡諾（Marco Toscano，1986）都描述了耶穌會的教條如何幫助它的會士建立意識秩序。

延伸一輩子，就沒那麼容易了。選定的這個目標要有足夠的說服力，讓我們即使耗盡所有、遭命運無情對待，也在所不惜。如果一開始做的決定是正確的，即使困難重重，也會鼓起勇氣堅持下去，將所有專注力集中在行動上，沒有時間感到不開心。這時，我們可以直接感受縱橫交錯的生命出現了一種秩序感，把每個心思與情緒都和諧的結合在一起。

重獲內在和諧

有目標、有決心的鍛鍊生命，可以帶來內在和諧，讓意識內容維持一種動態秩序。但是有人可能會說，想要擁有內在秩序這麼困難嗎？人不是理應與自己和平相處，天生就具有秩序嗎？

在發展出自我反思的意識以前[6]，人類的心靈狀態的確應該是處於平靜的，唯一會攪動它的只有飢餓、性慾、疼痛與危險。讓我們感到生氣、欲求不滿、失望、寂寞、挫折、焦慮與罪惡的精神熵，都是近來的心靈入侵者，可說是意識的黑暗面。這些都是大腦皮質變得極端複雜，以及文化象徵日益豐富後的產物。

如果以人類的眼光看動物的世界[7]，會認為牠們大部分的時間都處在心流狀態，因為牠們計畫要做的事，通常也是必須做的事。獅子覺得飢餓時會低吼，然後開始獵食，直到飢餓感消失為止；接著，牠會躺下來晒太陽，打個盹兒、做做牠的獅子夢。很難想像牠會有什麼未竟的野心，或是因為責任過重而不堪負荷。動物的技能與牠們實質的需求總是相稱的，因為牠們的心靈（姑且稱之為心靈）所含的資訊，就只有憑直覺判斷的環境與身體的關係。所以飢餓的獅子只能顧慮如何獵到羚羊，而吃飽的獅子專注力只在溫暖的太陽上。牠不懂得考慮不存在於當下的可能性，不會找其他有趣的事做，也不會有害怕失敗的困擾。

跟我們一樣，生物本能的目標受挫時，動物也會覺得難受，也會有生氣、痛苦、性慾無法滿足時。人類飼養來當朋友的狗，被主人拋下時也會心神不安。但是除了人類，沒有哪種動物受的苦是自己造成的；牠們的演化程度還不至於讓牠們在所有需求都得到滿足時，仍感到困惑與絕望。缺少外來衝突的干擾，讓牠們總是能與自己和平相處，體驗人類稱之為心流的那種無可挑剔的專注力。

人類特有的精神熵，通常發生在想做的事情比做得到的事還多，或是覺得做得到的事比環境允許能做的事還多時。這種情形只會發生在同時顧慮多個目標，以致不同欲望之間產生衝突，或是除了知道自己是什麼，還知道自己可能成為什麼的時候。一個體系愈複雜，選擇空間就愈多，出錯的機率也相對提高。演化中的心靈也是如此：處理資訊的能力愈強，發生內在衝突的潛力也

6 **意識的出現**。傑尼斯（Jaynes，1977）曾試著揣測意識出現的狀況，他認為那是左半腦與右半腦連結的結果，發生在大約三千年前。也可參考亞歷山大（Alexander，1987）和卡爾文（Calvin，1986）。當然，這個讓人百思不解的問題很可能永遠都不會有確定的答案。

7 **動物的內在生活**。動物的感情世界與我們有多大距離，一直是個備受爭議的問題，見魏克斯庫爾（von Uexkull，1921）。最近關於靈長動物的研究認為，在缺少具體刺激的情況下，動物還是有情緒（像是想起一位已經離開的同伴而感到難過）。但是關於這個議題的證據尚未有定論。

會跟著增強。當需求、意見、挑戰過多時，我們就會變得焦慮；但是太少時，我們又覺得無聊。

把演化的比喻從生物個體擴展到社會，大抵也是如此。在落後的文化，社會角色、目標、行動計畫的選擇數量與複雜性都低，甚至可以忽略，但人們體驗到心流的機率反而比較高，「快樂野蠻人」的神話就是基於這樣的觀察。在沒有外在威脅的情況下，史前人類的心靈[8]肯定是一片祥和，那種寧靜令文明社會的人欣羨。但是這個神話只說對了一半：在飢餓或受傷時，「野蠻人」一點兒也不比我們快樂；而且遇上這種情況的機會恐怕比我們還多。科技較落後的人群擁有的選擇和技能有限，內在必常處於和諧狀態，就像擁有無限機會和一味追求完美的我們，心靈必定困惑一樣。歌德在《浮士德》（*Doctor Faustus*）中，以浮士德這位典型現代人代表和魔鬼進行交易的故事，生動描寫了這個兩難的局面：好醫生浮士德得到了知識與權力，但付出的代價卻是心靈永無寧日。[8]

我們不需要大老遠去學習怎麼讓心流成為生活中的一部分。沒受自我意識干擾前，每個孩子的行動全是自發的，要不是全心參與，就是什麼都不管。儘管他們擁有的選擇非常有限，卻鮮少感到無聊。這並不是說孩子們都是快樂的，殘暴或冷漠的家長、貧窮、疾病、生命中無法避免的意外事件，也讓他們承受極大的痛苦，但至少他們的不開心都有正當理由。大家喜歡緬懷童年時光不是沒有道理；就像托爾斯泰[9]筆下的伊凡．伊列區（Ivan Ilyich）讓人深深感受到，隨著時間過去，那種祥和、只在乎當下的童年時光已經離我們愈來愈遙遠了。

如果我們懂的機會與可能性少一點，與和諧的距離就近一點。因為這時的欲望很單純，選擇也很清楚，不會有太多衝突或需要妥協的空間。簡單體系的秩序，是一種默認的秩序。但這樣的和諧非常脆弱，隨著複雜性提高，體系內部產生精神熵的機率也會跟著提高。

我們可以列出各種因素來解釋為什麼意識會愈來愈複雜。從物種層級來看，中樞神經系統的演化是原因之一。不知道是不是一種祝福，演化過程中，我們的大腦被賦予了選擇的能力，不再光憑直覺與反射動作行事。從人類歷史的層級看，包括語言、信仰體系、科技等在內的文化發展，都是人類心靈漸趨獨特的原因。當社會體系從散居的狩獵部落變成聚居的都市，各種不同特色的角色也因應而生[10]，使得個人的想法和行動出現衝突。社會成員不再全是擁有相同技能與利益的狩獵者，而有農夫、磨坊工人、神父、士兵等等，大家開始發展出不同的世界觀，也不再只有一套標準的行事準則，每個角色都需要特有技能。除此之外，個人也會隨著年紀增長，必須開始面對各種互相矛盾的目標、無法妥協的行動機會。童年的選擇原本少而清晰，但漸漸的，那顆清澈單純、總是能讓心流自然湧現的心靈，開始因著不同的價值觀、信仰、選擇與行為的介入，變得晦暗不明。

8 **史前人類的意識**。包括雷德菲爾德（Robert Redfield，1955）在內的人類學家都認為，部落社會太過單純、成員的同質性太高，以致於當中的個體對自己的信念和行動不會有自我反思的立場。在五千年前左右，城市在第一次都市革命下誕生，在那之前，人們傾向於接受他們的文化呈現給他們的事實，沒有太多疑問，除了遵行，並不做其餘選擇。但另一些人類學家像是瑞丹（Paul Radin，1927）則宣稱「原始」人也有哲學修養與自由意識。這個古老的爭辯恐怕暫時不會有共識。

9 **托爾斯泰**的中篇小說（1886〔1985〕），曾多次再版。

10 勞培德（De Roberty，1878）與德雷斯科（Draghicesco，1906）都認為意識複雜化起因於**社會角色複雜化**。後者認為智力跟人類互動的頻率與強度有關，並根據這個假設發展出一套精細的社會演化理論模式。之後，包括俄國心理學家維高斯基（Vygotsky，1978）與盧力亞（Luria，1976）在內的許多學者，也都認同這個理論。

但不管簡單的意識可以多麼和諧，很少人會堅稱它好過複雜的意識。我們羨慕獅子休息時的平靜、獵人接受自己命運的坦然，或是孩子們全心投入當下的熱情，但這都沒辦法幫助我們脫離困境。那種以單純無邪為基礎建立的秩序，早就超出我們的期待，重返伊甸園之路已不復存在。

意義一致的人生主題

我們現在面對的挑戰，絕不是接受遺傳指令或社會規範提供的單一目標而已，而是根據自己的理由與選擇去創造和諧。海德格、沙特[11]、梅洛－龐帝（Merleau-Ponty）等哲學家都認同現代人肩負這項任務，他們稱之為「人生計畫」，指的是以目標為導向，最終塑造人生，並提供人生意義的行動。心理學家則稱它為「統我的奮鬥」（propriate strivings）或「人生主題」。不管名稱是什麼，都是指一個人所做的事會因為他的終極目標，以及與終極目標相連的一系列目標，而變得有意義。

人生主題就像一場遊戲，一個人只要按著規則行動，就能經歷心流，找到人生的樂趣。在人生主題中發生的每件事都是有意義的，不見得是正面的，但是都具有意義。假設一個人想盡辦法要在三十歲之前成為百萬富翁，他所做的每件事不是讓他更接近目標，就是更遠離目標。清楚的回饋讓他隨時掌握自己的行動，就算損失所有金錢，他的想法與行動還是跟終極目標吻合，曾經有過的所有經驗也都具有價值。又好比一個人決定盡其一生尋找治療癌症的方法，過程中，他會知道自己是不是與目標愈來愈接近，清楚自己該做的事，所以不管他做什麼都有意義。

一個人如果將精神能量都投入人生主題，意識就能達成和諧。但不是所有人生主題都是有建設性的。存在主義哲學家將人生計畫分為真實計畫與非真實計畫，前者指的是一個人知道自己有選擇的自由後，根據經驗上的理性評估，做出的個人決定。這個決定的內容不重要，重要的是它呈現了這個人真實的感受與信念。非真實計畫指的是一個人之所以做這樣的決定，是因為他認為那是自己該做的事，或者別人都這麼做，所以自己沒有選擇的餘地。真實計畫的動力來自計畫本身，因為計畫本身的價值是人們揀選它們的原因；非真實計畫則通常得藉助外力來推動。我們也可以用同樣的方式來區別人生主題：發現性的人生主題是一個人根據個人經驗以及對選擇的認知，寫出來的行動劇本；接受性的人生主題則是一個人拿了一份別人寫的腳本，扮演起其中一個預先決定的角色。

兩種人生主題都可以賦予生命意義，但是各有缺點。社會體系健全的時候，接受性人生主題可以順利進行，但是一旦社會體系出現問題，就會讓人曲解目標，並深陷其中。面不改色的將數萬名猶太人送進毒氣室的納粹高官阿道夫・艾希曼（Adolf Eichmann）[12]，是個對上級指令奉行不渝的人。他在調度複雜的火車時刻表、確保數量不足的車廂可以滿足需求，並以最低成本運送屍體時，很可能也經歷了心流。他似乎從來沒有思考過上級交代的這些任務是對是錯。對他來說，只

11 沙特的觀點描述於《存在與虛無》（*Being and Nothingness*，1956）。「統我的奮鬥」是阿爾波特（Allport，1955）提出的。人生主題的定義是「一系列一個人亟欲解決的問題，以及他用來解決這些問題的方法」，見契克森米哈伊與比提（Beattie，1979）。

12 漢娜・鄂蘭（1963）對阿道夫・艾希曼的一生所做了權威性的分析。

要對上級唯命是從，意識就能達到和諧，而生命的意義是成為一個強大組織的一分子，其餘的都是枝微末節了。天下太平時，像艾希曼這樣的人說不定會是群體中備受尊敬的中堅份子，但是在社會受喪盡天良、精神有問題的人主導時，他的人生主題就暴露出問題了；一位正直的公民因為不懂得調整自己的目標，成了犯罪者的幫凶，絲毫不知道自己的作為泯滅人性。

發現性的人生主題也有它的問題：因為它們是個人費心尋找人生目標得到的產物，所以比較難得到社會認同；也因為它們通常新穎而獨具一格，所以別人很容易認為那過於瘋狂或具有破壞性。某些最具力量的人生主題，是以古老的人類目標為基礎，重新發現並揀選的。美國黑人領袖麥爾坎・X（Malcolm X）[13]年輕時按著貧民窟孩子的行為腳本行事，吸毒、打架鬧事，入獄後才透過閱讀與反思找到了一系列有別以往的目標，拿回尊嚴與自尊。他找到了新的身分，雖然那身分是前人點滴成就的結果，但本質上卻是全新的發現。從此以後，他不再拉皮條或是玩騙錢的把戲，而是創造了一個更複雜的目標，幫助許多社會邊緣人建立了人生的秩序。

研究過程中，我們訪問了E（暫稱）。他提供了另一個以古老的人生目標為基礎，發掘嶄新人生主題的例子。E生長於二十世紀早期一個窮苦的移民家庭。他的父母只會幾個簡單的英文字，幾乎不懂閱讀和寫字。紐約快節奏的生活步調讓他們畏懼，但是他們景仰欽佩美國，以及象徵它的威權。在E七歲的時候，他父母花了一大筆積蓄，買了一台腳踏車當作生日禮物。幾天後，他在住家附近騎車時，被一輛忽略停止標誌的車撞上了。E受了重傷，他的腳踏車也毀了。開車的人是個有錢的醫生，他載E到醫院去，表示願意付擔所有醫療費用，也會買一輛新腳踏車，但是請他們不要張揚這件事。E與父母都信了他的話，就這麼跟他做了約定。很不幸的，那位醫生再也沒有出現。E的父親借錢付了昂貴的醫藥費，至於新的腳踏車就這麼不了了之了。

這件事可以在E心中留下創傷深痕，讓他變成憤世嫉俗、凡事以自身利益為優先的人。但事情沒有這樣發展，E把這個經驗變成非凡的一課，用它創造了賦予人生意義的人生主題，更藉此幫助許多人緩解了他們的精神熵。意外發生後，有好長一段時間，E與父母心中充滿怨恨，總是以多疑和猜忌的態度看待陌生人的意圖。E的父親認為自己是個失敗者，開始酗酒，變得抑鬱而退縮。貧窮和無助看似占了上風，得到了它們預期的效果。但是E在十四或十五歲時，在學校讀到了美國憲法與人權法案。將學習到的原則與自己的經驗連結起來後，E漸漸明白，家裡的貧窮與孤立不是他們的錯，而是他們不知道自己的權利、不懂得遊戲規則，以及在那群有權有勢的人當中缺少有效的代理人。

於是，他立志要當一名律師，不只是為了改善自己的生活，還為了不讓曾經使他嘗盡苦頭的不公不義發生在跟他有相同遭遇的人身上。設立這個目標後，他的決心屹立不搖。他進了法學院，擔任一位著名法官的書記，最後自己也當上了法官。在他職業生涯的顛峰時期，他曾多年擔任內閣成員，協助總統制定更強而有力的民權政策，並立法幫助弱勢群體。一直到他生命結束，他的思想、行為與感受，都因著十多歲時選擇的人生主題合為一體。他盡其一生做的每件事都成了這

13 麥爾坎．X的自傳（1977）是關於發展人生主題的經典描述。

場偉大遊戲的一部分，並因著當初決心要遵守的目標與規則結合在一起。他認為自己的生命具有意義，遇到的每個挑戰都充滿了樂趣。

E的例子說明了幾個人們鍛造發現性人生主題的特徵。首先，這個主題經常反映當事人年幼時期受的傷痛，例如成為孤兒、被遺棄或受到不公平對待。但是創傷本身不是重點，因為外在事件並不能決定主題。真正的重點是當事人怎麼解讀所受的苦。針對有暴力傾向的酗酒父親，他的孩子可以有各種解釋：他可以告訴自己，爸爸是個混蛋，死了最好；爸爸也是人，凡是人都有軟弱與暴戾的時候；爸爸的痛苦是貧窮造成的，我將來一定要賺大錢，才不會變得跟他一樣；爸爸的行為有一大部分要歸咎於無助，以及教育程度不夠。其中只有最後一項解讀可以讓人發展出跟E方向相同的人生主題。

所以下一個問題是，怎麼樣解讀一個人受的苦，才能導向具有精神負熵的人生主題[14]呢？如果受父親家暴的孩子認為問題出在人性，凡是人都既軟弱又暴戾，那麼他能做的就不多。畢竟，一個小孩哪有改變人性的能耐呢？想要在苦難當中尋找目標，就要把它視為有機會成功的挑戰。在E的狀況中，他把問題導向弱勢族群的無助與權益受損，而不是父親的錯，這讓他決定發展適當技能——學習法律——來面對導致他的人生出錯的根本問題。將創傷的後續發展轉換成賦予生命意義的挑戰，正是前一章中提到的耗散結構，也就是從一片混亂中找到秩序的能力。

最後，一個具複雜性、擁有精神負熵的人生主題回應的，很少只是個人問題，這個挑戰通常也適用於其他人，甚至全人類。以E為例，他提出的無助問題不只發生在他或他的家人身上，也發生於所有跟他的父母有相同處境的移民身上。因此他找到的解決辦法不但可以幫助自己，也讓他人受益。

葛特佛烈德（Gottfried）是芝加哥大學研究團隊訪問的對象之一，他也提供了類似的例子。童年時期他和媽媽非常親，那些年的回憶對他來說就像和煦的陽光。但在他十歲時，媽媽得了癌症，在痛楚中離世。葛特佛烈德沒有為此自艾自憐，或是變得憤世嫉俗、態度強硬地防衛自己，而是把這個疾病視為頭號敵人，誓言打敗它。後來，他從醫學院畢業，成了癌症研究專家，他的研究成果讓我們對癌症有進一步的認識，可望有朝一日幫助人類擺脫這禍害。再一次，我們看到個人遭遇的不幸可以化身成挑戰，當事人發展技能克服個人挑戰的同時，也對其他人的生命帶來了助益。

從佛洛伊德開始，許多心理學家就亟欲解釋童年時期的創傷如何導致成年時期的心理功能障礙，兩者之間的因果關係也不難了解。但是更重要，也更難解釋的，是上述這種結果跟預期相反的狀況：受的苦成了一種動力，激勵人成為偉大的藝術家、政治家或科學家。如果心理狀態是由外在事件決定，那麼受苦導致精神性反應就屬正常，而建設性反應則應該被視為「防衛」或「昇華作用」。但是如果人們能選擇對外在事件的反應，每個人都可以決定怎麼解讀所受的苦時，就變成建設性的反應才正常，精神性的反應是無法面對挑戰、失去心流能力的結果。

14 **具有精神負熵的人生主題**。將注意力由個人問題轉向他人的問題有利於個人成長，這個違反直覺的觀念是發展心理學家的理論基礎，見第十章註3；亦可參考葛蘭德（Crandall，1984），以及第九章註4。

為什麼有些人可以發展出盡其一生貫徹的目標，有些人卻在空虛而缺乏意義的生命中做無謂的掙扎呢？這個問題當然沒有簡單的答案，因為一個人是不是能在混沌中找到和諧的人生主題，受到許多內在與外在的因素影響。當一個人出生就有殘疾、貧窮或受逼迫，我們很容易會認為這樣的生命不可能具有太大意義，但對許多人來說這不是必然的。對歐洲近代思想影響深遠的社會主義哲學家安東尼奧·葛蘭西（Antonio Gramsci）[15]出生在窮苦的農家，而且天生駝背。成長過程中，他的父親曾入獄多年（事後證明是冤獄），家人經常三餐不繼。年幼的安東尼奧身體非常不好，據說母親多次為他穿上最好的衣服，睡前把他放進棺材裡，心想安東尼奧應該熬不過夜晚。總之，他的生命最初是不帶任何希望的。儘管有各種障礙，但是葛蘭西仍努力求生存，甚至讓自己受了教育。但是他沒有停留在當個工作安穩的教師，因為他早已決定好自己真正想做的事，是跟搞壞母親身體健康、破壞父親名譽的社會狀態對抗。最後，他當上了大學教授、國會議員，還是名以不畏獨裁統治著稱的領袖。一直到他在墨索里尼的囚牢裡死去以前，他仍以優美的文章歌頌著一個棄絕貪婪、沒有恐懼的美麗世界。[15]

像這樣，不因童年時期的外在受挫，就導致將來的生命失去內在意義的性格並不罕見：愛迪生[16]小時候也是體弱多病，不但家裡貧窮，還被老師認為發展遲緩；前美國總統羅斯福的夫人曾經是個封閉、神經質的女孩；愛因斯坦年幼的生活也充滿了焦慮和失落——然而，他們最後都為自己創造了有影響力，而且有意義的人生。

真要說這些成功賦予人生意義的人採取了什麼策略，也是簡單明白到讓人覺得不足掛齒。正因為這樣，我們有必要重新檢視它。這個策略的重點，在於從過去世代建立起的秩序汲取經驗，來避免個人的心靈混亂。文化累積了許多知識[17]，或說有秩序的資訊，可供我們使用。我們擁有偉大的音樂、建築、藝術、詩詞、戲劇、舞蹈、哲學與宗教，這些都是和諧可以勝過混沌的範例。但大家卻忽略了它們，期待以自己的方式為生命創造意義。

這麼做就像要每個世代都重新建立物質文化一樣。沒有哪個頭腦正常的人會想再次發明輪胎、火、電力等，上百萬件我們現在視為理所當然的物品或方法。相反的，我們會從老師、書本、範例中接收這些有秩序的資訊，不但從過去的知識獲益，最後更超越它。將先人得之不易、用以教導我們生活的資訊棄之不顧，反而想要找出自己的一套目標，是種錯誤的傲慢。這麼做就像缺乏物理工具與知識，卻想要造一台電子顯微鏡一樣，成功機率微乎其微。

那些成功發展出貫其一生的人生主題的人，往往記得小時候，爸媽講故事或讀故事給他們聽的情景。聽值得信任並且愛他們的大人講故事，不管是童話故事、聖經故事、歷史英雄的事蹟，

15　安東尼奧．葛蘭西的英文版傳記中，最值得推薦的是菲奧雷（Giuseppe Fiore，1973）所寫的《葛蘭西》（*Antonio Gramsci: Life of a revolutionary*）。

16　**愛迪生、羅斯福總統夫人與愛因斯坦**。維克多．高澤爾（Goertzel）與米爾德雷德．高澤爾（Goertzel，1962）細數了三百位傑出男女的童年生活，發現童年成長環境與將來的成就關係不大。

17　**文化演化**是另一個社會科學家在過去幾十年內過早拋棄的觀念。布爾霍（Burhoe，1982）、契克森米哈伊與馬西米尼（1985）、蘭斯登（Lumsden）與威爾森（Wilson，1981, 1983）、馬西米尼（1982），以及懷特（White，1975）等都嘗試表明這個概念仍然可行。

或是家族辛酸史，是孩子從過去經驗學習人生意義的初體驗。相反的，在我們的研究中，那些永遠找不到目標，或是從周遭社會無條件接收目標的人，通常不記得小時候爸媽有講故事或讀故事給他們聽過。也不要指望那些譁眾取寵的兒童節目可以達到相同的目的。

但是不管爸媽講不講故事，人生接下來還有許多可以從過去汲取意義的機會。成功找到人生主題的人，往往有一位讓他們深深敬仰的長輩或歷史人物做為典範，或是因著某一本書[18]，發現新的行動機會。當代一位行為正直、頗受敬重的知名社會科學家就說，他在十多歲時讀了《雙城記》，狄更斯描寫的社會與政治混亂現象令他印象深刻——剛好反映出第一次世界大戰後，他的父母在歐洲的經歷——於是，他當時就決定要致力弄懂：為什麼人們要把彼此的生命弄得這麼苦不堪言。另一個年輕男孩在條件苛刻的孤兒院長大，偶然間讀了一篇霍瑞修・愛爾傑（Horatio Alger）所寫的故事，內容講述的是一位跟他一樣孤苦無依的孩子，靠著努力工作與好運氣，開創了自己的人生，「如果他辦得到，為什麼我不行呢？」現在的他是以樂善好施著稱的退休銀行家。也有人是讀了《柏拉圖語錄》中的理性秩序，或某個科幻小說主角的英勇行為之後，生命從此翻轉。[18]

一部好的文學作品內容可以包含有秩序的行為資訊、目標模式，以及根據有意義的目標建立的人生範本。生活一片混亂的人在得知過去有人也曾經面對相同的問題時，便能重燃希望，克服生活中的困境。光是文學作品就能起這樣的作用，我們還有音樂、藝術、哲學與宗教呢！

偶爾，我有機會為商業經理人舉辦談論中年危機的講座。這些成功的主管在公司裡已經爬到他們想要的位置，但家庭生活與個人生活經常是一團糟，因此希望花點時間思考接下來該怎麼做。多年來，我都是選取發展心理學中最優秀的理論與研究結果，做為授課與討論的內容。一直以來，我對這些講座的運作也都算滿意，參與者也認為有收穫。但是我一直不太滿意自己使用的教材，覺得它們表達得還不夠清楚。

後來，我決定嘗試不太一樣的內容。在講座開始時，我會很快地介紹一下但丁的《神曲》。這首長詩寫於六百多年前，是我所知關於中年危機，以及它的解決之道最早的描寫。但丁在這內容豐富的長篇鉅作開頭就寫道，「在人生旅程中途，我發現自己置身於一座幽暗的森林，完全迷失了方向。」接下來的內容不但扣人心弦，還有多處提到中年人必須克服的困難。

首先，在幽暗的森林裡迷路時，但丁發現有三隻野獸在跟蹤他，對著他垂涎三尺。牠們分別是一隻獅子、一隻山貓與一隻母狼，分別代表野心、色慾與貪婪。就像提姆．沃夫（Tom Wolfe）在一九八八年發表的暢銷書《走夜路的男人》（*Bonfire of the Vanities*）裡那位中年股票經紀人一樣，但丁當時的敵人正是權力、性慾與金錢。為了不讓這些東西摧毀自己，但丁試著爬上一座山頭來躲避它們。但是野獸們不斷逼近，走投無路的但丁只好向上帝求救。這時，一個鬼魂出現來回應他的祈禱：那是但丁出生前一千多年就已經死去的古羅馬詩人維吉爾（Virgil）的鬼魂。但丁十分崇拜這位詩人充滿智慧、氣勢滂礴的詩句，還將他視為導師。維吉爾告訴但丁：好消息是他走得出這座幽暗的森林，但壞消息是途中會經過地獄。於是，他們倆緩慢的走過蜿蜒的地獄之路，一

18 以書為社會化媒介。關於對孩童講故事或書籍為個人日後的人生主題帶來的影響，請見契克森米哈伊與比提（Beattie，1979），以及比提與契克森米哈伊（1981）。

路上見到的，都是那些缺乏人生目標的人悲慘的下場，而比他們更糟的，是那些錯把增加精神熵當成人生目標的人——即所謂的「罪人」。

一開始，我不知道這些苦悶的商業主管聽了這個幾個世紀前寫的寓言後，做何感想。我很怕他們覺得是在浪費他們寶貴的時間。但事後發現這擔心是多餘的，大家討論起中年危機、怎麼讓接下來的人生更豐富時，從來沒有這麼坦誠和認真過。後來有幾位參與者私底下告訴我，用但丁的《神曲》做為講座的開場是個很棒的點子。他的故事很清楚的點出問題，很容易引人思考與討論它們。

除此之外，但丁之所以是重要的典範還有另一個原因。雖然這首詩蘊藏深厚的宗教倫理，然而但丁的基督信仰不是接收而來，而是發掘而來的。他創造的宗教性人生主題內容，除了包含最精闢的基督教見解，還融入了希臘哲學以及流入歐洲的伊斯蘭教智慧。同時，他描寫的地獄裡不乏教皇、主教等神職人員，就連他的第一位嚮導也不是基督徒，而是位異教徒詩人。但丁很清楚，心靈秩序體系一旦與教會這種世俗的機構扯上關係，就會開始受精神熵的影響[19]。所以，想要從信仰體系中找到意義，首先要拿自己的具體經驗與它的資訊內容進行比對，保留當中有意義的部分，將其他的全部去除。

現在，還是有人將內在秩序建立在宗教留下來的精神見解上。即使每天讀到的新聞都是關於股票市場的不道德行為、國防承包商舞弊、政治人物缺乏原則，相反的例子還是存在的。事業有成的商人願意在空閒時間到醫院陪伴垂死的病人，因為他們相信幫助受苦的人是有意義的生活必備的條件。很多人持續在禱告中得到力量與平安，對這些人來說，一個有意義的信仰體系，就足以提供強烈心流體驗所需的目標與規則。

但是不可否認的，愈來愈多人沒有辦法從宗教信仰獲得幫助。他們無法辨別古老教義中的真理，與隨著時間加諸上去的曲解與破壞。也因為他們無法接受任何失誤，便將真理全部回絕了。還有人則是迫不急待想要建立秩序，對於身邊出現的信仰緊抓不放，不分青紅皂白的照單接受，成了基本教義派的基督徒、伊斯蘭教徒或共產黨。

接下來會不會有什麼新目標與意義體系興起，賦予我們的下一代生命的意義呢？有人認為基督教將恢復它過去的榮耀，解決這個需求。也有人認為共產主義才是解決混沌之道，它的勢力將擴及世界各地。目前來看，兩個結果似乎都不可能發生。

如果真出現一個新的信仰體系，它必須能合理解釋我們知道、感受、希望與害怕的事，還必須將我們的精神能量導向有意義的目標，成為我們生命中的心流來源。

在某個程度上，這個信仰體系必須符合科學對人類或宇宙現有的認識。如果缺少這樣的基礎，我們的意識勢必會在信仰與知識上出現分歧。而科學如果真要提供協助，也得先做些改變。除了目前描述與控制現實中各種獨立現象的專門學科，還要發展出一個可以綜合所有知識的解釋，並將它與人類及人類的命運結合。

19 **宗教與精神熵**。見黑格爾（Georg Wilhelm Friedrich Hegel）於一七九八年所著，但一直到一百一十年後才發表的〈基督宗教的精神與其命運〉（Der Geist der Christentums und sein Schiksal）。他在書中反思了基督的教導在教會介入後物質化的情形。

實現這個目標的方法之一是透過演化[20]觀念。大部分人關心的事，像是我們從何而來？往哪裡去？是什麼樣的力量在塑造我們的生命？什麼是善、什麼是惡？人與人之間存在什麼樣的關係？與宇宙之間又有什麼關係呢？我們的行為會導致什麼樣的後果？這些都可以用我們現有的演化知識來解釋，相信未來的演化知識還會提供更多解答。

這個方案最容易遭到批評的地方，是一般科學解釋的都是實際存在的現況，而不是應有的狀況，演化科學更是如此。但是信仰與信念是不受現實狀況限制的；它們涉及的是什麼是對的，什麼是人們渴望的。或許有某種演化性的信仰可以整合現況與應有狀況。當我們了解自己為什麼是現有的樣子，也更明白直覺衝動、社會控制與文化表現等意識組成元素的起源，就會更清楚怎麼將精力導向正確方向。

演化觀點還點出了一個值得我們付出心力的目標。毫無疑問的，數十億年來，地球上的生命形態日趨複雜，最後發展出錯綜複雜的人類神經系統，大腦皮質衍生出來的意識，影響力遍布地球。複雜化不只是現況，也是應有的狀態：它已經發生了——以目前執掌地球的條件來看，它會發生是必然的——但除非我們希望這樣的複雜化繼續發展下去，否則它很可能就會中斷了。演化的未來掌握在我們的手上。

過去幾千年來——對演化來說不過是一瞬間——人類的意識特化上已經出現了不可思議的進展。我們認知到，人類跟其他生物不一樣，而且人與人之間也各不相同。我們發明了抽象思考與分析能力——可以從不同角度看待事物，並推論當中的關係，像是根據一個下墜物體的質量與重量來推算它的速度。這樣的特化為人類締造了科學、科技與前所未見的能力，可以建設，也可以摧毀我們的環境。

然而，除了特化之外，複雜性還必須兼顧整合。接下來幾十年，甚至幾個世紀，我們的任務就是發展心靈中這個尚未成熟的元素。就像我們過去學會將自己從其他個體或環境中區隔出來一樣，我們現在必須學習怎麼跟其他個體再度結合，但又不失去得來不易的個人特色。關於未來，最有前景的信仰，將是體認整個宇宙是一個結合各種定律的大體系；我們不能不考慮這些定律，就恣意將人類的夢想與欲望加諸於自然。知道人類的意念有極限，接受在宇宙中擔任配合者而不是統治者，會讓我們覺得自己像是回到家的流浪者一樣，如釋重負。只要將個人的目標融入宇宙心流，人生意義的問題就能圓滿解決。

20 **演化**。來自不同背景的許多學者與科學家都表示，將我們對演化的科學認知與人類的目標以及宇宙的定律結合，可以建立具有意義的新體系，見布爾霍（Burhoe，1976）、坎貝爾（Campbell，1965, 1975, 1976）、契克森米哈伊與馬西米尼（1985）、契克森米哈伊與拉森德（Rathunde，1989）、德日進（Teilhard de Chardin，1965）、赫胥黎（Huxley，1942）、米德（Mead，1964）、梅德沃（Medawar，1960），以及瓦丁頓（Waddington，1970）。基於這樣的信念，我們或許可以建立一個新的文明。但是演化不保證一定會有進展（尼特斯基〔Nitecki〕，1988），或許演化進程會將人類完全排除在外。事情會怎麼發展，取決於我們即將要做的決定。而深入了解演化的運作方式，會讓我們比較有機會做出明智之舉。

參考文獻
References

Ach, N. 1905. *Über die Willenstätigkeit und das Denkens*. Göttingen: Vandenhoeck & Ruprecht.
Adler, A. 1956. *The individual psychology of Alfred Adler*. New York: Basic Books.
Adler, M. J. 1956. Why only adults can be educated. In *Great issues in education*. Chicago: Great Books Foundation.
Ainsworth, M. D. S., Bell, S. M., & Stayton, D. J. 1971. Individual differences in strange-situation behavior of one-year-olds. In H. R. Schaffer, ed., *The origins of human social relations*. London: Academic Press.
Ainsworth, M., Blehar, M., Waters, E., & Wall, S. 1978. *Patterns of attachment*. Hillsdale, N.J.: Erlbaum.
Alexander, R. D. 1974. The evolution of social behavior. *Annual Review of Ecology and Systematics* 5:325–83.
——. 1979. Evolution and culture. In N. A. Chagnon & W. Irons, eds., *Evolutionary biology and human social behavior: An anthropological perspective* (pp. 59–78). North Scituate, Mass.: Duxbury Press.
——. 1987. *The biology of moral systems*. New York: Aldine de Guyter.
Allison, M. T., & Duncan, M. C. 1988. Women, work, and flow. In M. Csikszentmihalyi & I. S. Csikszentmihalyi, eds., *Optimal experience: Studies of flow in consciousness* (pp. 118–37). New York: Cambridge University Press.
Allport, G. W. 1955. *Becoming: Basic considerations for a psychology of personality*. New Haven: Yale University Press.
Altmann, J. 1980. *Baboon mothers and infants*. Cambridge: Harvard University Press.
Altmann, S. A., & Altmann, J. 1970. *Baboon ecology: African field research*. Chicago: University of Chicago Press.
Alvarez, A. 1973. *The savage god*. New York: Bantam.
Amabile, T. M. 1983. *The social psychology of creativity*. New York: Springer Verlag.
Andreasen, N. C. 1987. Creativity and mental illness: Prevalence rates in writers and their first-degree relatives. *American Journal of Psychiatry* 144(10): 1288–92.
Andrews, F. M., & Withey, S. B. 1976. *Social indicators of well-being*. New York: Plenum.
Angyal, A. 1941. *Foundations for a science of personality*. Cambridge: Harvard University Press.
——. 1965. *Neurosis and treatment: A holistic theory*. New York: Wiley.
Aquinas, T. (1985). *Summa theologica. Aquinas' Summa: An introduction and interpretation* (by E. J. Gratsch). New York: Alba House.
Archimedes Foundation. 1988. *Directory of human happiness and well-being*. Toronto.
Arendt, H. 1958. *The human condition*. Chicago: University of Chicago Press.
——. 1963. *Eichmann in Jerusalem*. New York: Viking Press. Argyle, M. 1987. *The psychology of happiness*. London: Methuen.
Aries, P., & Duby, G., gen. eds. 1987. *A history of private life*. Cambridge, Mass.: Belknap Press.
Aristotle. (1980). *Nicomachean Ethics*. Book 1; book 3, chapter 11; book 7; book 7, chapter 11; book 9, chapters 9, 10. In *Aristotle's Nicomachean Ethics*, commentary and analysis by F. H. Eterovich. Washington, D. C.: University Press of America.

Arnheim, R. 1954. *Art and visual perception: A psychology of the creative eye.* Berkeley: University of California Press.

——. 1971. *Entropy and art.* Berkeley: University of California Press.

——. 1982. *The power of the center.* Berkeley: University of California Press. Arnold, E. V. 1911 (1971). *Roman Stoicism.* New York: Books for Libraries Press.

Atkinson, R. C., & Shiffrin, R. M. 1968. Human memory: A proposed system and its control processes. In K. Spence & J. Spence, eds., *The psychology of learning and motivation,* vol. 2. New York: Academic Press.

Baldridge, L. 1987. *Letitia Baldridge's complete guide to a great social life.* New York: Rawson Assocs.

Bandura, A. 1982. Self-efficacy mechanisms in human agency. *American Psychologist* 37:122–47.

Bateson, G. 1978. The birth of a double bind. In M. Berger, ed., *Beyond the double bind* (p. 53). New York: Brunner/Mazel.

Baumgarten, A. 1735 (1936). Reflections on poetry. In B. Croce, ed., *Aesthetica.* Bari: Laterza.

Baumrind, D. 1977. Socialization determinants of personal agency. Paper presented at biennial meeting of the Society for Research in Child Development, New Orleans.

Beattie, O., & Csikszentmihalyi, M. 1981. On the socialization influence of books. *Child Psychology and Human Development* 11(1):3–18.

Beck, A. T. 1976. *Cognitive therapy and emotional disorders.* New York: International Universities Press.

Bee, H. L. 1987. *The journey of adulthood.* New York: Macmillan.

Behanan, K. T. 1937. *Yoga: A scientific evaluation.* New York: Macmillan.

Bell, D. 1976. *The cultural contradictions of capitalism.* New York: Basic Books.

Bellah, R. N. 1975. *The broken covenant: American civil religion in a time of trial.* New York: Seabury Press.

Benedict, R. 1934. *Patterns of culture.* Boston: Houghton Mifflin.

Berdyaev, N. 1952. *The beginning and the end.* London: Geoffrey Bles.

Berger, P. L., & Luckmann, T. 1967. *The social construction of reality.* Garden City, N.Y.: Anchor Books.

Bergler, E. 1970. *The psychology of gambling.* New York: International Universities Press.

Berlyne, D. E. 1960. *Conflict, arousal, and curiosity.* New York: McGraw-Hill.

Berman, Marshall Howard. 1982. *All that is solid melts into air.* New York: Simon & Schuster.

Berman, Morris. 1988. The two faces of creativity. In J. Brockman, ed., *The reality club* (pp. 9–38). New York: Lynx Books.

Bettelheim, B. 1943. Individual and mass behavior in extreme situations. *Journal of Abnormal and Social Psychology* 38:417–52.

Binet, A. 1890. La concurrence des états psychologiques. *Revue Philosophique de la France et de l'Étranger* 24:138–55.

Blom, F. 1932. The Maya ball-game. In M. Ries, ed., *Middle American Research Series, 1.* New Orleans: Tulane University Press.

Bloom, A. 1987. *The closing of the American mind.* New York: Simon & Schuster.

Blumberg, S. H., & Izard, C. E. 1985. Affective and cognitive characteristics of depression in 10- and 11-year-old children. *Journal of Personality and Social Psychology* 49:194–202.

Boring, E. G. 1953. A history of introspection. *Psychological Bulletin* 50(3):169–89.

Boswell, J. 1964. *Life of Samuel Johnson*. New York: McGraw.

Bourguignon, E. 1979. *Psychological anthropology*. New York: Holt, Rinehart & Winston.

Bowen, E. S. (pseud. of Laura Bohannan). 1954. *Return to laughter*. New York: Harper & Bros.

Bowen, M. 1978. *Family therapy in clinical practice*. New York: Aronson.

Bowlby, J. 1969. *Attachment and loss*. Vol. 1: *Attachment*. New York: Basic Books.

Boyd, R., & Richerson, P. J. 1985. *Culture and the evolutionary process*. Chicago: University of Chicago Press.

Bradburn, N. 1969. *The structure of psychological well-being*. Chicago: Aldine.

Brandwein, R. A. 1977. After divorce: A focus on single parent families. *Urban and Social Change Review* 10:21–25.

Braudel, F. 1981. *The structures of everyday life*. Vol. 2: *Civilization and capitalism, 15th–18th century*. New York: Harper & Row.

Bronfenbrenner, U. 1970. *Two worlds of childhood*. New York: Russell Sage.

Brown, N. O. 1959. *Life against death*. Middletown, Conn.: Wesleyan University Press.

Buhler, C. 1930. *Die geistige Entwicklung des Kindes*. Jena: G. Fischer.

Burhoe, R. W. 1976. The source of civilization in the natural selection of coadapted information in genes and cultures. *Zygon* 11(3):263–303.

——. 1982. Pleasure and reason as adaptations to nature's requirements. *Zygon* 17(2):113–31.

Burney, C. 1952. *Solitary confinement*. London: Macmillan.

Caillois, R. 1958. *Les jeux et les hommes*. Paris: Gallimard.

Calvin, W. H. 1986. *The river that flows uphill: A journey from the big bang to the big brain*. New York: Macmillan.

Campbell, A. P. 1972. Aspiration, satisfaction, and fulfillment. In A. P. Campbell & P. E. Converse, eds., *The human meaning of social change* (pp. 441–66). New York: Russell Sage.

Campbell, A. P., Converse, P. E., & Rodgers, W. L. 1976. *The quality of American life*. New York: Russell Sage.

Campbell, D. T. 1965. Variation and selective retention in socio-cultural evolution. In H. R. Barringer, G. I. Blankston, & R. W. Monk, eds., *Social change in developing areas* (pp. 19–42). Cambridge: Schenkman.

——. 1975. On the conflicts between biological and social evolution and between psychology and moral tradition. *American Psychologist* 30:1103–25.

——. 1976. Evolutionary epistemology. In D. A. Schlipp, ed., *The library of living philosophers* (pp. 413–63). LaSalle, Ill.: Open Court.

Carli, M. 1986. Selezione psicologica e qualita dell'esperienza. In F. Massimini & P. Inghilleri, eds., *L'esperienza quotidiana* (pp. 285–304). Milan: Franco Angeli.

Carpenter, E. 1970. *They became what they beheld*. New York: Ballantine.

——. 1973. *Eskimo realities*. New York: Holt.

Carrington, P. 1977. *Freedom in meditation*. New York: Doubleday Anchor.

Carson, J. 1965. *Colonial Virginians at play*. Williamsburg, Va.: Colonial Williamsburg, Inc.

Carver, J. 1796. *Travels through the interior parts of North America*. Philadelphia. Castaneda, C. 1971. *A separate reality*. New York: Simon & Schuster.

——. 1974. *Tales of power*. New York: Simon & Schuster.

Chagnon, N. 1979. Mate competition, favoring close kin, and village fissioning among the Yanomamo Indians. In N. A. Chagnon & W. Irons, eds., *Evolutionary biology and human social behavior* (pp. 86–132). North Scituate, Mass.: Duxbury Press.

Cheng, N. 1987. *Life and death in Shanghai*. New York: Grove Press.

Chicago Tribune. 24 September 1987. *Chicago Tribune*. 18 October 1987.

Clark, A. 1919. *The working life of women in the seventeenth century*. London.

Clausen, J. A., ed. 1968. *Socialization and society*. Boston: Little, Brown.

Cohler, B. J. 1982. Personal narrative and the life course. In P. B. Bates & O. G. Brim, eds., *Life span development and behavior*, vol. 4. New York: Academic Press.

Collingwood, R. G. 1938. *The principles of art*. London: Oxford University Press.

Conrad, P. 1982. *Television: The medium and its manners*. Boston: Routledge & Kegan.

Cooley, C. H. 1902. *Human nature and the social order*. New York: Charles Scribner's Sons.

Cooper, D. 1970. *The death of the family*. New York: Pantheon.

Cousins, N. 1979. *Anatomy of an illness as perceived by the patient*. New York: Norton.

Crandall, J. E. 1984. Social interest as a moderator of life stress. *Journal of Personality and Social Psychology* 47:164–74.

Crandall, M. 1983. On walking without touching the ground: "Play" in the *Inner Chapters* of the *Chuang-Tzu*. In V. H. Muir, ed., *Experimental essays on Chuang-Tzu* (pp. 101–23). Honolulu: University of Hawaii Press.

Crealock, W. I. B. 1951. *Vagabonding under sail*. New York: David McKay.

Croce, B. 1902 (1909). *Aesthetics*. New York: Macmillan.

——. 1962. *History as the story of liberty*. London: Allen & Unwin.

Crook, J. H. 1980. *The evolution of human consciousness*. New York: Oxford University Press.

Csikszentmihalyi, I. 1986. II flusso di coscienza in un contesto storico: II caso dei gesuiti. In F. Massimini & P. Inghilleri, eds., *L'esperienza quotidiana* (pp. 181–96). Milan: Franco Angeli.

——. 1988. Flow in a historical context: The case of the Jesuits. In M. Csikszentmihalyi & I. S. Csikszentmihalyi, eds., *Optimal experience: Psychological studies of flow in consciousness* (pp. 232–48). New York: Cambridge University Press.

Csikszentmihalyi, M. 1965. Artistic problems and their solution: An exploration of creativity in the arts. Unpublished doctoral dissertation, University of Chicago.

——. 1968. A cross-cultural comparison of some structural characteristics of group drinking. *Human Development* 11:201–16.

——. 1969. The Americanization of rock climbing. *University of Chicago Magazine* 61(6):20–27.

——. 1970. Sociological implications in the thought of Teilhard de Chardin. *Zygon* 5(2):130–47.

——. 1973. Socio-cultural speciation and human aggression. *Zygon* 8(2):96–112.

——. 1975. *Beyond boredom and anxiety*. San Francisco: Jossey-Bass.

——. 1978. Attention and the wholistic approach to behavior. In K. S. Pope & J. L. Singer, eds., *The stream of consciousness* (pp. 335–58). New York: Plenum.

——. 1981a. Leisure and socialization. *Social Forces* 60:332–40.

——. 1981b. Some paradoxes in the definition of play. In A. Cheska, ed., *Play as context* (pp. 14–26). New York: Leisure Press.

——. 1982a. Towards a psychology of optimal experience. In L. Wheeler, ed., *Review of personality and social psychology*, vol. 2. Beverly Hills, Calif.: Sage.

——. 1982b. Learning, flow, and happiness. In R. Gross, ed., *Invitation to life-long learning* (pp. 167–87). New York: Fowlett.

——. 1985a. Emergent motivation and the evolution of the self. In D. Kleiber & M. H. Maehr, eds., *Motivation in adulthood* (pp. 93–113). Greenwich, Conn.: JAI Press.

——. 1985b. Reflections on enjoyment. *Perspectives in Biology and Medicine* 28(4):469–97.

——. 1987. The flow experience. In M. Eliade, ed., *The encyclopedia of religion*, vol. 5 (pp. 361–63). New York: Macmillan.

——. 1988. The ways of genes and memes. *Reality Club Review* 1(1):107–28.

——. 1989. Consciousness for the 21st century. Paper presented at the ELCA Meeting, *Year 2000 and Beyond*, March 30–April 2, St. Charles, Illinois.

Csikszentmihalyi, M., & Beattie, O. 1979. Life themes: A theoretical and empirical exploration of their origins and effects. *Journal of Humanistic Psychology* 19:45–63.

Csikszentmihalyi, M., & Csikszentmihalyi, I. S., eds. 1988. *Optimal experience: Psychological studies of flow in consciousness*. New York: Cambridge University Press.

Csikszentmihalyi, M., & Getzels, J. W. 1989. Creativity and problem finding. In F. H. Farley & R. W. Neperud, eds., *The foundations of aesthetics* (pp. 91–116). New York: Praeger.

Csikszentmihalyi, M., Getzels, J. W., & Kahn, S. 1984. *Talent and achievement: A longitudinal study of artists*. A report to the Spencer Foundation and to the MacArthur Foundation. Chicago: University of Chicago.

Csikszentmihalyi, M., & Graef, R. 1979. *Flow and the quality of experience in everyday life.* Unpublished manuscript, University of Chicago.

——. 1980. The experience of freedom in daily life. *American Journal of Community Psychology* 8:401–14.

Csikszentmihalyi, M., & Kubey, R. 1981. Television and the rest of life. *Public Opinion Quarterly* 45:317–28.

Csikszentmihalyi, M., & Larson, R. 1978. Intrinsic rewards in school crime. *Crime and Delinquency* 24:322–35.

——. 1984. *Being adolescent: Conflict and growth in the teenage years.* New York: Basic Books.

——. 1987. Validity and reliability of the Experience-Sampling Method. *Journal of Nervous and Mental Disease* 175(9):526–36.

Csikszentmihalyi, M., Larson, R., & Prescott, S. 1977. The ecology of adolescent activity and experience. *Journal of Youth and Adolescence* 6:281–94.

Csikszentmihalyi, M., & LeFevre, J. 1987. The experience of work and leisure. *Third Canadian Leisure Research Conference*, Halifax, N.S., May 22–25.

——. 1989. Optimal experience in work and leisure. *Journal of Personality and Social Psychology* 56(5):815–22.

Csikszentmihalyi, M., & Massimini, F. 1985. On the psychological selection of bio-cultural information. *New Ideas in Psychology* 3(2):115–38.

Csikszentmihalyi, M., & Nakamura, J. 1989. The dynamics of intrinsic motivation. In R. Ames & C. Ames, eds., *Handbook of motivation theory and research*, vol. 3 (pp. 45–71). New York: Academic Press.

Csikszentmihalyi, M., & Rathunde, K. 1989. The psychology of wisdom: An evolutionary interpretation. In R. J. Sternberg, ed., *The psychology of wisdom.* New York: Cambridge University Press.

Csikszentmihalyi, M., & Robinson, R. In press. *The art of seeing.* Malibu, Calif.: J. P. Getty Press.

Csikszentmihalyi, M., & Rochberg-Halton, E. 1981. *The meaning of things: Domestic symbols and the self.* New York: Cambridge University Press.

Culin, S. 1906. Games of North American Indians. *24th Annual Report.* Washington, D.C.: Bureau of American Ethnology.

Cushing, F. H. 1896. Outlines of Zuni creation myths. *13th Annual Report.* Washington, D.C.: Bureau of American Ethnology.

Dalby, L. C. 1983. *Geisha.* Berkeley: University of California Press.

Damon, W., & Hart, D. 1982. The development of self-understanding from infancy through adolescence. *Child Development* 53:831–57.

Dante, A. (1965). *The divine comedy.* Trans. G. L. Bickerstein. Cambridge: Harvard University Press.

David, F. N. 1962. *Games, gods, and gambling.* New York: Hafner.

Davis, J. A. 1959. A formal interpretation of the theory of relative deprivation. *Sociometry* 22:280–96.

Dawkins, R. 1976. *The selfish gene.* New York: Oxford University Press.

deCharms, R. 1968. *Personal causation: The internal affective determinants of behavior.* New York: Academic Press.

Deci, E. L., & Ryan, R. M. 1985. *Intrinsic motivation and self-determination in human behavior.* New York: Plenum Press.

Delle Fave, A., & Massimini, F. 1988. Modernization and the changing contexts of flow in work and leisure. In M. Csikszentmihalyi & I. S. Csikszentmihalyi, eds., *Optimal experience: Studies of flow in consciousness* (pp. 193–213). New York: Cambridge University Press.

De Roberty, E. 1878. *La sociologie.* Paris. de Santillana, G. 1961 (1970). *The origins of scientific thought.* Chicago: University of Chicago Press.

Devereux, E. 1970. Socialization in cross-cultural perspective: Comparative study of England, Germany, and the United States. In R. Hill & R. Konig, eds., *Families in East and West: Socialization process and kinship ties* (pp. 72–106). Paris: Mouton.

Diener, E. 1979. Deindividuation: The absence of self-awareness and self-regulation in group members. In P. Paulus, ed., *The psychology of group influence*. Hillsdale, N.J.: Erlbaum.

——. 1979. Deindividuation, self-awareness, and disinhibition. *Journal of Personality and Social Psychology* 37:1160–71.

Diener, E., Horwitz, J., & Emmons, R. A. 1985. Happiness of the very wealthy. *Social Indicators Research* 16:263–74.

Dobzhansky, T. 1962. *Mankind evolving: The evolution of the human species*. New Haven: Yale University Press.

——. 1967. *The biology of ultimate concern*. New York: New American Library.

Draghicesco, D. 1906. *Du role de l'individu dans le determinisme social*. Paris.

Dulles, F. R. 1965. *A history of recreation: America learns to play*. 2d ed. Englewood Cliffs, N.J.: Prentice-Hall.

Durkheim, E. 1897 (1951). *Suicide*. New York: Free Press.

——. 1912 (1967). *The elementary forms of religious life*. New York: Free Press.

Easterlin, R. A. 1974. Does economic growth improve the human lot? Some empirical evidence. In P. A. David & M. Abramovitz, eds., *Nations and households in economic growth*. New York: Academic Press.

Eckblad, G. 1981. *Scheme theory: A conceptual framework for cognitive-motivational processes*. London: Academic Press.

Ekman, P. 1972. Universals and cultural differences in facial expressions of emotions. In *Current theory in research on motivation, Nebraska symposium on motivation*, vol. 19 (pp. 207–83). Lincoln: University of Nebraska Press.

Eliade, M. 1969. *Yoga: Immortality and freedom*. Princeton: Princeton University Press.

Emde, R. 1980. Toward a psychoanalytic theory of affect. In S. Greenspan & E. Pollack, eds., *The course of life*. Washington, D.C.: U.S. Government Printing Office.

Encyclopaedia Britannica. 1985. 15th ed. Chicago: Encyclopaedia Britannica, Inc.

Erikson, E. H. 1950. *Childhood and society*. New York: W. W. Norton.

——. 1958. *Young man Luther*. New York: W. W. Norton.

——. 1969. *Gandhi's truth: On the origins of militant nonviolence*. New York: W. W. Norton.

Evans-Pritchard, E. E. 1940 (1978). *The Nuer*. New York: Oxford University Press.

Eysenck, M. W. 1982. *Attention and arousal*. Berlin: Springer Verlag.

Ferenczi, S. 1950. Sunday neuroses. In S. Ferenczi, ed., *Further contributions to the theory and technique of psychoanalysis* (pp. 174–77). London: Hogarth Press.

Fine, R. 1956. Chess and chess masters. *Psychoanalysis* 3:7–77.

Fiore, G. 1973. *Antonio Gramsci: Life of a revolutionary*. New York: Schocken Books.

Fisher, A. L. 1969. *The essential writings of Merleau-Ponty*. New York: Harcourt Brace.

Fortune, R. F. 1932 (1963). *Sorcerers of Dobu*. New York: Dutton. Fox, V. 1977. Is adolescence a phenomenon of modern times? *Journal of Psychiatry* 1:271–90.

Frankl, V. 1963. *Man's search for meaning*. New York: Washington Square.

——. 1978. *The unheard cry for meaning*. New York: Simon & Schuster.

Freeman, M. 1989. Paul Ricoeur on interpretation: The model of the text and the idea of development. *Human Development* 28:295–312.

Freeman, M., Larson, R., & Csikszentmihalyi, M. 1986. Immediate experience and its recollection. *Merrill Palmer Quarterly* 32(2):167–85.

Freeman, M., & Robinson, R. E. In press. The development within: An alternative approach to the study of lives. *New Ideas in Psychology*.

Freud, S. 1921. Massenpsychologie und Ich-Analyse. *Vienna Gesammelte Schriften* 6:261.

——. 1930 (1961). *Civilization and its discontents*. New York: Norton.

Frijda, N. H. 1986. *The emotions*. New York: Cambridge University Press.

Gallup, G. H. 1976. Human needs and satisfactions: A global survey. *Public Opinion Quarterly* 40:459–67.

Gardner, H. 1983. *Frames of mind*. New York: Basic Books.

Garrett, H. E. 1941. *Great experiments in psychology*. Boston: Appleton Century Crofts.

Gedo, M. M., ed. 1986–88. *Psychoanalytic perspectives on art*. Vol. 1, 1986; vol. 2, 1987; vol. 3, 1988. Hillsdale, N.J.: Analytic Press.

Geertz, C. 1973. *The interpretation of culture*. New York: Basic Books.

Gendlin, E. T. 1962. *Experiencing and the creation of meaning*. Glencoe: Free Press.

——. 1981. *Focusing*. New York: Bantam.

General Social Survey. 1989 (March). Chicago: National Opinion Research Center.

Gergen, K., & Gergen, M. 1983. Narrative of the self. In T. Sarbin & K. Scheibe, eds., *Studies in social identity* (pp. 254–73). New York: Praeger.

——. 1984. The social construction of narrative accounts. In K. Gergen & M. Gergen, eds., *Historical social psychology* (pp. 173–89). Hillsdale, N.J.: Erlbaum.

Getzels, J. W., & Csikszentmihalyi, M. 1965. *Creative thinking in art students: The process of discovery*. HEW Cooperative Research Report S-080, University of Chicago.

——. 1976. *The creative vision: A longitudinal study of problem finding in art*. New York: Wiley Interscience.

Gilpin, L. 1948. *Temples in Yucatan*. New York: Hastings House.

Gladwin, T. 1970. *East is a big bird: Navigation and logic on Puluat atoll*. Cambridge: Harvard University Press.

Glick, P. G. 1979. Children of divorced parents in demographic perspective. *Journal of Social Issues* 35:170–82.

Goertzel, V., & Goertzel, M. G. 1962. *Cradles of eminence*. Boston: Little, Brown.
Goffman, E. 1969. *Strategic interaction*. Philadelphia: University of Pennsylvania Press.
——. 1974. *Frame analysis: An essay on the organization of experience*. New York: Harper & Row.
Gombrich, E. H. 1954. Psychoanalysis and the history of art. *International Journal of Psychoanalysis* 35:1–11.
——. 1979. *The sense of order*. Ithaca, N.Y.: Cornell University Press.
Gouldner, A. W. 1968. The sociologist as partisan: Sociology and the welfare state. *American Sociologist* 3:103–16.
Graef, R. 1978. *An analysis of the person by situation interaction through repeated measures*. Unpublished doctoral dissertation, University of Chicago.
Graef, R., Csikszentmihalyi, M., & Giannino, S. M. 1983. Measuring intrinsic motivation in everyday life. *Leisure Studies* 2:155–68.
Graef, R., McManama Gianinno, S., & Csikszentmihalyi, M. 1981. Energy consumption in leisure and perceived happiness. In J. D. Clayton et al., eds., *Consumers and energy conservation*. New York: Praeger.
Graves, R. 1960. *The white goddess: A historical grammar of poetic myth*. New York: Vintage Books.
Griessman, B. E. 1987. *The achievement factors*. New York: Dodd, Mead.
Groos, K. 1901. *The play of man*. New York: Appleton.
Gross, R., ed. 1982. *Invitation to life-long learning*. New York: Fowlett.
Group for the Advancement of Psychiatry. 1958 (August). *The psychiatrist's interest in leisure-time activities*. Report 39, New York.
Gussen, J. 1967. The psychodynamics of leisure. In P. A. Martin, ed., *Leisure and mental health: A psychiatric viewpoint* (pp. 51–169). Washington, D.C.: American Psychiatric Association.
Habakuk, H. J. 1955. Family structure and economic change in nineteenth century Europe. *Journal of Economic History* 15 (January):1–12.
Hadas, N. 1960 (1972). *Humanism: The Greek ideal and its survival*. Gloucester, Mass.: C. P. Smith.
Hamilton, J. A. 1976. Attention and intrinsic rewards in the control of psychophysiological states. *Psychotherapy and Psychosomatics* 27:54–61.
——. 1981. Attention, personality, and self-regulation of mood: Absorbing interest and boredom. In B. A. Maher, ed., *Progress in Experimental Personality Research* 10:282–315.
Hamilton, J. A., Haier, R. J., & Buchsbaum, M. S. 1984. Intrinsic enjoyment and boredom coping scales: Validation with personality evoked potential and attentional measures. *Personality and Individual Differences* 5(2):183–93.
Hamilton, J. A., Holcomb, H. H., & De la Pena, A. 1977. Selective attention and eye movements while viewing reversible figures. *Perceptual and Motor Skills* 44:639–44.
Hamilton, M. 1982. Symptoms and assessment of depression. In E. S. Paykel, ed., *Handbook of affective disorders*. New York: Guilford Press.
Hamilton, W. D. 1964. The genetical evolution of social behavior: Parts 1 and 2. *Journal of Theoretical Biology* 7:1–52.
Harrow, M., Grinker, R. R., Holzman, P. S., & Kayton, L. 1977. Anhedonia and schizophrenia. *American Journal of Psychiatry* 134:794–97.

Harrow, M., Tucker, G. J., Hanover, N. H., & Shield, P. 1972. Stimulus overinclusion in schizophrenic disorders. *Archives of General Psychiatry* 27:40–45.

Hasher, L., & Zacks, R. T. 1979. Automatic and effortful processes in memory. *Journal of Experimental Psychology: General* 108:356–88.

Hauser, A. 1951. *The social history of art*. New York: Knopf.

Hebb, D. O. 1955. Drive and the CNS. *Psychological Review* (July) 243–52.

Hegel, G. F. 1798 (1974). *Lectures on the philosophy of religion, together with a work on the proofs of the existence of God*. Trans. E. B. Speirs. New York: Humanities Press.

Heidegger, M. 1962. *Being and time*. London: SCM Press.

——. 1967. *What is a thing?* Chicago: Regnery.

Henry, J. 1965. *Culture against man*. New York: Vintage.

Hetherington, E. M. 1979. Divorce: A child's perspective. *American Psychologist* 34:851–58.

Hilgard, E. 1980. The trilogy of mind: Cognition, affection, and conation. *Journal of the History of the Behavioral Sciences* 16:107–17.

Hiscock, E. C. 1968. *Atlantic cruise in Wanderer III*. London: Oxford University Press.

Hoffman, J. E., Nelson, B., & Houck, M. R. 1983. The role of attentional resources in automatic detection. *Cognitive Psychology* 51:379–410.

Hoffman, L. 1981. *Foundations of family therapy: A conceptual framework for systems change*. New York: Basic Books.

Holmes, T. H., & Rahe, R. H. 1967. The social readjustment rating scale. *Journal of Psychometric Research* 11:213–18.

Howell, M. C. 1986. *Women, production, and patriarchy in late medieval cities*. Chicago: University of Chicago Press.

Huizinga, J. 1939 (1970). *Homo ludens: A study of the play element in culture*. New York: Harper & Row.

——. 1954. *The waning of the Middle Ages*. Garden City, N.Y.: Doubleday.

Husserl, E. 1962. *Ideas: General introduction to pure phenomenology*. New York: Collier.

Huxley, J. S. 1942. *Evolution: The modern synthesis*. London: Allen and Unwin.

Izard, C. E., Kagan, J., & Zajonc, R. B. 1984. *Emotions, cognition, and behavior*. New York: Cambridge University Press.

Jackson, D. D. 1957. The question of family homeostasis. *Psychiatric Quarterly Supplement* 31:79–90.

James, W. 1890. *Principles of psychology: Vol. 1*. New York: Henry Holt.

Jaspers, K. 1923. *Psychopathologie generale*. 3d ed. Paris.

——. 1955. *Reason and Existenz*. New York: Noonday.

Jaynes, J. 1977. *The origin of consciousness in the breakdown of the bicameral mind*. Boston: Houghton Mifflin.

Johnson, R. 1988. Thinking yourself into a win. *American Visions* 3:6–10.

Johnson, Samuel. 1958. *Works of Samuel Johnson*. New Haven: Yale University Press.

Johnson, Skuli. 1930. *Pioneers of freedom: An account of the Icelanders and the Icelandic free state, 879–1262*. Boston: Stratford Co.

Johnston, L., Bachman, J., & O'Malley, P. 1981. *Student drug use in America*. Washington, D.C.: U.S. Department of Health and Human Services, National Institute of Drug Abuse.

Jones, E. 1931. The problem of Paul Morphy. *International Journal of Psychoanalysis* 12:1–23. Jung, C. G. 1928 (1960). On psychic energy. In C. G. *Jung, collected works*, vol. 8. Princeton: Princeton University Press.

——. 1933 (1961). *Modern man in search of a soul*. New York: Harcourt Brace Jovanovich.

Kahneman, D. 1973. *Attention and effort*. Englewood Cliffs, N.J.: Prentice-Hall.

Kant, I. 1781 (1969). *Critique of pure reason*. Trans. N. Smith. New York: St. Martin's.

Kaplan, B. 1983. A trio of trials. In R. M. Lerner, ed., *Developmental psychology: Historical and philosophical perspectives*. Hillsdale, N.J.: Erlbaum.

Kelly, J. R. 1982. *Leisure*. Englewood Cliffs, N.J.: Prentice-Hall.

Keyes, R. 1985. *Chancing it: Why we take risks*. Boston: Little, Brown.

Kiell, N. 1969. *The universal experience of adolescence*. London: University of London Press.

Kierkegaard, S. 1944. *The concept of dread*. Princeton: Princeton University Press.

——. 1954. *Fear and trembling, and the sickness unto death*. Garden City, N.Y.: Doubleday.

Klausner, S. Z. 1965. *The quest for self-control*. New York: Free Press.

Kobasa, S. C., Maddi, S. R., & Kahn, S. 1982. Hardiness and health: A prospective study. *Journal of Personality and Social Psychology* 42:168–77.

Koch, K. 1970. *Wishes, lies, and dreams: Teaching children to write poetry*. New York: Chelsea House.

——. 1977. *I never told anybody: Teaching poetry writing in a nursing home*. New York: Random House.

Kohak, E. 1978. *Idea & experience: Edmund Husserl's project of phenomenology*. Chicago: University of Chicago Press.

Kohl, J. G. 1860. *Kitchi-Gami: Wanderings round Lake Superior*. London.

Kohlberg, L. 1984. *The psychology of moral development: Essays on moral development*, vol. 2. San Francisco: Harper & Row.

Kolakowski, L. 1987. *Husserl and the search for certitude*. Chicago: University of Chicago Press.

Kubey, R., & Csikszentmihalyi, M. In press. *Television and the quality of life*. Hillsdale, N.J.: Erlbaum.

Kuhn, T. S. 1962. *The structure of scientific revolutions*. Chicago: University of Chicago Press.

Kusyszyn, I. 1977. How gambling saved me from a misspent sabbatical. *Journal of Humanistic Psychology* 17:19–25.

La Berge, S. 1985. *Lucid dreaming: The power of being awake and aware of your dreams*. Los Angeles: Jeremy Tarcher.

Laing, R. D. 1960. *The divided self*. London: Tavistock.

——. 1961. *The self and others*. London: Tavistock.

Larson, R. 1985. Emotional scenarios in the writing process: An examination of young writers' affective experiences. In M. Rose, ed., *When a writer can't write* (pp. 19–42). New York: Guilford Press.

——. 1988. Flow and writing. In M. Csikszentmihalyi & I. S. Csikszentmihalyi, eds., *Optimal experience: Psychological studies of flow in consciousness* (pp. 150–71). New York: Cambridge University Press.

Larson, R., & Csikszentmihalyi, M. 1978. Experiential correlates of solitude in adolescence. *Journal of Personality* 46(4):677–93.

——. 1980. The significance of time alone in adolescents' development. *Journal of Adolescent Medicine* 2 (6):33–40.

——. 1983. The Experience Sampling Method. In H. T. Reis, ed., *Naturalistic approaches to studying social interaction (New Directions for Methodology of Social and Behavioral Science, No. 15)*. San Francisco: Jossey-Bass.

Larson, R., Csikszentmihalyi, M., & Graef, R. 1980. Mood variability and the psychosocial adjustment of adolescents. *Journal of Youth and Adolescence* 9:469–90.

Larson, R., & Kubey, R. 1983. Television and music: Contrasting media in adolescent life. *Youth and Society* 15:13–31.

Larson, R., Mannell, R., & Zuzanek, J. 1986. Daily well-being of older adults with family and friends. *Psychology and Aging* 1(2):117–26.

Laski, M. 1962. *Ecstasy: A study of some secular and religious experiences*. Bloomington: Indiana University Press.

Laszlo, E. 1970. *System, structure and experience*. New York: Gordon & Breach.

Lazarus, R. S., & Folkman, S. 1984. *Stress, appraisal, and coping*. New York: Springer.

Le Bon, G. 1895 (1960). *The crowd*. New York: Viking.

Lecourt, D. 1977. *Proletarian science*. London: New Left Books.

Lee, R. B. 1975. What hunters do for a living. In R. B. Lee & I. de Vore, eds., *Man the hunter* (pp. 30–48). Chicago: Aldine.

Leenhardt, M. 1947 (1979). *Do Kamo*. Chicago: University of Chicago Press.

LeFevre, J. 1988. Flow and the quality of experience in work and leisure. In M. Csikszentmihalyi & I. S. Csikszentmihalyi, eds., *Optimal experience: Psychological studies of flow in consciousness* (pp. 317–18). New York: Cambridge University Press.

Le Goff, J. 1980. *Time, work, and culture in the Middle Ages*. Chicago: University of Chicago Press.

Le Roy Ladurie, L. 1979. *Montaillou*. New York: Vintage.

Lessard, S. 1987. Profiles: Eva Zeisel. *New Yorker* April 13, 60–82.

Le Vine, R. A., & Campbell, D. T. 1972. *Ethnocentrism: Theories of conflict, ethnic attitudes, and group behavior*. New York: Wiley.

Lévi-Strauss, C. 1947 (1969). *Les structures élementaires de la parenté*. Paris: PUF.

Lewin, K., et al. 1944 (1962). Level of aspiration. In J. McV. Hunt, ed., *Personality and behavioral disorders* (pp. 333–78). New York: Ronald Press.

Lewinsohn, P. M., & Graf, M. 1973. Pleasant activities and depression. *Journal of Consulting and Clinical Psychology* 41:261–68.

Lewinsohn, P. M., & Libet, J. 1972. Pleasant events, activity schedules, and depression. *Journal of Abnormal Psychology* 79:291–95.

Lewinsohn, P. M., et al. 1982. Behavioral therapy: Clinical applications. In A. J. Rush, ed., *Short-term therapies for depression*. New York: Guilford.

Liberman, A. M., Mattingly, I. G., & Turvey, M. T. 1972. Language codes and memory codes. In A. W. Melton & E. Martin, eds., *Coding processes in human memory*. New York: Wiley.

Lieberman, M. A., et al. 1979. *Self-help groups for coping with crisis: Origins, members, processes, and impact*. San Francisco: Jossey-Bass.

Lindbergh, C. 1953. *The Spirit of St. Louis*. New York: Scribner.

Lipps, G. F. 1899. *Grundriss der psychophysik*. Leipzig: G. J. Goschen.

Loevinger, J. 1976. *Ego development*. San Francisco: Jossey-Bass.

Logan, R. 1985. The "flow experience" in solitary ordeals. *Journal of Humanistic Psychology* 25(4):79–89.

——. 1988. Flow in solitary ordeals. In M. Csikszentmihalyi & I. S. Csikszentmihalyi, eds., *Optimal experience: Psychological studies of flow in consciousness* (pp. 172–80). New York: Cambridge University Press.

Lumdsen, C. J., & Wilson, E. O. 1981. *Genes, mind, culture: The coevolutionary process*. Cambridge: Harvard University Press.

——. 1983. *Promethean fire: Reflections on the origin of mind*. Cambridge: Harvard University Press.

Lumholtz, C. 1902 (1987). *Unknown Mexico*, vol. 1. New York: Dover Publications. Luria, A. R. 1976. *Cognitive development: Its cultural and social foundations*. Cambridge: Harvard University Press.

Lyons, A. W. 1988. *Role models: Criteria for selection and life cycle changes*. Unpublished doctoral dissertation, University of Chicago.

McAdams, D. 1985. *Power, intimacy and the life story*. Homewood, Ill.: Dorsey Press.

MacAloon, J. 1981. *This great symbol*. Chicago: University of Chicago Press.

Macbeth, J. 1988. Ocean cruising. In M. Csikszentmihalyi & I. S. Csikszentmihalyi, eds., *Optimal experience: Psychological studies of flow in consciousness* (pp. 214–31). New York: Cambridge University Press.

McDougall, W. 1920. *The group mind*. Cambridge: Cambridge University Press.

McGhie, A., & Chapman, J. 1961. Disorders of attention and perception in early schizophrenia. *British Journal of Medical Psychology* 34:103–16.

MacIntyre, A. 1984. *After virtue: A study in moral therapy*. Notre Dame: University of Notre Dame Press.

McLanahan, S. 1988. *Single mothers and their children: A new American dilemma*. New York: University Press of America.

MacPhillamy, D. J., & Lewinsohn, P. M. 1974. Depression as a function of levels of desired and obtained pleasure. *Journal of Abnormal Psychology* 83:651–57.

MacVannel, J. A. 1896. *Hegel's doctrine of the will*. New York: Columbia University Press.

Malcolm X. 1977. *The autobiography of Malcolm X*. New York: Ballantine.

Mall, J. 1985. A study of U.S. teen pregnancy rate. *Los Angeles Times*, March 17, p. 27.

Mandler, G. 1975. *Man and emotion*. New York: Wiley.

Marcuse, H. 1955. *Eros and civilization*. Boston: Beacon.

——. 1964. *One-dimensional man*. Boston: Beacon.

Martin, J. 1981. Relative deprivation: A theory of distributive injustice for an era of shrinking resources. *Research in Organizational Behavior* 3:53–107.

Marx, K. 1844 (1956). *Karl Marx: Selected writings in sociology and social philosophy*. Ed. T. B. Bottomore & Maximilien Rubel. London: Watts.

Maslow, A. 1954. *Motivation and personality*. New York: Harper.

——. 1968. *Toward a psychology of being*. New York: Van Nostrand.

——. 1969. *The psychology of science*. Chicago: Regnery.

——, ed. 1970. *New knowledge in human values*. Chicago: Regnery.

——. 1971. *The farther reaches of human nature*. New York: Viking.

Maslow, A., & Honigmann, J. J. 1970. Synergy: Some notes of Ruth Benedict. *American Anthropologist* 72:320–33.

Mason, H., trans. 1971. *Gilgamesh*. Boston: Houghton Mifflin.

Massimini, F. 1982. Individuo e ambiente: I papua Kapauku della Nuova Guinea occidentale. In F. Perussia, ed., *Psicologia ed ecologia* (pp. 27–154). Milan: Franco Angeli.

Massimini, F., Csikszentmihalyi, M., & Carli, M. 1987. The monitoring of optimal experience: A tool for psychiatric rehabilitation. *Journal of Nervous and Mental Disease* 175(9):545–49.

Massimini, F., Csikszentmihalyi, M., & Delle Fave, A. 1988. Flow and biocultural evolution. In M. Csikszentmihalyi & I. S. Csikszentmihalyi, eds., *Optimal experience: Studies of flow in consciousness* (pp. 60–81). New York: Cambridge University Press.

Massimini, F., & Inghilleri, P., eds., 1986. *L'Esperienza quotidiana: Teoria e metodo d'analisi*. Milan: Franco Angeli.

Matas, L., Arend, R. A., & Sroufe, L. A. 1978. Continuity of adaptation in the second year: The relationship between quality of attachment and later competence. *Child Development* 49:547–56.

Matson, K. 1980. *Short lives: Portraits of creativity and self-destruction*. New York: Morrow.

Mayers, P. 1978. *Flow in adolescence and its relation to the school experience*. Unpublished doctoral dissertation, University of Chicago.

Mead, G. H. 1934 (1970). *Mind, self and society*. Ed. C. W. Morris. Chicago: University of Chicago Press.

Mead, M. 1964. *Continuities in cultural evolution*. New Haven: Yale University Press. Medawar, P. 1960. *The future of man*. New York: Basic Books.

Medvedev, Z. 1971. *The rise and fall of Dr. Lysenko*. Garden City, N.Y.: Doubleday.

Merleau-Ponty, M. 1962. *Phenomenology of perception*. New York: Humanities.

——. 1964. *The primacy of perception*. Ed. J. M. Edie. Evanston, Ill.: North-western University Press.

Merser, C. 1987. A throughly modern identity crisis. *Self* October, 147.

Meyer, L. B. 1956. *Emotion and meaning in music*. Chicago: University of Chicago Press.

Michalos, A. C. 1985. Multiple discrepancy theory (MDT). *Social Indicators Research* 16:347–413.

Miller, G. A. 1956. The magical number seven, plus or minus two: Some limits on our capacity to process information. *Psychological Review* 63:81–97.

——. 1983. Informavors. In F. Machlup & U. Mansfield, eds., *The study of information*. New York: Wiley.

Miller, G. A., Galanter, E. H., & Pribram, K. 1960. *Plans and the structure of behavior*. New York: Holt.

Mintz, S. 1985. *Sweetness and power: The place of sugar in modern history*. New York: Viking. Mitchell, R. G., Jr. 1983. *Mountain experience: The psychology and sociology of adventure*. Chicago: University of Chicago Press.

——. 1988. Sociological implications of the flow experience. In M. Csikszentmihalyi & I. S. Csikszentmihalyi, eds., *Optimal experience: Psychological studies of flow in consciousness* (pp. 36–59). New York: Cambridge University Press.

Mitterauer, M., & Sieder, R. 1983. *The European family: Patriarchy to partnership from the Middle Ages to the present*. Chicago: University of Chicago Press.

Moitessier, B. 1971. *The long way*. Trans. W. Rodarmor. London:

Granada. Montaigne, M. de. 1580 (1958). *The complete essays of Montaigne*. Trans. Donald M. Frame.

Stanford: Stanford University Press.

Monti, F. 1969. *African masks*. London: Paul Hamlyn.

Murphy, G. 1947. *Personality: A biosocial approach to origins and structure*. New York: Harper.

Murray, G. 1940. *Stoic, Christian and humanist*. London: S. Allen & Unwin.

Murray, H. A. 1955. American Icarus. *Clinical Studies of Personality*, vol. 2. New York: Harper.

Nabokov, P. 1981. *Indian running*. Santa Barbara: Capra Press.

Nakamura, J. 1988. Optimal experience and the uses of talent. In M. Csikszentmihalyi & I. S. Csikszentmihalyi, eds., *Optimal experience: Psychological studies of flow in consciousness* (pp. 319–26). New York: Cambridge University Press.

Natanson, M. A., ed. 1963. *Philosophy of the social sciences*. New York: Random House.

Neisser, U. 1967. *Cognitive psychology*. New York: Appleton-Century-Crofts.

——. 1976. *Cognition and reality*. San Francisco: Freeman.

Nell, V. 1988. *Lost in a book: The psychology of reading for pleasure*. New Haven: Yale University Press.

Nelson, A. 1965. Self-images and systems of spiritual direction in the history of European civilization. In S. Z. Klausner, ed., *The quest for self-control* (pp. 49–103). New York: Free Press.

Newsweek. 5 October 1987.

New Yorker. 5 October 1987, pp. 33–35.

Nietzsche, F. 1886 (1989). *Beyond good and evil: Prelude to a philosophy of the future*. Trans. W. Kaufmann. New York: Random House.

——. 1887 (1974). *Genealogy of morals and peoples and countries*. New York: Gordon Press.

Nitecki, M. H., ed. 1988. *Evolutionary progress*. Chicago: University of Chicago Press.

Noelle-Neumann, E. 1983. *Spiegel-Dokumentation: Personlickeitsstarke*. Hamburg: Springer Verlag.
——. 1984. *The spiral of silence: Public opinion—our social skin*. Chicago: University of Chicago Press.
——. 1985. Identifying opinion leaders. Paper presented at the 38th ESOMAR Conference, Wiesbaden, West Germany, Sept. 1–5.
Noelle-Neumann, E., & Strumpel, B. 1984. *Mach Arbeit krank? Macht Arbeit glucklich?* Munich: Pieper Verlag.
Nusbaum, H. C., & Schwab, E. C., eds. 1986. The role of attention and active processing in speech perception. In *Pattern recognition by humans and machines*, vol. 1 (pp. 113–57). New York: Academic Press.
Offer, D., Ostrov, E., & Howard, K. 1981. *The adolescent: A psychological self-portrait*. New York: Basic Books.
Orme, J. E. 1969. *Time, experience, and behavior*. London: Iliffe.
Pagels, H. 1988. *The dreams of reason—the computer and the rise of the sciences of complexity*. New York: Simon & Schuster.
Pareto, V. 1917. *Traite de sociologie generale*, vol. 1. Paris.
——. 1919. *Traite de sociologie generale*, vol. 2. Paris.
Parsons, T. 1942. Age and sex in the social structure. *American Sociological Review* 7:604–16.
Piaget, J. 1952. *The origins of intelligence in children*. New York: International Universities Press.
Pina Chan, R. 1969. *Spiele und Sport in alten Mexico*. Leipzig: Edition Leipzig.
Pitts, Jesse R. 1964. The case of the French bourgeoisie. In R. L. Coser, ed., *The family: Its structure and functions*. New York: St. Martin's Press.
Plato. *Republic*, book 3, 401.
Polanyi, M. 1968. The body-mind relation. In W. R. Coulson & C. R. Rogers, eds., *Man and the science of man* (pp. 84–133). Columbus: Bell & Howell.
——. 1969. *Knowing and being*. Ed. Marjorie Grene. Chicago: University of Chicago Press.
Pope, K. S. 1980. *On love and loving*. San Francisco: Jossey-Bass.
Pope, K. S., & Singer, J. L. 1978. *The stream of consciousness*. New York: Plenum.
Prigogine, I. 1980. *From being to becoming: Time and complexity in the physical sciences*. San Francisco: W. H. Freeman.
Privette, G. 1983. Peak experience, peak performance, and flow: A comparative analysis of positive human experiences. *Journal of Personality and Social Psychology* 83(45):1361–68.
Radin, P. 1927. *Primitive man as philosopher*. New York: D. Appleton & Co.
Rathunde, K. 1988. Optimal experience and the family context. In M. Csikszentmihalyi & I. S. Csikszentmihalyi, eds., *Optimal experience: Psychological studies of flow in consciousness* (pp. 342–63). New York: Cambridge University Press.
Redfield, R., ed. 1942. *Levels of integration in biological and social systems*. Lancaster, Pa.: J. Catell Press.
——. 1955. *The little community: Viewpoints for the study of a human whole*. Chicago: University of Chicago Press.
Renfrew, C. 1986. Varna and the emergence of wealth in prehistoric Europe. In A. Appadurai, ed., *The social life of things* (pp. 141–68). New York:

Cambridge University Press.

Ribot, T. A. 1890. *The psychology of attention*. Chicago: Open Court Publishing.

Richards, R., Kinney, D. K., Lunde, I., Benet, M., et al. 1988. Creativity in manic depressives, cyclothymes, their normal relatives, and control subjects. *Journal of Abnormal Psychology* 97(3):281–88.

Robinson, D. 1969. The climber as visionary. *Ascent* 9:4–10.

Robinson, J. P. 1977. *How Americans use time*. New York: Praeger.

Robinson, R. E. 1986. Differenze tra i sessi e rendimento scolastico: Aspetti dell'esperienza quotidiana degli adolescenti dotati in matematica. In F. Massimini & P. Inghilleri, eds., *L'esperienza quotidiana* (pp. 417–36). Milan: Franco Angeli.

——. 1988. Project and prejudice: Past, present, and future in adult development. *Human Development* 31:158–75.

Rogers, C. 1951. *Client-centered therapy*. Boston: Houghton Mifflin.

Roueché, B. 1988. Annals of medicine. *New Yorker* Sept. 12, 83–89.

Sacks, O. 1970 (1987). *The man who mistook his wife for a hat*. New York: Harper & Row.

Sahlins, M.D. 1972. *Stone age economics*. Chicago: Aldine Press.

——. 1976. *The use and abuse of biology: An anthropological critique of sociobiology*. Ann Arbor: University of Michigan Press.

Santayana, G. 1986. *The sense of beauty*. New York: Charles Scribner's Sons.

Sarbin, T., ed. 1986. *Narrative psychology: The storied nature of human conduct*. New York: Praeger.

Sartre, J. P. 1956. *Being and nothingness*. New York: Philosophical Library.

Sato, I. 1988. Bosozoku: Flow in Japanese motorcycle gangs. In M. Csikszentmihalyi & I. S. Csikszentmihalyi, eds., *Optimal experience: Psychological studies of flow in consciousness* (pp. 92–117). New York: Cambridge University Press.

Schaefer, C., Coyne, J. C., & Lazarus, R. S. 1981. The health-related functions of social support. *Journal of Behavioral Medicine* 4(4):381–406.

Schafer, R. 1980. Narration in the psychoanalytic dialogue. *Critical Inquiry* 7:29–54.

Scheier, M. F., & Carver, C. S. 1980 Private and public self-attention, resistance to change, and dissonance reduction. *Journal of Personality and Social Psychology* 39:390–405.

Schiamberg, L. B. 1988. *Child and adolescent development*. New York: Macmillan.

Schlick, M. 1934. Uber das Fundament der Erkentniss. *Erkentniss* 4. English translation in A. J. Ayer, ed., 1959, *Logical positivism*. New York: Free Press.

Schneider, E. 1953. *Coleridge, opium, and Kubla Khan*. Chicago: University of Chicago Press.

Scholem, G. 1969. *Major trends in Jewish mysticism*. New York: Schocken Books.

Schrödinger E. 1947. *What is life? The physical aspects of the living cell*. New York: Macmillan.

Schutz, A. 1962. *The problem of social reality*. The Hague: Martinus Nijhoff.

Schwartz, G. 1987. *Beyond conformity and rebellion*. Chicago: University of Chicago Press.

Schwarz, N., & Clore, G. L. 1983. Mood, misattribution, and judgments of well-being: Informative and directive functions of affective states. *Journal of Personality and Social Psychology* 45:513–23.

Seligman, M. E. P. 1975. *Helplessness: On depression, development, and death*. San Francisco: Freeman.

Seligman, M. E. P., Peterson, C., Kaslow, N. J., Tannenbaum, R. L., Alloy, L. B., & Abramson, L. Y. 1984. Attributional style and depressive symptoms among children. *Journal of Abnormal Psychology* 93:235–38.

Selye, H. 1956 (1978). *The stress of life*. Rev. ed. New York: McGraw-Hill.

Siegel, B. S. 1986. *Love, medicine, and miracles*. New York: Harper & Row.

Simon, H. A. 1969. *Sciences of the artificial*. Boston: MIT Press.

——. 1978. Rationality as process and as product of thought. *American Economic Review* 68:1–16.

Singer, I. 1981. *The nature of love* (2d ed.). Vol. 1: Plato to Luther; vol. 2: Courtly and romantic; vol. 3: The modern world. Chicago: University of Chicago Press.

Singer, J. L. 1966. *Daydreaming: An introduction to the experimental study of inner experiences*. New York: Random House.

——. 1973. *The child's world of make-believe*. New York: Academic Press.

——. 1981. *Daydreaming and fantasy*. Oxford: Oxford University Press.

Singer, J. L., & Switzer, E. 1980. *Mind play: The creative uses of fantasy*. Englewood Cliffs, N.J.: Prentice-Hall.

Smith, K. R. 1969. *Behavior and conscious experience: A conceptual analysis*. Athens: Ohio University Press.

Solzhenitsyn, A. 1976. *The gulag archipelago*. New York: Harper & Row.

Sorokin, P. 1950. *Explorations in altruistic love and behavior, a symposium*. Boston: Beacon Press.

——. 1956. *Fads and foibles in modern sociology*. Chicago: Regnery.

——. 1962. *Social and cultural dynamics*. New York: Bedminster.

——. 1967. *The ways and power of love*. Chicago: Regnery.

Spence, J. D. 1984. *The memory palace of Matteo Ricci*. New York: Viking Penguin.

Spinoza, B. de. 1675 (1981). *Ethics*. Trans. G. Eliot. Wolfeboro, N.H.: Longwood Publishing Group.

Spiro, M. E. 1987. *Culture and human nature: Theoretical papers of Melford E. Spiro*. Chicago: University of Chicago Press.

Steiner, G. 1974. *Fields of force*. New York: Viking.

——. 1978 (1987). *Martin Heidegger*. Chicago: University of Chicago Press.

Sternberg, R. J. 1988. *The triangle of love: Intimacy, passion, commitment*. New York: Basic Books.

Stewart, K. 1972. Dream exploration among the Sinoi. In T. Roszak, ed., *Sources*. New York: Harper & Row.

Strack, F., Argyle, M., & Schwarz, N., eds. 1990. *The social psychology of subjective well-being*. New York: Pergamon.

Sullivan, H. S. 1953. *The interpersonal theory of psychiatry*. New York: Norton.

Sun, W. 1987. *Flow and Yu: Comparison of Csikszentmihalyi's theory and Chuangtzu's philosophy*. Paper presented at the meetings of the Anthropological Association for the Study of Play, Montreal, March.

Suppies, P. 1978. *The impact of research on education*. Washington, D.C.: National Academy of Education.

Suttles, G. 1972. *The social construction of communities*. Chicago: University of Chicago Press.

Szalai, A., ed. 1965. *The use of time: Daily activities of urban and suburban populations in twelve counties*. Paris: Mouton.

Teilhard de Chardin, P. 1965. *The phenomenon of man*. New York: Harper & Row.

Tessman, J. 1978. *Children of parting parents*. New York: Aronson.

Thompson, E. P. 1963. *The making of the English working class*. New York: Viking.

Tillich, P. 1952. *The courage to be*. New Haven: Yale University Press.

Tolstoy, L. 1886 (1985). *The death of Ivan Ilych*. Ed. M. Beresford. Oxford and New York: Basil Blackwell.

Tomkins, S. S. 1962. *Affect, imagery and consciousness*. Vol. 1: *The positive affects*. New York: Springer Verlag.

Toscano, M. 1986. Scuola e vita quotidiana: Un caso di selezione culturale. In F. Massimini & P. Inghilleri, eds., *L'esperienza quotidiana* (pp. 305–18). Milan: Franco Angeli.

Tough, A. 1978. *Adults' learning prospects: A fresh approach to theory and practice in adult learning*. Toronto: Ontario Institute for Studies in Education.

Toynbee, A. J. 1934. *A study of history*. London: Oxford University Press.

Treisman, A. M., & Gelade, G. 1980. A feature integration theory of attention. *Cognitive Psychology* 12:97–136.

Treisman, A. M., & Schmidt, H. 1982. Illusory conjunctions in the perception of objects. *Cognitive Psychology* 14:107–41.

Trivers, R. L. 1972. Parental investment and sexual selection. In B. H. Campbell, ed., *Sexual selection and the descent of man, 1871–1971* (pp. 136–79). Chicago: Aldine.

Tucker, R. C. 1972. *Philosophy and myth in Karl Marx*. 2d ed. Cambridge: Cambridge University Press.

Turnbull, C. M. 1961. *The forest people*. Garden City, N.Y.: Doubleday.

——. 1972. *The mountain people*. New York: Simon & Shuster.

Turner, V. 1969. *The ritual process*. New York: Aldine.

——. 1974. Liminal to liminoid in play, flow, and ritual: An essay in comparative symbology. *Rice University Studies* 60(3):53–92.

USA Today. 1987. An interview with Susumu Tonegawa. Oct. 13, p. 2A.

U.S. Dept. of Commerce. 1980. *Social indicators, III*. Washington, D.C.: Bureau of the Census.

U.S. Dept. of Commerce. 1985. *Statistical abstracts of the U.S.*, 1986. 106th ed. Washington, D.C.: Bureau of the Census.

U.S. Dept. of Health & Human Services. 1988. *Vital statistics of the United States, 1985, II.* Hyattsville, Md.: U.S. Dept. of Health.

U.S. Dept. of Justice. 1987. *Uniform Crime Reports* 7:25. Washington, D.C.: Dept. of Justice.

Vaillant, G. E. 1977. *Adaptation to life.* Boston: Little, Brown.

Vasari, G. 1550 (1959). *Lives of the most eminent painters, sculptors, and architects.* New York: Random House.

Veenhoven, R. 1984. *Databook of happiness.* Boston: Dordrecht-Reidel.

Veroff, J., Douvan, E., & Kulka, R. A. 1981. *The inner American.* New York: Basic Books.

Veyne, P., ed. 1987. *From pagan Rome to Byzantium.* Vol. 1 of *A history of private life,* P. Aries and G. Duby, gen. eds. Cambridge, Mass.: Belknap Press.

von Bertalanffy, L. 1960. *Problems of life.* New York: Harper & Row.

——. 1968. *General system theory: Foundations, development, applications.* New York: G. Braziller.

von Uexkull, J. 1921. *Umwelt und Innenwelt der Tiere.* 2d ed. Berlin. ——. 1957. *Instinctive behaviour.* London: Methuen.

von Wolff, C. 1724. *Vernunftige Gedanken von dem Krafften des menschlichen Verstandes.* Halle im Magdeburg: Rengerische Buchhandl. English translation (1963) by R. Blackwell, *Preliminary discourse on philosophy in general.* Indianapolis: Bobbs-Merrill.

Vygotsky, L. S. 1978. *Mind in society: The development of higher psychological processes,* M. Cole, V. John-Steiner, S. Scribner, & E. Souberman, eds. Cambridge: Harvard University Press.

Waddington, C. H. 1970. The theory of evolution today. In A. Koestler & J. R. Smythies, eds., *Beyond reductionism.* New York: Macmillan.

Waitzkin, F. 1988. *Searching for Bobby Fischer.* New York: Random House.

Waley, A. 1939. *Three ways of thought in ancient China.* London: G. Allen & Unwin.

Wallis, C., Booth, C., Ludtke, M., & Taylor, E. 1985. Children having children. *Time* Dec. 9, pp. 78–90.

Wann, T. W., ed. 1964. *Behaviorism and phenomenology.* Chicago: University of Chicago Press.

Warner, R., trans. 1965. *The Persian expedition.* Baltimore: Penguin Books. Watson, B., trans. 1964. *Chuang Tzu, basic writings.* New York: Columbia University Press.

Weber, M. 1922. Die protestantische Ethik und der Geist des Kapitalismus. In I. C. B. Mohr, ed., *Gesammelte Aufsatze zur Religions-Sociologie.* Vol. 1: *Die Wirtschaftsethik der Weltreligionen* (pp. 237–68). Tubingen. English translation (1946) in H. A. Gerth & C. W. Mills, eds., *From Max Weber: Essays in sociology* (pp. 267–301). New York: Oxford University Press.

——. 1930 (1958). *The Protestant ethic and the spirit of capitalism.* London: Allen & Unwin.

Weitzman, M. S. 1978. Finally the family. *Annals of the AAPSS* 435:60–82.

Wells, A. 1988. Self-esteem and optimal experience. In M. Csikszentmihalyi & I. S. Csikszentmihalyi, eds., *Optimal experience: Psychological studies of flow in consciousness* (pp. 327–41). New York: Cambridge University Press.

Werner, H. 1957. *Comparative psychology of mental development.* Rev. ed. New York: International Universities Press.

Werner, H., & Kaplan, B. 1956. The developmental approach to cognition: Its relevance to the psychological interpretation of anthropological and ethnolinguistic data. *American Anthropologist* 58:866–80.

Weyden, P. 1984. *Day one*. New York: Simon & Schuster.

White, L. A. 1975. *The concept of cultural systems*. New York: Columbia University Press.

White, R. W. 1959. Motivation reconsidered: The concept of competence. *Psychological Review* 66:297–333.

Wicklund, R. A. 1979. The influence of self-awareness on human behavior. *American Scientist* 67:182–93.

Wiener, N. 1948 (1961). *Cybernetics, or control and communication in the animal and the machine*. Cambridge: MIT Press.

Williams, R. M., Jr. 1975. Relative deprivation. In L. A. Coser, ed., *The idea of social structure: Papers in honor of Robert K. Merton* (pp. 355–78). New York: Harcourt Brace Jovanovich.

Wilson, E. O. 1975. *Sociobiology: The new synthesis*. Boston: Belknap Press.

Wilson, S. R. 1985. Therapeutic processes in a yoga ashram. *American Journal of Psychotherapy* 39:253–62.

——. In press. Personal growth in a yoga ashram: A social psychological analysis. *The social scientific study of religion*, vol. 2.

Wittfogel, K. 1957. *Oriental despotism*. New Haven: Yale University Press.

Wolfe, T. 1987. *The bonfire of the vanities*. New York: Farrar, Straus.

Wood, E. 1954. *Great system of yoga*. New York: Philosophical Library.

Wundt, W. 1902. *Grundzuge der physiologischen Psychologie*, vol. 3. Leipzig.

Wynne, E. A. 1978. Behind the discipline problem: Youth suicide as a measure of alienation. *Phi Delta Kappan* 59:307–15.

Yankelovich, D. 1981. *New rules: Searching for self-fulfillment in a world turned upside down*. New York: Random House.

Zigler, E. F., & Child, I. L. 1973. *Socialization and personality development*. Reading, Mass.: Addison-Wesley.

Zuckerman, M. 1979. *Sensation seeking*. Hillsdale, N.J.: Erlbaum.

FOCUS 11

心流

高手都在研究的最優體驗心理學（繁體中文唯一全譯本）

FLOW

The Psychology of Optimal Experience

作　　者　米哈里・契克森米哈伊（Mihaly Csikszentmihalyi）
譯　　者　張瓊懿
責任編輯　林慧雯
封面設計　萬勝安

編輯出版　行路／遠足文化事業股份有限公司
總 編 輯　林慧雯
社　　長　郭重興
發 行 人　曾大福
發　　行　遠足文化事業股份有限公司　代表號：（02）2218-1417
　　　　　23141新北市新店區民權路108之4號8樓
　　　　　客服專線：0800-221-029　傳真：（02）8667-1065
　　　　　郵政劃撥帳號：19504465　戶名：遠足文化事業股份有限公司
　　　　　歡迎團體訂購，另有優惠，請洽業務部（02）2218-1417分機1124、1135
法律顧問　華洋法律事務所　蘇文生律師
特別聲明　本書中的言論內容不代表本公司／出版集團的立場及意見，
　　　　　由作者自行承擔文責。

印　　製　韋懋實業有限公司
二版一刷　2023年2月
定　　價　580元
I S B N　9786267244036（紙本）
　　　　　9786267244050（PDF）
　　　　　9786267244067（EPUB）
有著作權，翻印必究。缺頁或破損請寄回更換。

國家圖書館預行編目資料

心流：高手都在研究的最優體驗心理學／米哈里・契克森米哈伊（Mihaly Csikszentmihalyi）作；張瓊懿譯
－二版－新北市：
行路，遠足文化事業股份有限公司，2023年2月
　面；　公分
譯自：Flow: The Psychology of Optimal Experience
ISBN　978-626-7244-03-6（平裝）
CST：快樂　2.CST：注意力　3.CST：生活指導
176.51　　111020755

Copyright © 1990 by Mihaly Csikszentmihalyi.
All rights reserved.
Published by arrangement with Brockman, Inc.
Traditional Chinese edition copyright © 2023
by Walk Publishing, an imprint of
Walkers Cultural Co., Ltd. All rights reserved.